»Ich zeichne (bewußt) seit meinem dritten Lebensjahr. Bewußt zu schreiben begann ich später, etwa mit vierzehn, dem Reimzwang erliegend. Beruflich ausgebildet wurde ich nur als Bildhauer und Grafiker, ich lernte Steinmetz und Steinbildhauer und arbeitete jeweils drei Jahre in der Kunstakademie Düsseldorf und in der Hochschule für Bildende Künste Berlin; als Schriftsteller blieb ich Autodidakt. Da ich nie unter meinem Doppelberuf gelitten habe, auch, trotz vieler Aufforderungen, nicht bereit gewesen bin, den einen oder anderen Beruf aufzugeben, zeichne und schreibe ich alternierend...« Es sind hier nicht nur alle autobiographischen und werkstattbezogenen Essays und Reden aus den letzten vier Jahrzehnten versammelt. Günter Grass gibt darüber hinaus in Gedichten und Interviews Einblick in sein Leben und in sein künstlerisches und literarisches Schaffen.

Günter Grass wurde am 16. Oktober 1927 in Danzig geboren, absolvierte nach der Entlassung aus amerikanischer Kriegsgefangenschaft eine Steinmetzlehre, studierte Grafik und Bildhauerei in Düsseldorf und Berlin. 1956 erschien der erste Gedichtband mit Zeichnungen, 1959 der erste Roman, ›Die Blechtrommel‹. Grass lebt in der Nähe von Lübeck.

Günter Grass

Der Autor als
fragwürdiger Zeuge

Herausgegeben von
Daniela Hermes

Deutscher Taschenbuch Verlag

Originalausgabe
Oktober 1997
Deutscher Taschenbuch Verlag GmbH & Co. KG,
München
© 1997 Steidl Verlag, Göttingen
(Siehe auch Bibliographischer Nachweis S. 341 ff.)
Umschlagkonzept: Balk & Brumshagen
Umschlagfoto: © keystone Pressedienst
Satz: Steidl, Göttingen
Gesetzt aus der Baskerville 10/12,25
Druck und Bindung: C. H. Beck'sche Buchdruckerei,
Nördlingen
Gedruckt auf säurefreiem, chlorfrei gebleichtem Papier
Printed in Germany · ISBN 3-423-12446-6

Inhalt

Der Autor sagt zu seinem Gedicht 9
Die Vorzüge der Windhühner 11
Die Ballerina 12
Der Inhalt als Widerstand 23
Über das Schreiben von Gedichten 31
Es lebe die Erzählung 32
Wir schreiben in der Bundesrepublik 33
Das Gelegenheitsgedicht oder Es ist immer noch,
   frei nach Picasso, verboten, mit dem Piloten
   zu sprechen 34
Ohrenbeichte.
   Lieber armer Freund Schlieker 38
Kleckerburg 43
Auf losem Blatt 47
Eine öffentliche Diskussion 49
Fünfzig Feuersteine 53
Die Wagner-Mentalität 54
Nicht nur in eigener Sache 56
Ein Tempus kann auch ein Stilmittel sein 59
Unser Grundübel ist der Idealismus 68
Die Zukunft der Stückeschreiber 72
Zu ›örtlich betäubt‹ 75
Literatur und Politik 77
Über das scheintote Theater.
   Rede darüber, ob Schauspielbühnen eigentlich
   noch lebendig und Dramaturgen
   notwendig sind 82
Politisches Tagebuch.
   In Kreuzberg fehlt ein Minarett 90

Also nochmal.
   Kurze Sätze zum Einprägen und Verlieren 94
Mariazuehren 96
Bilder können die Welt nicht verbessern 99
Ein Alptraum weniger 101
Rückblick auf die Blechtrommel –
oder Der Autor als fragwürdiger Zeuge.
   Ein Versuch in eigener Sache 102
Unverbesserlich undemokratisch 115
Worüber ich schreibe 119
Bin ich nun Schreiber oder Zeichner? 121
Kein Schlußwort 124
Otto Pankok 131
Einsicht ist nicht immer gerade eine christliche
   Tugend gewesen 133
Berlin – eine sich fortschreibende Fiktion 148
Mir träumte, ich müßte Abschied nehmen 150
Unter Hans Werner Richters Fuchtel 184
Artur Knoff 187
Hinsehen und Aufzeichnen 189
Kein Kinderbuch 192
Schreiben nach Auschwitz 195
Die Wolke als Faust überm Wald.
   Ein Nachruf 223
Brief aus Altdöbern 230
Vom Überspringen der Grenzen 232
Orientierungsmarken 235
Blindstellen auf der Spur 237
Begegnung in Paris 239
Schwarzweiße Kinoträume 241
Nach zwanzig Seiten waren alle Helden tot 244
Der Autor und sein verdeckter Ermittler 247
Die Disziplin wechseln, beim Gegenstand
   bleiben 288

Nachdruck und Gegendruck 305
Das konstante Gefühl, zufällig überlebt zu haben ... 308
Eine Verführung für Nichtleser 329
Berliner Appell 337

Bibliographischer Nachweis 341
Personenregister 346

Der Autor sagt zu seinem Gedicht

In der ersten Strophe des Gedichtes versucht der Wachende den Übergang in den Schlaf zu finden, die andere Form (Lilie) anzunehmen und alles zurückzulassen, das in dieser Form keine Herberge finden würde. Sein Gedächtnis (darauf bezieht sich die Textstelle »Lachenden Tieres trockenes Horn«) sollte zurückbleiben. Er sucht nach einer Möglichkeit, nach Zahl und Mittel: Er möchte es mit dem Regen löschen. Doch dieses Tier-»Gedächtnis« zeigt immer wieder ungebeten sein geräumiges Horn vor, diesen Spieß, der alles aufbewahrt: Daten, Gespräche, die kurzen Beziehungen zwischen Namen, welche am Sonntag beginnen, am Montag enden, den ganzen Terminkalender, dem kein Schlafloser entgeht.

Erst die zweite Strophe verdeckt der Traum. Abgeschieden voneinander, ohne direkte Begegnung, nur von Tier und Stern beobachtet, bewegen sich die Akteure der dunklen Traumwelt. Von unten (tief unterm Schnee) nach oben (überm Kristall) zählt sich die Reihe der Bewegung auf. Ein tiefverborgenes Lachen bewegt die Toten und damit die Erde mit ihrem Sand zwischen den unruhigen Schläfern. Über allem, über den Schnee gleitet ein Schlitten davon, vom Lachen (tief unterm Schnee) verfolgt.

Die dritte Strophe bringt den Morgen (die Nähte der Nacht). Die letzten beängstigenden Attribute des Traumes haben ein Kind erwachen lassen. Wie bei einer Treibjagd steigern sich Rufe zu Ringen, Ringe verengen sich, werden zum Punkt. Wieder breitet sich die gleiche, trockene Landschaft. Wieder tritt die Zeit in ihr Recht, beginnt wieder zu »messen«; fast schien sie vom Traum überwunden zu sein. Der beginnende Tag bringt scharfe Konturen, zeigt seine Ware: Ersatzstoffe, die wir für das Leben ansehen, jedes Dunkle, nur schwer zu Begreifende bewertet er, nennt einen Preis und verkauft es (der Venus Blut...).

Diese Deutung eines Gedichtes kann und darf nicht mehr sein, ein Hinweis. Denn setzt das Gedicht nicht erst dort an, wo der alles erklärende Finger der Logik nicht mehr hinreicht? Die letzten Beziehungen zwischen Schlüssel und Schloß, der Augenblick, da das Ohr zur Muschel wird, am Strand liegt und den Lärm des Sandes vernimmt, das fast Unsagbare gehört dem Gedicht. Immer wieder wird es der Vogelflug sein, der den Lyriker zum Nachzeichnen zwingt, der Regen, der auf eine Trommel schlägt, diktiert ihm, die Großstadtstraße, in deren Fluß Neonschrift zu Versen wird und der Atem des Zeitungsverkäufers, sind seine Anliegen.

Das Gedicht beginnt immer beim Torso. Das soll heißen, es genügt, eine Planke am Strand zu finden und ein Stück vom Ruder, um ein Schiff nachzuweisen, um nach Amerika zu segeln. Nicht nur der Dichter weiß ein Fragment derart zu ergänzen. Mancher hat schon bewußt oder unbewußt einen verlassenen Regenschirm gesehen und sich sogleich den Besitzer dazu gedacht. Die Sprache kann dieses alles, hält dieses aus. Jedes Wort hat seine Tragfähigkeit, man kann es bepacken, mit einem oder mit doppeltem Sinn versehen, kann es auf ein Podest stellen. Es wird nun eine neue Realität verkünden, eine Überrealität. So kann es kommen, daß der Dichter Schwäne an der Wäscheleine flattern sieht und weiße Blumen Persil nennt. Die Sprache erlaubt es ihm, sie ist für das Gedicht geschaffen, will das Gedicht.

Die Vorzüge der Windhühner

Weil sie kaum Platz einnehmen
auf ihrer Stange aus Zugluft
und nicht nach meinen zahmen Stühlen picken.
Weil sie die harten Traumrinden nicht verschmähen,
nicht den Buchstaben nachlaufen,
die der Briefträger jeden Morgen vor meiner Tür verliert.
Weil sie stehen bleiben,
von der Brust bis zur Fahne
eine duldsame Fläche, ganz klein beschrieben,
keine Feder vergessen, kein Apostroph...
Weil sie die Tür offen lassen,
der Schlüssel die Allegorie bleibt,
die dann und wann kräht.
Weil ihre Eier so leicht sind
und bekömmlich, durchsichtig.
Wer sah diesen Augenblick schon,
da das Gelb genug hat, die Ohren anlegt und verstummt.
Weil diese Stille so weich ist,
das Fleisch am Kinn einer Venus,
nähre ich sie. –

Oft bei Ostwind,
wenn die Zwischenwände umblättern,
ein neues Kapitel sich auftut,
lehne ich glücklich am Zaun,
ohne die Hühner zählen zu müssen –
weil sie zahllos sind und sich ständig vermehren.

Die Ballerina

In der Wohnung eines Restaurateurs fand ich einige Stiche, welche Szenen in der Manier der Commedia dell'arte, pantomimische Schaustellungen, allerlei allegorischen Bühnenzauber illustrierten. Von einem dieser Bildchen soll hier die Rede sein.

Kleine, sichere, in der Tiefe des Zimmers, im offenen Dunkel des Fensters netzartig übereinandergelegte Striche, ein hochbeiniges, zerwühltes Bett – als hätte ein Schlafloser es verlassen –, im Hintergrund der schmale Schrank, ein Bücherbord halb geahnt, zuvorderst mit kühner Hand entworfen, sorgsam den Ton des Papiers bewahrend, entwickelt sich die bewegteste Szene: Auf seinem armen Stuhl, nachlässig mit Hemd, Tuch und Hose bekleidet, sitzt der Dichter. Er hat sich zurückgelehnt, läßt die Hand mit der Feder hängen, hat links das blanke Papier ergriffen. So, ungläubig noch, erblickt er die Ballerina. In spitzem Schuh steht sie auf seinem Tisch. Man sieht noch die gekreuzten Bänder über dem Knöchel, dann wölbt sich ein reicher, gewichtloser Rock, unter Perlen und durchbrochenem Besatz atmet die Büste. Schlank von der Taille aufwärts streckt sie sich mit erhobenen Armen bis in den letzten Finger. Unter dem leichten Schmerz in der Zeichnung der Brauen lächelt sie kaum und blickt den Beschauer des Blattes an, als tanze sie für ihn und nicht für den Dichter. Die ruhigen Konturen dieser Positionen lassen glauben, daß eine Folge ausgesuchtester Bewegung so abschließt. Vielleicht jedoch wird sie von neuem beginnen, wird diesen mit Schrank, Tisch, Stuhl und zerwühltem Bett fast verstellten Raum nun auch mit Pirouetten füllen, oder sie wird in zerbrechlicher Arabeske, einer Waage gleich, Harmonie bedeuten. Vielleicht aber wird sie ein Sprung, ein langsamer, bis ganz zum Schluß deutlicher Sprung in aufsteigender Linie durch das offene Fenster in den Nachthimmel tragen und den leeren Tisch zurücklassen. Er, Papier und Feder in den Händen, wird nach ihr greifen wollen, wird halten wollen, was nicht zu halten ist; gewiß nicht von einem, der mit gefüllten Händen greift. So wird er wieder zu seinem Stuhl finden, wird lange sitzen, hängend die Hand mit der Feder, links das jäh ergriffene Papier, wird auf dem Tisch die Stelle suchen, an welcher alles stattfand, und wird einen Kratzer finden – dumm wie alle Kratzer. Und dann wird er schreiben, der Dichter, auf jenem Stich.

Wir mögen lächeln bei der Betrachtung dieses naiven Bildchens und mit dem Finger die Stellen suchen und finden, welche uns gar zu peinlich den staubigen Porzellanschnörkeln in großmütterlichen Vitrinen gleichen. Die Intimität dieser Begegnung zwischen Poet und Muse werden wir in die Gartenlaube verbannen und derlei unbestellte Darbietungen auf unserer Schreibtischplatte nicht dulden. Und dennoch könnte es sein, daß heute, da wir Gartenzwerge und sehr zerbrechliche Schäferidylle gegen Bakelitaschenbecher und die Vitrine gegen den Nierentisch um einen fragwürdigen Gewinn eintauschen, der Dichter mit seiner Schreibmaschine dieses besondere Ereignis nötig hat. Auch heute entsteht kein Gedicht, wenn sich nicht hilfreich eine der Musen beugt.

Wenn es den Dichter ankommen sollte, die Ballerina zu beschreiben – Anlaß genug gab ihm ihr Tanz, der sprödkühle Raum aus ihrer Bewegung entworfen –, wird er näher treten, wird er dahinterblicken, entzaubern wollen. Er gleicht dem Briefmarkensammler, welcher ein kleines, begehrtes Viereck prüfend ins Licht hält, um Zahnung und Wasserzeichen deutlich zu haben. Krone und Lächeln der bunten Königin, so wohlgelungen die Miniatur sein mag, beeinflussen niemals sein wertendes Auge.

Kehren wir zu unserem Stich zurück. Jenem Dichter hinterließ ein Augenblick künstlichster Darbietung nur die Spur der Ballettschuhe auf der Tischplatte. Davon wird er schreiben. Die Darbietung wird zur Erscheinung, der Kratzer zum Zeichen werden. Die Ballerina jedoch? Von dem Fenster, durch welches sie kam und ging, wird die Rede sein, und sollte ein guter Dichter dort an dem Tisch gesessen haben – nach dem Bildchen können wir es nicht beurteilen –, wird er darauf verzichten, der Ballerina Augen gülden, ihr Antlitz hold und ihre Füßlein gar fein zu nennen. Dererlei Feststellungen über Augen, Gesicht und Füße machen sich nicht in so vagen Momenten. Dafür bedarf es der Erlaubnis, hinter der Kulisse zu stehn, in die Garderobe zu schauen.

Ihr Körper, ihr Requisit.
Jeder Tenor, wenn es seine Stimme verlangt, wird hinter sich nach der Stuhllehne fassen – und immer wird ein Stuhl oder sonst Greifbares in seiner Nähe stehen –, wird mit diesem Griff neue Kraft seinem Organ geben, gewinnender wird ihm die Arie gelingen. Nicht so die Ballerina. Ihr ist nicht viel erlaubt. Ihr Körper, dieser dem leicht hysterischen Weinen nahe Auswuchs gequälter, auswärtsgedrehter Schönheit, bleibt, sobald sie mit winzigen Pas de courus aus der Kulisse entlassen, ihr einziges Requisit. Einsam zeichnet sie ihre Figuren und erreicht zwischen der dritten und vierten Pirouette jenen Grad der Verlassenheit, den selbst das deutscheste Dichterlein nicht erreicht. Wird nun mit jeder beliebigen Drehung, wenn sie nur schwungvoll genug ist, dieser Ort der Verbannung bezogen? Ist es genau so, wenn Irmchen sich im Walzertakt

dreht und die Augen selig dabei schließt? Wir werden sehen, daß mit der Pirouette, dieser geschraubten, gekünstelten Abstraktion, die letztmögliche Drehung geglückt scheint, daß hier das Kunststück gezeigt wird. Kunst, weil nicht mehr Natur, weil hier die papierne Rose – wir kennen sie von den Schießbuden her – aller Vegetation voraus ist und niemals welken wird. Und nochmals Kunst, weil Gewaltsamkeit, Verleugnung der dummen, begrenzten Glieder, kleinliches Feilen an einer leeren Form hier und immer wieder zu gewichtloser Schönheit ohne Vor- und Zunamen gereicht.

Der Garderobe bleibt es dann vorbehalten, diesem nun schwitzenden siebenundzwanzigjährigen Geschöpf ein Vera oder Tascha zuzurufen, einen von harter Arbeit gezeichneten Körper aufzunehmen, welcher lispelt und keinen Blinddarm mehr hat. Nun zeigt es sich, wie harmlos und banal die Pause zwischen zwei anmutig anstrengenden Spitzenleistungen verbracht werden kann. Die Ballerina strickt Wollsocken für ihren kleinen Bruder, die Ballerina redet dummes Zeugs, die Ballerina hat sich kürzlich verlobt, jedoch ist es nicht ausgeschlossen, daß sie sich bald wieder entlobt. Die Ballerina setzt eine Brille auf, sie ist etwas kurzsichtig, und blättert in der Illustrierten, bis das Kreuzworträtsel gefunden und auch zur Hälfte gelöst wird. Nun weint die Ballerina ein bißchen. Sie hat heute eine schlechte Balance gehabt, sie hat »die Arabeske verwackelt« und ist während der dritten Pirouette »von der Spitze geknallt« – und das darf sie nicht.

Der Tenor darf hilfesuchend nach der Stuhllehne greifen, wenn er nur singt. Irmchen darf sogar mitten im Walzer ein wenig torkeln und tiefsinnig feststellen, daß sich ja alles dreht. Niemand wird ihr deshalb böse sein. Nur wenn die Ballerina »von der Spitze knallt«, dann gefriert das Parkett, dann wird es heiß auf den Rängen, taghell und nüchtern dehnt sich die Bühne, Programme werden gefaltet, entfaltet, und alles Flüstern besagt, daß die Ballerina schon siebenundzwanzig ist, lispelt und keinen Blinddarm mehr hat.

Vom Barfußtanz.

Feind und todernstes Gegenteil der Ballerina ist die Ausdruckstänzerin. Während die Ballerina ihren Körper nach festen Regeln bewegt und dabei lächelt, als sei ihr die Belanglosigkeit in die Mundwinkel gepinselt, tanzt die Ausdruckstänzerin mit ihrer schwierigen Seele und rührt ihre Glieder dazu, als sei ihr privates und obendrein krummes Knie Anlaß genug, das achtel Parkett und halbvolle Ränge zwei lange Stunden zu fesseln. Die Ballerina wohnt bei ihrer Mutter, raucht nicht, ißt Joghurt und Bananen, füttert ein Hündchen und fühlt sich vor und nach dem Training müde, nichts als müde.

Die Ausdruckstänzerin ist gebildet. Sie weiß die Weise von Liebe und Tod auswendig herzusagen und hat Cocteaus ›Orphée‹ schon fünfmal gesehen. In ihrem möblierten Zimmer hängt eine afrikanische Maske, eine Reproduktion nach Paul Klee und das Foto einer siamesischen Tempeltänzerin. Sie schneidert sich ihre Kleider selber und trägt ihre langen, wunderschönen Haare niemals zum Friseur. Da die Ballerina früh zu Bett geht, ist ihr Nachtleben, bis auf einige Kinobesuche, auf recht harmlose Art geregelt. Die Ausdruckstänzerin hat einen Pianisten zum Freund. Beide leben in ständiger Angst vor dem Kinde, wünschen sich aber ein Kind, sie sogar Kinder, Mutterschaft. Nun, wie zum Ersatz, tanzt sie mit aufgelöstem Haar – daher die Scheu vor dem Friseur – in sackähnlichem Gewand Wiegenlieder, Erwartungen, Erlösungen – ihre letzte Kreation hieß: Weinendes Embryo.

Die Ausdruckstänzerin tanzt barfuß, deshalb könnte man sie auch Barfußtänzerin nennen. Monotonem, preußischem Reglement gleich ist das Exercice der Ballerina. Ein zerquältes, zerdrücktes Fleisch versteckt sich in weißen, roten, gar silbernen Ballettschuhen. Die Füße der Ballerina sind häßlich zu nennen. Geschundene, offene Zehen, ein übergroßer Spann. Sie scheinen die wahren Opfer all dieser gültig gezeigten Schönheit zu sein. Hier unten sammelt sich, was oben harmonisierte Geste und weiches Lächeln kaschiert. Das Maß dieser Schuhe bestimmt noch Mittelalter und Inquisition. So dürfen wir denn die erstrebenswerten zweiunddreißig Fouettés als ein Geständnis werten, und nichts, kein Barfußtanz, wird dieses Geständnis, diesen Schmerz ersetzen können.

Askese vor dem Spiegel.
Die Ballerina lebt, einer Nonne gleich, allen Verführungen ausgesetzt, im Zustand strengster Askese. Dieser Vergleich darf deshalb nicht überraschen, da alle auf uns gekommene Kunst stets Ergebnis konsequenter Beschränkung und nie genialischer Maßlosigkeit war. Auch wenn zeitweise Ausbrüche ins Unerlaubte zu denken gaben und geben, der Kunst sei alles erlaubt, erfand sich immer, und gerade der beweglichste Geist, Regeln, Zäune, verbotene Zimmer. So ist auch der Raum unserer Ballerina beschränkt, übersehbar und erlaubt Veränderungen nur innerhalb der zur Verfügung stehenden Grundfläche. Die Erfordernisse der Zeit werden der Ballerina immer wieder ein neues Gesicht abverlangen, werden ihr exotische und pseudoexotische Masken vorhalten wollen. Sie wird diese dekorativen Spielchen mitmachen, wissend, daß alle Mode ihr gut steht. Die wahre Revolution wird sich jedoch im eigenen Palast ereignen müssen.

Wie ähnlich verhält es sich in der Malerei. Wie sinnlos scheinen doch alle Versuche, grundlegende Entdeckungen im Erfinden neuer Materialien, im Austausch der Ölmalerei gegen ein Lackspritzverfahren auf Aluminium zu sehen. Niemals wird der Dilettantismus, an seinen Manieriertheiten leicht zu erkennen, das zähflüssige, selbst in der Revolution konservative Metier verdrängen können.

Der Spiegel wird durch die Ballerina zum unnachsichtigen Werkzeug der Askese. Hellwach trainiert sie vor seiner Fläche. Ihr Tanz ist nicht der Tanz mit geschlossenen Augen. Nichts anderes ist ihr der Spiegel als ein Glas, welches alles zurückwirft, überdeutlich, ein unerbittlicher Moralist, dem zu glauben ihr zum Gebot wird. Was tut der Dichter alles dem Spiegel an. Welch mystische, unleserliche Postkarten steckt er in seinen Barockrahmen. Ihm ist er Ausgang, Eingang, er sucht wie junge, noch unwissende Katzen hinter der Scheibe und findet dort allenfalls ein zerbrochenes, mit ungleichen Knöpfen gefülltes Kästchen, den Stoß alter Briefe, welchen er nie mehr zu finden hoffte, und einen Kamm voller Haare. Nur in den Augenblicken endgültiger Wandlung, da unser Körper bereichert oder verarmt scheint, stehen auch wir mit gleich wachen Augen wie sie vor dem Spiegel. Er zeigt den Mädchen die Pubertät an, ihm entgeht keine Schwangerschaft, kein fehlender Zahn – falls ihn ein Lachen provozieren will. Vielleicht daß der Friseur, der Taxichauffeur, der Schneider, der Maler beim Selbstportrait, die Prostituierte, welche ihr Zimmerchen mit einer Zahl solch deutlichmachender Scherben versehen hat, etwas Gemeinsames mit der Ballerina haben. Es ist der sorgenvolle Blick des Handwerkers, des Menschen, der mit dem Körper arbeitet, es ist der Blick in den Beichtspiegel.

Applaus und Vorhänge.

Der Applaus ist das Kleingeld der Ballerina. Sie zählt es sehr sorgfältig, und hätten diese Münzen, wie anderes Hartgeld, die Eigenschaft, sich in einen Strumpf stecken zu lassen, sie würde sie sparen für spätere Zeiten, da es an Händen fehlen wird, da niemand mehr klatschen will, da das Klatschen weh tun könnte, da der Mann, der dem Vorhang befiehlt, keinen Grund mehr haben wird, auf einem Täfelchen Striche zu machen, bis daß es heißt: Sechzehn Vorhänge heute, zwei mehr als gestern.

Dieselbe Gründlichkeit und Besorgnis, mit der wir die Rufe des Kuckucks während eines Sonntagsspazierganges im Stadtforst zählen, zeigt auch die Ballerina, wenn es gilt, der Dauer und Dichte des Beifalls die mögliche Zahl der Vorhänge zu entnehmen. Sie zählt und möchte Parkett und Ränge mit ihren präzisen und anmutigen Reverenzen versuchen, wie wir den Kuckuck versuchen, der unsere Jahre ausruft. – Dann, nach dem letzten Vorhang, fällt die Ballerina gleich einem Kartenhaus, das plötzlich der Zugluft ausgesetzt wird, in sich zusammen. Jedes ihrer sonst so gewogenen Glieder rutscht ins Beliebige. Die Ordnung in ihrem Gesicht, in diesem Teller voll kosmetischer Speisen, lockert sich. Ihren Augen gelingt kein Blick mehr, überspannt rutschen sie ab und erweitern sich schreckhaft. Desgleichen der Mund. Jederzeit bereit, in Hysterie laut zu werden, strengt ihn ein Lächeln, harmlos gemeint, derart an, daß ihm der Krampf in den Winkeln sitzt. Wozu dieses ständige Stirnrunzeln, dieses Heben der Brauen. Jedes Stück der mit viel Mühe und Können arrangierten Ausstellung verläßt seinen Platz. Die Ballerina scheint außer Rand und Band.

Das Pünktchen.

Sie hebt den Arm in leichter Beugung. Oben ergibt sich die Hand, ein unnütz vielgliederiger Fortsatz. All das ohne Bedeutung, nur tauglich zum Ansehen, nicht mal ein Gruß oder die Einladung, näher zu treten. Halb auf dem Wege zum Ornament, will es nur zeigen, was da ist, daß sich ein Arm da beugt und den Hintergrund einteilt, daß dort, wo der kleine Finger hindeutet, ein Pünktchen ist, welchem alle Schönheit gehorcht – und so auch die Ballerina. Nie käme ihr der Gedanke, man könne den Arm auch anders beugen, daß er nur Kraft, Verzweiflung oder gar häßlich geknickt einen Unfall bedeutet. Nie würde sie anderen Punkten den Finger hinschicken als jenem, welcher sinnlos ist wie ein Goldfisch und doch so geräumig, so unersättlich, daß all unser Ballast sich in ihm verlieren könnte. Denn sagten wir zu unserer Ballerina: »Ach, tanzen Sie uns doch einmal die Atombombe!«, sie würde sieben Pirouetten drehen und hernach lächelnd zum Stand kommen. Und käme einer und wünschte das Verkehrsproblem oder die Wiedervereinigung getanzt zu sehen, sie zeigte ihm sofort jene Kombination ästhetischer Figuren, an deren Ende dann eine Arabeske die Wiedervereinigung vollzieht und das Verkehrsproblem löst, indem sie aufs Pünktchen weist.

Zu all diesen Demonstrationen erklingt der ›Türkische Marsch‹ oder ein Stückchen aus der Nußknackersuite, es bleibt sich gleich, die Ballerina ist nicht unbedingt musikalisch zu nennen. Sie läßt sich vom Pianisten den Takt ansagen, erklären, vorzählen und übergibt sich in schöner Gläubigkeit dem Ballettmeister, damit er Zahl und Reihenfolge der Attitüden, Touren, Relevés bestimmt und ihren Auftritt insgesamt formuliert.

Es darf auch der Radetzky-Marsch sein, dessen unüberhörbare Klänge in verblüffender Abwegigkeit ihren Weg auf der Bühne begleiten, wenn nur am Ende, mit dem letzten Ton und Paukenschlag, der Finger wieder aufs Pünktchen weist, dann ist es schon recht.

Natur und Kunst.
 Noch einmal zurück zu dem Bildchen. Die Ballerina, in steifen, leicht knüllenden Stoffen, tanzte auf dem Tisch. Das geöffnete Fenster ließ ahnen, daß Auftritt und Abgang keiner Tür bedurften. Leicht läßt sich Zimmer, Tisch und Fenster mit einer Bühne, Podest, Kulissen vertauschen. Der Dichter, auf dem Stich etwas schmalbrüstig, wandelt sich gleichfalls, wird zum springenden, tanzenden Troubadour. In einem Pas de deux nimmt die Geschichte ihren weiteren Verlauf. Liebe, Trennung, Versuchung, Eifersucht und Tod. Einfach ist diese Handlung, bloßer Vorwand, die Ballerina in ihrer schwierigen Existenz, auf Spitzen tanzend, zu zeigen. Im reichsten Décor erfüllt sich hier, was tägliches Exercice zu den Klängen eines verstimmten Klaviers dem Körper und nur dem Körper vorschreibt.
 Wer zwingt die Ballerina, dieses empfindliche, im Alltag fast ein wenig fade Wesen, sich an die Stange zu stellen und unter der Aufsicht einer ältlichen, oftmals recht zynischen Ballettmeisterin Jahr um Jahr zu trainieren? Ist es nur Ehrgeiz, nur Sucht zum Erfolg hin? – Widerstrebend betritt sie den Übungssaal, sucht ihren Platz auf. Widerstrebend kommt sie den ersten Bewegungen nach. Und dann packt es sie. Plötzlich ist ihr dieser Kampf gegen den Körper auf ähnliche Art faszinierend wie einem erklärten Pazifisten ein todernster Vorbeimarsch im Stechschritt.
 Ist es schon ein hausbackener Witz, dem Dichter den allzu gut gemeinten Rat auf den Weg zu geben, immer recht natürlich zu schreiben, um wieviel unerträglicher wäre dem feinen Auge die Tänzerin, welche es wagte –

weiß ich, welchem Drang immer folgend –, natürlich, das heißt ohne jeden Anstand, geschwätzig und maßlos wie die Vegetation eines Urwaldes oder auch Treibhauses über die Bühne zu hüpfen.

Es ist uns zur Selbstverständlichkeit geworden, ein Stück Hammel nicht in rohem, noch blutigem Zustand barbarisch zu verschlingen. Nein, wir braten, kochen oder dünsten es, tun immer wieder noch ein Gewürz in den Topf, nennen es am Ende gar und schmackhaft, essen es manierlich mit Messer und Gabel, binden uns eine Serviette um. So sollte nun endlich den anderen Künsten dieselbe Ehre wie der Kochkunst zuteil werden und – wenn dann und wann Stimmen laut werden und das klassische Ballett totsagen wollen – bewundernd festgestellt werden, daß bislang diese Kunst, mehr noch als Kochkunst und Malerei, eine der unnatürlichsten und damit formvollendetsten aller Künste zu nennen ist.

Erst wenn es gelingen sollte, aus all den Experimenten – und bisher wurden nur Experimente gezeigt – gleichstarke Formeln der tänzerischen Bewegung zu kristallisieren, welchen gleich dem Ballett alle Zufälligkeit abgeht, wird sich die Ballerina zum letztenmal verbeugen.

Vielleicht zeigt sich dann die große, ganz und gar künstliche Puppe. In seinem Traktätchen über das Marionettentheater weist Kleist auf sie hin, Kokoschka ließ sich solch ein unempfindliches Mädchen schneidern, in Schlemmers Triadischem Ballett machten kühn entworfene Figurinen den ersten, wichtigen Schritt. Vielleicht werden sich beide vertragen und eine Ehe eingehen, die Marionette und die Ballerina. –

Der Inhalt als Widerstand

Kandinsky sagte: »Die richtig herausgeholte Form drückt ihren Dank dadurch aus, daß sie selbst ganz allein für den Inhalt sorgt.« – Ein schöner Satz, ein einleuchtender Satz, ein Satz, dem wir klein- und großgemusterte, klein- und großgeschriebene Tapeten verdanken. Alle haben ihn verstanden. Die Maler, die Poeten, die Verpackungsindustrie und die Erfinder der Musiktruhen. Schütteln wir ihn, den Satz; seinem Sinn nach müßte er es vertragen: »Ein richtig herausgeholter Inhalt drückt seinen Dank dadurch aus, daß er selbst ganz allein für die Form sorgt.« Da nun auch diese Umkehrung nicht so recht stimmen will, da sich über Form und Inhalt, Inhalt und Form nicht in einem Satz sprechen läßt und diese Maximen sich allenfalls für die erste Seite eines Kunstausstellungskatalogs oder als Sinnspruch für die Rückseite eines fortschrittlichen Kalenderblattes eignen, soll hier versucht werden, zwischen mehreren Satzzeichen Mißtrauen auszubreiten, ja Mißtrauen zwischen Form und Inhalt zu säen.

Es bedeutet menschliche Tugenden aufzählen, wenn Tätigkeiten nacheinander genannt werden, deren Sinnlosigkeit sprichwörtlich geworden ist: Gegen den Wind spukken, gegen die Strömung schwimmen, gegen die Wand rennen, tauben Ohren predigen. Und eine Tugend mehr nennen heißt, jener zu gedenken, die sich da abplagten und gegen den Inhalt schrieben, malten oder sich, wie Maillol, Jahr für Jahr dasselbe rundliche Mädchen ansahen, um der formenden Hand zu helfen, um eine Kniescheibe deutlich zu machen und einen Halswirbel so einzubetten, daß nur die wahren Halswirbelfetischisten ihn entdecken. –

Der Inhalt ist der unvermeidliche Widerstand, der Vorwand für die Form. Form oder Formgefühl hat man, trägt es wie eine Bombe im Köfferchen, und es bedarf nur des Zünders – nennen wir ihn Story, Fabel, roter Faden, Sujet oder auch Inhalt –, um die Vorbereitungen für ein lange geplantes Attentat abzuschließen und ein Feuerwerk zu zeigen, das sich in rechter Höhe, bei günstiger Witterung entfaltet; mit dem dazugehörigen Knall, einige Sekunden nachdem das Auge etwas zu sehen bekam. Denn – und alle Attentäter, auch jene literarischer Herkunft, mögen mir hier zustimmen – bleibt der Zünder oder der Inhalt zu lange im Köfferchen, wird voreilig, vorzeitig entschärft, ist das Verhältnis zwischen Bombe und Zündung unverhältnismäßig, kurz, wird mit Kanonen auf Spatzen oder mit Spritzpistolen auf Pottwale geschossen, lacht das noch zu benennende Surrogat der vormals so leicht zu belustigenden Götter.

Flüchtig seien noch jene Formverächter erwähnt, die den ganz dicken Inhalt am Busen wärmen und nichts außer ihrer Begeisterungsfähigkeit zu Tinte werden lassen.

Ein echter Inhalt, das heißt ein widerspenstiger, schneckenhaft empfindlicher, detaillierter, ist schwer aufzuspüren, zu binden, obgleich er oftmals auf der Straße liegt und zwanglos tut. Inhalte nutzen sich ab, verkleiden sich, stellen sich dumm, nennen sich selbst banal und hoffen dadurch, der peinlichen Behandlung durch Künstlers Hand zu entgehen.

Wenn Künstlers Hand eine Zeitlang gesucht hat, doch leer blieb oder Gefundenem nicht geschickt genug war, schimpft Künstlers Mund über Inhalte, und Künstlers Kopf erinnert sich ureigenster, formaler Fähigkeiten und Qualitäten. »Es kommt nicht auf das Was an, nur auf das

Wie. Der Inhalt stört nur, ist Konzession, fürs Publikum, die Kunst will die Form an sich, die Kunst ist zeitlos, muß Raum und Zeit überwinden, hat schon überwunden, nur die im Osten, die machen noch auf sozialen Realismus. Wir aber (inhaltfeindliche Künstler reden meistens in der Mehrzahl) sind uns selbst voraus, der Flug unserer Ideen sprengt tagtäglich und von Berufs wegen alle lästigen Formate.« – Was kann man nicht alles machen, wenn man Phantasie hat. Neue Perspektiven, Konstellationen, Strukturen, Aspekte, Akzente; und alles noch nie dagewesen. Die Maler entdecken die Fläche (als hätte Raffael Löcher in die Leinwand gebohrt), die Lyriker verweisen auf ihr Unterbewußtsein und träumen, wenn auch literarisch ergiebig, nicht ohne Angst, selbst in diesem Metapherneldorado zu Epigonen werden zu können oder, was noch schlimmer wäre, von epigonalen Traum- und Unterbewußtseinsräubern ausgeplündert zu werden. –

Unterdessen liegen die Inhalte, ihrer selbst überdrüssig, nach wie vor auf der Straße und schämen sich ihres Inhaltes.

Ein mißtrauischer Dialog

Die Poeten Pempelfort und Krudewil wandeln auf einer blumenreichen Wiese. Krudewil trägt einen kleinen Koffer und stochert mit einem Stock in den Maulwurfshügeln. Pempelfort bückt sich und pflückt mit ausgemachtesten Bewegungen eine Blume.

PEMPELFORT: Oh, ich habe eine Metapher gefunden.

KRUDEWIL: Du solltest mit deinen botanischen Halbkenntnissen nicht die Lyrik füttern. Außerdem hast du schon wieder aus nur ornamentalen Gründen »Oh« gesagt.

Pempelfort *die Blume betrachtend:* Wie war es doch? Löwenzahn der Umnachtung? – Nein. Tam tam, taram tamtam. Blüht mir in Wahn und Traum... Auch nicht. – Jetzt hab ich es wieder:
>Denn in den Planquadraten des Löwenzahn
>Sind schon des Todes Späher verzeichnet. –

Was sagst du nun?

Krudewil: Unter zwei Genitiva in einem Satz tust du es nicht. Mich langweilen diese Wiesenspaziergänge.

Pempelfort: Dabei sind sie so ergiebig.

Krudewil: Allenfalls reizt es mich, mit diesem Stock...

Pempelfort: Es ist ein Nußbaumast.

Krudewil *wütend:* Stock ist Stock, sage ich. Und mit diesem oder einem anderen Knüppel stoße ich in die Maulwurfshügel. – Ich bin ein mißtrauischer Mensch.

Pempelfort *rezitierend:* Nußbaumstock
>Maulwurfstod
>Sternenstaub
>Fiel aufs Brot.

Krudewil *schlägt mit dem Stock um sich:* Schluß jetzt mit dieser Kosmetik. Sternenstaub, Mann im Mond. Und kein einziger Vers, in dem nicht der Tod vergewaltigt wird. Du bist ein Lügner, Pempelfort!

Pempelfort *mit priesterhaften Handbewegungen:* Ich träume gerne. Auf eine unsägliche Weise benimmt mich der Schlaf. Manchmal habe ich das Gefühl...

Krudewil: Du hast vergessen, »irgendwie« zu sagen.

Pempelfort: Manchmal habe ich irgendwie das Gefühl, ich weile nur als Gast. Meine Zeit hier gleicht einem Exil; niemand versteht meine Sprache, und nur die Sterne gehorchen meinen Gebärden. Nachts...

Krudewil: Du kennst unsere Vereinbarung. Wir wollten nicht mehr von Träumen reden.

Pempelfort: Nur diesen Satz noch. Nachts rufen sie

mich. Der Traum ist meine wahre Heimat, ich lebe von diesen Konstellationen aus den Archiven verschütteter Kindheit.

KRUDEWIL: Gestern sagtest du statt Konstellationen Montagen.

PEMPELFORT: Es bleibt sich gleich, Krudewil. *Begeistert:* Wenn nur die Archive bleiben! *Er bückt sich.* Schon wieder eine Metapher:
»Ich halte dich mit hellen Händen
Du Pusteblume des Augenblicks.«

KRUDEWIL: Pustekuchen, Feierabend. Ich habe dich durchschaut, Freundchen, ich bin dir auf die Schliche gekommen, ich kenne deinen Speisezettel. Jeden Abend, kurz vor dem Schlafengehen, ißt du, nicht etwa weil es dir schmeckt, drei gehäufte Teller Kartoffelsalat mit Gurken, Zwiebeln und Würstchen. Dann haust du dich in die Falle, legst die Ohren an und schläfst ein. Stimmt's?

PEMPELFORT: Ja.

KRUDEWIL: Und dann?

PEMPELFORT: Dann träume ich. Schwere Träume, dunkle Träume.

KRUDEWIL: Kein Wunder bei der Kost.

PEMPELFORT: Ich wälze mich von einer Seite auf die andere.

KRUDEWIL: Und bei jeder Drehung fällt ihm etwas Metaphysisches ein.

PEMPELFORT: Und wenn ich dann erwache...

KRUDEWIL: Er erwacht alle zwei Stunden regelmäßig.

PEMPELFORT: Dann zünde ich mein Nachttischlämpchen an.

KRUDEWIL: Vor dem Schlafengehn, den Mund noch voller Kartoffelsalat, hat er den Bleistift schön fein angespitzt.

PEMPELFORT: Man muß gerüstet sein für den Traum. Du darfst nicht spotten, Krudewil. Jeder hat seine Methode. Am Morgen sichte ich dann die Träume. Schließlich ist nicht alles fürs Gedicht geeignet. Du kannst mir schon glauben. Richtig wissenschaftlich geht es dabei zu. Die Träume sind sozusagen nur die Rohprodukte. Es muß ja noch alles ins Versmaß gebracht werden.

KRUDEWIL: Tröste dich, Pempelfort. Eines Tages träumst du mit Endreim, und wenn du erwachst, steht ein Verleger an deinem Bettchen und freut sich außerordentlich, in dir einen hoffnungsvollen, durchaus begabten, natur-, traum-, klangverbundenen Poeten zu begrüßen, der darüber hinaus im Zeichen echtester, legitimster, nachvollziehbarster Schwermut geboren, wenn auch lebensfern, doch nicht lebensfeindlich ist. Darüber hinaus, darüber hinaus ... Hunde, die träumen, beißen nicht. – *Er entnimmt seinem Handkoffer zwei große Knäuel graue Wolle und Stricknadeln.* Hier, zwei glatt, zwei kraus. Wir wollen jetzt nicht mehr von Träumen reden. Wir wollen uns eine neue Muse stricken. *Beide stricken.*

PEMPELFORT: Wie soll sie denn beschaffen sein?

KRUDEWIL: Grau, mißtrauisch, ohne botanische –, Himmels- und Todeskenntnisse, fleißig, doch wortarm in der Erotik und völlig traumlos. – Du weißt, wie ich es mache. – Bevor ich ein Gedicht schreibe, schalte ich dreimal das Licht an und aus. Damit sind alle Wunder entkräftigt. – Du hast eine Masche fallen lassen. Sei vorsichtig, Pempelfort. Unsere neue Muse ist eine akkurate Hausfrau. Ein fehlerhaftes Oberteil würde ihr mißfallen. Sie gäbe uns erbarmungslos den Abschied, ließe sich aufribbeln und von einer Maschine aufs neue stricken.

Pempelfort und Krudewil widmen sich aufmerksam ihrer Handarbeit. – Ende.

Der Phantasie gegenüber

Von Eiern, die als weich gekocht serviert wurden, überzeugt man sich am besten mit dem Löffel. Denn mit dem Frühstück beginnt das Mißtrauen. Und mit dem Mißtrauen stellt sich die Post ein. Warum sollte der Poet jetzt, kurz nach dem Frühstück, da ihm die ersten Inspirationen kommen, leichtgläubig werden? Hellwach sitzt er seiner Phantasie gegenüber und bedenkt alle ihm dargebotenen Sätze und Doppelpunkte mit mürrischem teelöffelhartem Abklopfen. Er will ein Gedicht über eine bestimmte Sorte Drahtzäune schreiben. In Berlin ist es die Firma Lerm & Ludewig, die nicht nur einen großen Teil der Schrebergärten, nein, auch so manche stolze Grunewaldvilla mit einem gleichmäßig engen, rautenförmige Maschen bildenden Drahtnetz umspannt. An jedem dieser Zäune hängen ein, manchmal zwei Schildchen und besagen, daß es die Firma Lerm & Ludewig war.

Unser Poet hat das Gedicht Zeile unter Zeile in seinem Kopf. Auf dem Papier steht die Überschrift: Engmaschige Drahtzäune. – Jetzt löst sich der erste Satz: »Wenn ich an engmaschigen Drahtzäunen vorbeigehe, verberge ich die Hände in den Hosentaschen und stelle mich unmusikalisch.« Befriedigt setzt er den Punkt, wechselt mit dem Federhalter zum nächsten Zeilenanfang, und schon beginnt ein zäher Kampf mit der Tischgenossin, der Phantasie. »So kann man kein Gedicht anfangen«, sagt sie, »das ist zeitlich und lokal zu begrenzt.« Der Kosmos müsse unbedingt einbezogen werden, die motorischen Elemente des geflochtenen Drahtes müßten zum überzeitlichen, übersinnlichen, völlig aufgelösten und zu neuen Werten verschmolzenen Stakkato anschwellen. Auch könne man ohne weiteres vom engmaschigen zum elektrisch geladenen Draht übergehen, sinnbildlich den Stacheldraht streifend, und so zu kühnen Bildern, gewagtesten Assoziationen und einem mit Tod und Schwermut behangenen Ausklang kommen.

Der Poet lehnt sich zurück. Nie hat er einen Stacheldrahtzaun gesehen, an den die Firma Lerm & Ludewig ihr Schildchen gehängt hätte. So leid es ihm tut, so schön das alles klingt, er muß die Gaben zurückweisen und seiner Phantasie mit augenblicklicher Entmündigung drohen, wenn sie nicht bei der Sache, beim engmaschigen Lerm & Ludewig bleiben will. Schließlich ist er doch kein Phantast. Und eine Beweglichkeit des Geistes, die jedem Geldschrankknacker und Heiratsschwindler suspekt wäre, darf ihm nicht genügen. Ein wahrer Poet muß eine solche und unentwegt wuchernde Menge Phantasie haben, daß er auf sie nicht mehr angewiesen ist.

Das Mittagessen bietet Grund genug, vom Papier abzulassen und ein mißlungenes Gedicht aufzugeben. Zwar ist das Blatt voll, nein, mehrere Blätter tragen dieselbe Überschrift. Vieles ist gestrichen, umgestellt, dennoch wuchert der Stacheldraht; eine herrliche Stelle: »Mein Herz ist ein Käse hinter dem Fliegendraht«, mußte mehrmals getilgt werden. Offensichtlich lag sie dem Poeten am Herzen, doch Lerm & Ludewig war dagegen. Er wird es morgen noch einmal versuchen. Gleich nach dem Frühstück, den Teelöffel noch in der Hand, mißtrauisch vor weißem Papier sitzend, wird er den Widerstand spüren, besonders wenn ihm etwas einfällt.

Über das Schreiben von Gedichten

In meinen Gedichten versuche ich, durch überscharfen Realismus faßbare Gegenstände von aller Ideologie zu befreien, sie auseinanderzunehmen, wieder zusammenzusetzen und in Situationen zu bringen, in denen es schwerfällt, das Gesicht zu bewahren, in denen das Feierliche lachen muß, weil die Leichenträger zu ernste Miene machen, als daß man glauben könnte, sie nehmen Anteil.

Oft kommt mir mein anderer Beruf entgegen und erlaubt, den zu fixierenden Gegenstand von allen Seiten zu zeichnen. Erst dann erfolgt die Niederschrift des Gedichts. Die Aufgabe des Versemachens scheint mir darin zu bestehen, klarzustellen und nicht zu verdunkeln; doch muß man manchmal das Licht ausknipsen, um eine Glühbirne deutlich machen zu können.

Es lebe die Erzählung

Lenzburg, am 13. Juli 1959

Lieber Herr Bender,

Ihr Brief liegt lange bei mir. Auch habe ich ihn mehrmals gelesen und mich an Ihrer Schrift erfreut, allein, aus dem Aufsatz ›Es lebe die Erzählung‹ ist bisher nichts geworden, weil, erstens, eine bevorstehende Polenreise mich von Kopf bis Fuß besetzt hat, weil, zweitens, dieser Aufsatz im Grunde offene Türen einrennen müßte; eine Beschäftigung, die, obgleich schmerzlos, sicher nicht ohne Langeweile ist.

Ich frage mich: Wenn Robbe-Grillet morgen einen geschliffenen Essay veröffentlicht, darin seitenlang behauptet, der Mensch habe keine Nase mehr; muß ich dann, womöglich gleichfalls und seitenlang, die Existenz der menschlichen Nase beweisen und obendrein hochleben lassen? Seit Jahren werden nacheinander die Ölmalerei, der Endreim im Gedicht, der Roman, das Theater, die Kunst überhaupt totgesagt, man scheut sich nicht, dem Fahrrad die Zukunft abzusprechen; daß nun all diese Dinge weiterhin munter am Leben sind, verdanken sie gewiß nicht vorzüglichen Essays, sondern der eigenen vitalen und unersetzlichen Form. Vielleicht aber fällt mir in Polen etwas für Ihre Zeitung ein; zumal mir in Polen leicht etwas einfällt.

Inzwischen habe ich auch den Umbruch hinter mir, bin arbeitslos und genieße das.

Freundliche Grüße

Ihr *Günter Grass*

Wir schreiben in der Bundesrepublik

1. Ich sorge für meine Familie, indem ich zeichne, schreibe und koche. Das Kochen bezahlt mir zwar weder der Rundfunk noch ein Verlag, doch fällt mir zumeist über dem Kochtopf ein, was ich zeichnen, was ich schreiben will. Da meine Zeichnungen und literarischen Werke käuflich zu erwerben sind, lebe ich, je nach Umsatz meiner Produktion, mehr oder weniger gut; zur Zeit kann ich nicht klagen.

2. Da ich alle drei Tätigkeiten nacheinander ausübe, also niemals gleichzeitig koche und schreibe oder links schreibe und rechts zeichne, komme ich schwerlich ins Gedränge, sondern finde zwischendurch noch genügend Zeit, um ins Kino gehen zu können.

3. Außer den drei oben angeführten Berufen bin ich, als gelernter Steinmetz, in der Lage, notfalls, sollte man mir eines Tages das Kochen, Schreiben und Zeichnen verbieten, auf den Bau zu gehen und Muschelkalkfassaden zu versetzen.

Das Gelegenheitsgedicht
oder Es ist immer noch, frei nach Picasso, verboten, mit dem Piloten zu sprechen

Vortrag auf der Arbeitstagung ›Lyrik heute‹ in Berlin

Wer nur wenige Minuten reden darf, darf auch verallgemeinern. Deshalb steht hier zu Anfang der Satz: Jedes gute Gedicht ist ein Gelegenheitsgedicht; jedes schlechte Gedicht ist ein Gelegenheitsgedicht; nur den sogenannten Laborgedichten ist die gesunde Mittellage vorbehalten: Nie sind sie ganz gut, nie ganz und gar schlecht, aber immer begabt und interessant.

Der das hier sagt und behauptet, zählt sich zu den Gelegenheitsdichtern, und sein Ärgernis sind Dichter, die ihre Gelegenheit nicht abwarten können, die Herren im Labor der Träume, die Herren mit den reichhaltigen Auszügen aus Wörterbüchern, die Herren – es können auch Damen sein –, die von früh bis spät mit der Sprache, dem Sprachmaterial arbeiten, die geschwätzig und als Dauermieter nahe dem Schweigen wohnen, immer dem Unsäglichen auf der Spur sind, die ihre Gedichte Texte nennen, die nicht Dichter genannt werden wollen, sondern ich weiß nicht was, die – sagen wir es – ohne Gelegenheit sind, ohne Muse.

Während der Labordichter seitenlang seine Methoden beschreiben kann, oftmals als Essayist Außerordentliches leistet, wird es dem Gelegenheitsdichter schwerfallen, seiner Methode eine ernste Erklärung zu liefern; denn sagte ich als eingefleischter Gelegenheitslyriker: Sobald ich das Gefühl habe, es liegt wieder mal ein Gedicht in der Luft, vermeide ich streng, Hülsenfrüchte zu essen, und fahre oft, obgleich mich das teuer zu stehen kommt, sinnlos sinnvoll mit dem Taxi, damit sich jenes in der Luft liegende Gedicht löst – wird der Labordichter mokant die Augenbraue heben und mich einen altmodischen, sogar reaktionären Esoteriker nennen, der an den Einfluß von Hülsenfrüchten, Taxifahrten, mithin an einen Individualismus glaubt, den er, der Labordichter, mittels konsequenter Kleinschreibung und verdienstvoller Tilgung aller Hauptwörter – sein Kollege tilgte nur die Verhältniswörter – schon seit langem und noch vor XYZ überwunden hat.

Dennoch lockt es mich, einige Kniffe des Gelegenheitsdichters zu verraten. Da es sich nicht um Laborgeheimnisse, also um Nachahmbares handelt, kann ich getrost offenherzig sein; denn meine Gelegenheiten sind nicht die Gelegenheiten eines anderen Gelegenheitsdichters. Wenn also ein Gedicht in der Luft liegt und ich ahne, diesmal will sie, nämlich die Muse, mich mit etwas Fünfstrophigem, Dreizeiligem heimsuchen, helfen mir weder der Verzicht auf Hülsenfrüchte noch unmäßiges Taxifahren, dann hilft nur eines: grüne Heringe kaufen, ausnehmen, braten, in Essig einlegen, Einladungen zu Leuten, die gerne über elektronische Musik reden, ablehnen, dafür Parties besuchen, auf denen Professoren Intrigen spinnen, zuhören, mitspinnen, um Gottes willen nicht mit dem Taxi nach Hause fahren, aber konsequent ohne Kopfkissen schlafen. Freilich hilft diese Methode nicht immer. Einmal, ich muß es gestehen, verhalf mir die krasse Umkehrung – ich kaufte einen halben Schweinekopf, machte Schweinekopfsülze, sprach mit Leuten über elektronische Musik, ging Professoren und ihren Intrigen aus dem Wege, fuhr tolldreist mit dem Taxi nach Hause, schlief auf zwei Kopfkissen – zu einem fünfstrophigen dreizeiligen Gedicht, das inzwischen in die Literaturgeschichte eingegangen ist.

In der Hoffnung, daß Sie meinen eigentlich simplen Ausführungen folgen können, verrate ich Ihnen jetzt den Trick mit dem Vierzeiler. Er ist das typische, das Urgelegenheitsgedicht. Am Anfang steht immer ein Erlebnis; es muß kein großes sein. So ging ich zum Schneider, um mir für einen Anzug Maß nehmen zu lassen. Der Schneider nahm Maß und fragte mich: »Tragen Sie links oder rechts?« Ich log und sagte: »Links.« Kaum hatte ich das Schneideratelier verlassen, war froh, daß mich der Schneidermeister nicht erwischt hatte, da roch ich es und gestand mir ein: Es liegt ein Gedicht, und wenn mich nicht alles täuscht, ein Vierzeiler in der Luft. So ziemlich vier Wochen brauchte es, bis die Wolke sich entlud und der Vierzeiler niederkam. Ich holte den Anzug ab und siehe: Trotz lügnerischer Angabe saß er gut, die Lüge war sozusagen gegenstandslos geworden, ich mußte nur noch, wie ich es immer kurz vor der Niederkunft eines Vierzeilers tue, einem Freund, der mir seit nunmehr acht Jahren zwanzig Mark schuldet, die übliche mahnende, vierzeilige Postkarte schreiben: Und schon warf ich – die Postkarte war noch nicht trocken – Überschrift und vier Zeilen aufs vorher bereitgelegte Papier:

Die Lüge

Ihre rechte Schulter hängt,
sagte mein Schneider.
Weil ich rechts die Schultasche trug,
sagte ich und errötete.

Ich muß zugeben, daß man diesen Vierzeiler kein modernes Gedicht nennen kann. Wenn ich mich auch damit abgefunden habe, altmodisch und nur mit den üblichen Dimensionen ausgestattet, auf Gelegenheiten warten zu müssen, beneide ich dennoch, besonders dann, wenn in meiner unmittelbaren Nähe wieder mal ein Gedicht in der Luft liegt, aber keine Anstalten macht, jenen Labordichter, der nicht von Gelegenheit zu Gelegenheit warten muß, der nicht wie ich dreimal in der Woche mit ungeschälten Erbsen in den Schuhen den Hohenzollerndamm bis zum bitteren Ende hinunterlaufen muß, weil das Laufen auf ungeschälten Erbsen jene Muse erfreut, die meine Gelegenheiten fördert. Nein, der Labordichter sitzt erbsenlos, mit kleingeschriebenen Hausschuhen in seinem Labor, hat Max Bense im Rücken, die Zettelkästchen griffbereit und geht zwanglos mit immer bereitem Sprachmaterial um, spottet aller Gelegenheit, montiert und verhackstückt Beliebiges und Botanisches, tut das mit Ernst, Selbstkritik und Fleiß, weiß nach seinem Achtstundentag – sofern man ihm, dem Zeitaufheber, von einem Achtstundentag sprechen kann –, was er getan hat: Er hat experimentiert, und morgen darf er weiter experimentieren.

Bei allem Neid bin ich dem Labordichter – es sei zugegeben – dankbar. Nimmt er mir doch Arbeit ab, indem er recht hübsche Versuche auf Gebieten anstellt, die auch ich, in den Pausen zwischen Gelegenheit und Gelegenheit, beackern müßte, doch, da es ihn, den Labordichter, gibt, nicht beackern muß; frech und epigonal packe ich ihn bei seinen Ergebnissen und verwende, immer hübsch bei Gelegenheit, die Frucht seiner Experimente, indem ich sie mißverstehe.

Nach diesen Ausführungen wird auch der letzte begriffen haben, daß ein Gelegenheitsdichter nicht frei von jeglichem Arbeitsethos ist. Auch ich weiß von Gelegenheiten zu berichten, die keine waren; monatelang liegt kein Gedicht in der Luft, dann schweigt der Gelegenheitsdichter, ohne damit sagen zu wollen, er wohne nahe dem sogenannten Unsäglichen, dem Schweigen.

Ohrenbeichte. Lieber armer Freund Schlieker

Lieber armer Freund Schlieker,
hättest Du doch auf mich gehört, damals, als wir anno siebenundvierzig zu Fuß rechtsrheinisch gen Caub tippelten, unterernährt doch sprachtrunken. Der gute Münemann und Neckermann waren mit von der Partie, zwei vergrübelte, in sich gekehrte Menschen, denen, wie Dir und mir, die schlimmen Jahre Wunden geschlagen hatten; fortan wollten wir in der Sprache aufgehen und anstimmen die deutsche Nachkriegsdichtung: karg, bewußt eng, verdrossen und nur ganz selten eine hoffnunglispelnde Butterblume. Wie schön und eindringlich konnte Neckermann von der selbstgewählten Armut des heiligen Franziskus reden! Noch höre ich den gescheiten Müne von der künftig geldlosen Gesellschaft träumen. Ach Freund, als Du uns von Deinem Meister Speer erzähltest, mit welcher Schwermut Ihr fünfundmehrtausend Panzer frischproduziert dahinschwinden sahet, wie liebte ich Dich und Deine Seele, die keinen Materialverschleiß ertragen konnte: So weich und empfindsam warst Du gestimmt.

Man hielt uns für Unzertrennliche. Wir teilten das letzte Stück Maisbrot. Wenn Müne irgendwo Vierfruchtmarmelade aufgetrieben hatte, Neckermann mit rohen Kartoffeln aus den Weinbergen gesprungen kam, konntest Du, während ich für Brennholz sorgte, aus einem Stück gewalztem Blech eine Bratpfanne mehr zaubern als biegen: So geschickt warst Du, wenn auch immer verträumt.

Jubel, Jubel, als uns Thomas Mann, den unsere bewegte Klage berührt haben mag, eine alte amerikanische Schreibmaschine aus den Staaten schickte, obendrein

Farbbänder und Blaupapier. Abwechselnd, in Baracken oder unter freiherrlichem Himmel, tippten wir unsere Texte: Neckermann verfaßte reimlos den grandios spartanischen Gesang von den unnützen Gütern dieser Welt; Rudi Münemann wollte seinen Roman ›Makler im Nichts‹ nennen, Du, Willy, hast in wenigen inspirierten Stunden, nahe Neviges war es, den ersten Akt Deiner Komödie ›Robinson auf Steinwerder‹ skizziert; und ich verfertigte reihenweise launige Vierzeiler, die sich leichthin verkaufen ließen – deshalb nanntet Ihr mich: das Finanzgenie.

Münemann lachte oft: »In dir steckt ein Hjalmar Schacht; laß dir nen Stehkragen wachsen.«

Neckermann maulte gelegentlich: »Wenn du weiterhin so leichtfertig mit der Dichtung umgehst, kannst du ein Versandhaus aufmachen: Reimereien für den Konsumenten.«

Und Du, Willy, erinnere Dich, hast mir bisweilen die Schulter geklopft: »Laß das, mein Junge. Deine Verse stolpern, hinken, klappern nach. Geh auf ne Schiffsbauschule. Da bringen sie dir den Stapellauf bei, den Schmierseife geschmierten.«

Alles kam anders. Schöne Worte wie »irgendwie zuinnerst enthoben« habt Ihr eingetauscht gegen Begriffe wie: Elektroblech Konkursmasse Liquidität. Wir hätten nicht nach Caub ziehen sollen. Vorher abbiegen hätten wir sollen oder das linke Rheinufer gewinnen. Nicht hinhören hätten wir sollen. Zu spät!

Sie hockte auf dem Felsen unterhalb Caub: eine ostpreußische Lorelei aus Angerburg. Ich rief noch: »Laßt die Marjell quatschen!«, aber die Dichterneugierde trieb Euch den Fels hinauf. Ich weiß nicht mehr, wie die Jungfrau hieß. Jedenfalls kam sie aus Masuren. Typische Heimatvertriebene, die nichts gerettet hatte als eine ostpreußische Kaffeetasse voller masurischem Malzkaffeesatz. Und aus diesem Satz las sie unsere Zukunft. Die Marjell sagte wahr uns allen. Sie krakeelte breit und ohne besondere Betonung für vier Lucky Strike, die ich herausrücken mußte, entsetzliche Prognosen: Dem Neckermann hat sie den gesamten Katalog eingeredet. Münemann hat sie das Datum der Währungsreform verraten und sonst noch Wissenswertes für einen zünftigen Bankier. Dir, Willy, war das Weibstück wohlgesonnen mit Walzwerken und – ungern sprech ich es aus – hochmoderner Schiffswerft. Mir jedoch, dem geborenen Finanzgenie, mir, dem immer schon ein Versandhaus in der Brust schlug, mir, dem es eher als Oetker zustünde, eine Backpulverflotte segeln zu lassen, flüsterte die masurische Lorelei ins Ohr: »Jonkchen, blaib hippsch bai de Musen hocken, daas mecht sech auszahln. Ech wais och paar scheene Värtellchens, diä kaanst kriegen, wänn welst.«

Außer diesen weitverzweigten Geschichten gab sie mir den Rat, meine zukünftigen Werke niemals beim heiligen Suhrkamp-Verlag, sondern immer beim komischen Luchterhand-Verlag zu verlegen, denn der zukünftige und geniale Suhrkamp-Verleger S. Unseld werde, so zwinkerte mir die Hexe zu, später zur Industrie überspringen, indes sich mein Luchterhand-Verleger mehr und mehr in Belletristik läutern werde.

Ich kann nicht klagen. Ich bin nicht schlecht gefahren. Kannst Du mir glauben, Willy. Kunst ist eben ein solides Handwerk. Aber mein Herz, ich konnte dichten und trachten, soviel ich nicht wollte, blätterte immerfort in Neckermanns Katalogen, makelte gemeinsam mit Rudi Münemann dicke Finanzen zusammen, verfaßte Taufreden, wenn auf Deiner Werft wieder einmal ein fetter Brummer vom Stapel laufen sollte.

Das ist nun vorbei. Du bist der erste, den sie fertiggemacht haben. Neckermann und Münemann werden folgen. Oh, wären wir alle doch innerem Ruf treugeblieben! Oh, hätten wir nicht gehört auf die flachsgelbe Hexe, dann stünde es heute besser um die deutsche Wirtschaft; dann gäbe es eine legitime deutsche Nachkriegsliteratur, an der H. Kesten und F. Sieburg gleichermaßen ihre Freude hätten.

Aber vielleicht ist es noch nicht zu spät. Raffe Dich auf, Willy. Schreibe Deine Komödie ›Robinson auf Steinwerder‹ zu einer Tragödie um und komme im Herbst zur Tagung der Gruppe 47, vielleicht kriegste einen Preis. Sprenge den Laden mit Deiner starken eigenwilligen Sprache. Zeig ihnen, den Halbtalenten, was wahre Dichtung ist. Es darf einfach nicht zu Deutschlands geistigem Schicksal werden, daß alle großen Geister, die Goethe, Schiller und Hölderlin von heute, in die alles nivellierende Wirtschaft abgedrängt werden, während geschickte Krämerseelen den Literaturmarkt kartellbildend beherrschen.

Voller Mitleid und in Bewunderung Deiner mißhandelten Größe,

Dein getreuer Kumpel *G. Grass*

P. S.: Um Dir und der Firma Schlieker wieder auf die Beine zu helfen, werde ich in Zukunft einen Teil meiner Post – es ist der größere – an Deine Adresse weiterleiten. Gegen angemessenes Honorar magst Du alle Fragen beantworten, die in Rundfunkanstalten und an Feuilletontischen tiefernst gestellt werden: Warum schreiben Sie? (Bauen Sie Schiffe?) Können Dichter die Welt verändern? (Kann Neckermann das?) Was kann heute als wahr und gültig erkannt werden? (Die deutsche Währung?) Wie stehen Sie zu dem Begriff Weltliteratur? (Wie halten Sie's mit dem gemeinsamen Markt?) Welche Bücher halten Sie für unvergänglich? (Gustav Freytag: ›Soll und Haben‹?) Welche Schwierigkeiten tun sich Ihnen beim Schreiben auf? (Verträge unterschreiben, die von Gläubigern aufgesetzt wurden?) Ist der Roman eine überlebte Form? (Etwa der Kapitalismus?) Ist das Theater tot? (Haben die Werften noch eine Zukunft?) Sind Gedichte heute noch gefragt? (Haben Sparbücher einen Sinn?) Gibt es eine deutsche Nachkriegsliteratur? (Hat es jemals ein deutsches Wirtschaftswunder gegeben?)

Kleckerburg

Gestrichnes Korn, gezielte Fragen
verlangt die Kimme lebenslang:
Als ich verließ den Zeugenstand,
an Wände, vor Gericht gestellt,
wo Grenzen Flüsse widerlegen,
sechstausend Meter überm Mief,
zuhause, der Friseur behauchte
den Spiegel und sein Finger schrieb:
Geboren wann? Nun sag schon, wo?
    Das liegt nordöstlich, westlich von
    und nährt noch immer Fotografen.
    Das hieß mal so, heut heißt es so.
    Dort wohnten bis, von dann an wohnten.
    Ich buchstabiere: Wrzeszcz hieß früher.
    Das Haus blieb stehen, nur der Putz.
    Den Friedhof, den ich, gibts nicht mehr.
    Wo damals Zäune, kann heut jeder.
    So gotisch denkt sich Gott was aus.
    Denn man hat wieder für viel Geld.
    Ich zählte Giebel, keiner fehlte:
    das Mittelalter holt sich ein.
    Nur jenes Denkmal mit dem Schwanz
    ist westwärts und davon geritten.
Und jedes Pausenzeichen fragt;
denn als ich, zwischen Muscheln, kleckerte mit
                                Sand,
als ich bei Brentau einen Grabstein fand,
als ich Papier bewegte im Archiv
und im Hotel die Frage in fünf Sprachen:

Geboren wann und wo, warum?
nach Antwort schnappte, beichtete mein Stift:
   Das war zur Zeit der Rentenmark.
   Hier, nah der Mottlau, die ein Nebenfluß,
   wo Forster brüllte und Hirsch Fajngold schwieg,
   hier, wo ich meine ersten Schuhe
   zerlief, und als ich sprechen konnte,
   das Stottern lernte: Sand, klatschnaß,
   zum Kleckern, bis mein Kinder-Gral
   sich gotisch türmte und zerfiel.
   Das war knapp zwanzig Jahre nach Verdun;
   und dreißig Jahre Frist, bis mich die Söhne
   zum Vater machten; Stallgeruch
   hat diese Sprache, Sammeltrieb,
   als ich Geschichten, Schmetterlinge spießte
   und Worte fischte, die gleich Katzen
   auf Treibholz zitterten, an Land gesetzt,
   zwölf Junge warfen: grau und blind.
Geboren wann? Und wo? Warum?
Das hab ich hin und her geschleppt,
im Rhein versenkt, bei Hildesheim begraben;
doch Taucher fanden, und mit Förderkörben
kam Strandgut Rollgut hoch, ans Licht.
   Bucheckern, Bernstein, Brausepulver,
   dies Taschenmesser und dies Abziehbild,
   ein Stück vom Stück, Tonnagezahlen,
   Minutenzeiger, Knöpfe, Münzen,
   für jeden Platz ein Tütchen Wind.
   Hochstapeln lehrt mein Fundbüro:
   Gerüche, abgetretne Schwellen,
   verjährte Schulden, Batterien,
   die nur in Taschenlampen glücklich,
   und Namen, die nur Namen sind:
   Elfriede Broschke, Siemoneit,

Guschnerus, Lusch und Heinz Stanowski;
  auch Chodowiecki, Schopenhauer
  sind dort geboren. Wann? Warum?
Ja, in Geschichte war ich immer gut.
Fragt mich nach Pest und Teuerung.
Ich bete läufig Friedensschlüsse,
die Ordensmeister, Schwedennot,
und kenne alle Jagellonen
und alle Kirchen, von Johann
bis Trinitatis, backsteinrot.
  Wer fragt noch wo? Mein Zungenschlag
  ist baltisch tückisch stubenwarm.
  Wie macht die Ostsee? – Blubb, pifff, pschsch...
  Auf deutsch, auf polnisch: Blubb, pifff, pschsch...
  Doch als ich auf dem volksfestmüden,
  von Sonderbussen, Bundesbahn
  gespeisten Flüchtlingstreffen in Hannover
  die Funktionäre fragte, hatten sie
  vergessen, wie die Ostsee macht,
  und ließen den Atlantik röhren;
  ich blieb beharrlich: Blubb, pifff, pschsch...
  Da schrien alle: Schlagt ihn tot!
  Er hat auf Menschenrecht und Renten,
  auf Lastenausgleich, Vaterstadt
  verzichtet, hört den Zungenschlag:
  Das ist die Ostsee nicht, das ist Verrat.
  Befragt ihn peinlich, holt den Stockturm her,
  streckt, rädert, blendet, brecht und glüht,
  paßt dem Gedächtnis Schrauben an.
  Wir wollen wissen, wo und wann.
Nicht auf Strohdeich und Bürgerwiesen,
nicht in der Pfefferstadt – ach, wär ich doch
geboren zwischen Speichern auf dem Holm! –
in Strießbachnähe, nah dem Heeresanger

ist es passiert, heut heißt die Straße
auf polnisch Lelewela – nur die Nummer
links von der Haustür blieb und blieb.
Und Sand, klatschnaß, zum Kleckern: Gral...
In Kleckerburg gebürtig, westlich von.
Das liegt nordwestlich, südlich von.
Dort wechselt Licht viel schneller als.
Die Möwen sind nicht Möwen, sondern.
Und auch die Milch, ein Nebenarm der Weichsel,
floß mit dem Honig brückenreich vorbei.
    Getauft geimpft gefirmt geschult.
    Gespielt hab ich mit Bombensplittern.
    Und aufgewachsen bin ich zwischen
    dem Heilgen Geist und Hitlers Bild.
    Im Ohr verblieben Schiffssirenen,
    gekappte Sätze, Schreie gegen Wind,
    paar heile Glocken, Mündungsfeuer
    und etwas Ostsee: Blubb, pifff, pschsch...

Auf losem Blatt

Wenn immer die Aktien fallen, steht Lyrik hoch im Kurs. Plötzlich, nachdem wir während Jahren auf festverzinsliche Papiere gebaut hatten und nun der Verlust vor dem Komma steht, plötzlich bemerken wir, daß unsere Ladenhüter, lange und kurze Gedichte, Zinseszins tragen.

Laßt uns Lyrik auf der Börse handeln, und Mannesmann wird zittern, wenn siebenstrophig und endgereimt, pausenversessen und nesterbeschmutzend, wenn fünffüßig wörterheckend der Stanze unehelich Kind, Lied oder Hymne, wenn das Gedicht sein Kapital erhöht und sich zur wahren Volksaktie auswächst. Zum Beispiel ›Luchterhands Loseblatt Lyrik‹.

Sechsmal im Jahr sollen sieben Gedichte im Format 18 mal 50 jedes für sich insgesamt zweiundvierzig Bücher ersetzen.

Denn Gedichte sind Einzelgänger.

Manche, bis an die Zähne bewaffnet, können kaum laufen.

Das wird sich auf losem Blatt erweisen: ohne Buchrücken, Vorder- und Hintermann, nicht schmückend bibliophil und auf Bütten, eher nüchtern und lesbar gesetzt, soll das Gedicht Platz fordern dürfen.

Gedichte zum Andiewandpinnen.

Gedichte zum Tauschen Sammeln Verschenken.

Keine Warenprobe auf Ratenzahlung.

Keine seriellen Häppchen.

Gedichte, die für sich einstehen können.

Ohne Entwicklungshilfe.

Da Gedichte teuer sind – und die Herstellungskosten

eines guten Binnenreimes etwa den Herstellungskosten einer Tretmine entsprechen –, kosten Gedichte viel.

Das einzelne Gedicht kostet eine Mark. (Da aber die Kaufkraft der DM gesunken ist, kostet es eigentlich nur vierundsechzig Pfennige oder immer weniger.)

Sieben Gedichte in ihrem Umschlag kosten, wenn eine DM eine Mark ist, vier Mark und achtzig Pfennige.

Da wir alle zwei Monate sieben Gedichte liefern und Rabatt, wie Enzensberger ziemlich richtig sagen würde, eine kapitalistische Ausbeutererfindung ist, kostet ein Jahresabonnement ›Luchterhands Loseblatt Lyrik‹ achtundzwanzig DM und achtzig Pfennige.

An dieser krisenfesten, langfristigen und mündelsicheren Kapitalanlage werden noch Ihre Enkelkinder ihre Freude haben.

Wenn immer die Aktien fallen, steht Lyrik hoch im Kurs.

Eine öffentliche Diskussion

Rede auf einer Veranstaltung der Reihe ›Dramatische Werkstatt‹ in Berlin

Meine Damen und Herren,
 da es nicht eine, sondern eine Vielzahl von Wirklichkeiten gibt, zeigt sich, so ausschließlich sich mehrere Wirklichkeiten singulär postulieren, keine einzige Wirklichkeit voraussetzungslos: Die Wirklichkeit vor dem Fernsehschirm widerspricht dem Wirklichkeitsanspruch auf der Mattscheibe; und sowenig die Wirklichkeit auf dem Theater die Wirklichkeit einer Wohnküche oder eines Konferenzsaales sein soll oder kann, so widersprüchlich verhält sich die Wirklichkeit des erzählenden Romans zur Wirklichkeit szenisch geformter Theaterdialoge.

Da mir dieses Forum die sachliche Heiterkeit einer Werkstatt versprochen hat, versuche ich zwischen der Wirklichkeit im Roman und der Wirklichkeit auf dem Theater zu ermitteln. Wen diese Werkstattneugierde langweilt, den mache ich darauf aufmerksam, daß außerhalb dieses Raumes andere Wirklichkeiten unterhaltsamer sein mögen.

Erzählende Prosa kommt breit daher, heckt Familien, die mit anderen Familien hecken, besiedelt Landschaften, zieht um, wohnt in Stadtbezirken, die an Stadtbezirke grenzen, und führt Geröll von vorgestern mit sich, das die Schutthalden von gestern immer näher an uns heranschiebt; doch niemals erreicht erzählende Prosa den heutigen Tag.

So eingebettet und nach rückwärts verhaftet, sagte das vielköpfige Imperfekt-Personal jeweils: »Ich will jetzt sitzen, gehen, meinen Hut aufsetzen, etwas tun.« Das Erzählte liegt hinter uns. Deshalb versucht gelegentlich das Erzählen im Präsens Zeit einzuholen, Unmittelbarkeit zu fingieren oder – wie in meinem Fall – das jähe Umkippen in die Theaterszene vorzubereiten.

Wenn der Erzähler soeben noch breit und verquer, sei es im Imperfekt, sei es im Präsens, Flächen ausbreitete und im Milieu zu verschwinden versuchte, erlaubt er nun sich und seinem Personal, aus flachem Relief aufzustehen: Zerfließendes und transparentes Milieu versteinert zur Kulisse. Die Personen springen aus ihren verzweigten Vorgeschichten, wollen nicht mehr in Landschaften einbezogen, wollen nicht mehr in Kapitelkompositionen verquickt werden. Sie wollen direkt sprechen und handeln. Sie schaffen sich ihre Szene und geben den Konjunktiv und die detaillierte Beschreibung ihrer Schatten in der Garderobe ab. Denn was soeben noch breiten Raum einnahm und sich mit Gegenständen bezüglicher Art und Theorien widersprüchlicher Art umstellte, schrumpft nun, kaum ist die Szene eröffnet, zur bloßen Regieanweisung zusammen. Der erzählende Prosadialog verjüngt sich zum spitzen, auf sich gestellten Theaterdialog. Das entrümpelte Kapitel bietet Platz für eine Szene, in der das Präsens regiert; danach mag wieder raunende Prosa im Imperfekt ihren Krebsgang üben.

Diese Erfahrung machte ich zum ersten Mal während der Arbeit an dem Roman ›Die Blechtrommel‹. Die breit angelegte Besichtigung des Atlantikwalls durch eine Fronttheater-Schauspielergruppe schlug um in einen Einakter, in dem der Ich-Erzähler, Oskar Matzerath, als Nebenfigur so gut wie gar keinen Text hatte. Eine ähnliche Notwendigkeit, den Prosavortrag in den Theaterdialog münden zu lassen, ergab sich bei der Arbeit an dem Roman ›Hundejahre‹.

Wir befinden uns auf Seite 622. Bis dahin hatte sich verwickelte und oft überdeckte Vorgeschichte ausgebreitet.

Matern und seine Freundschaft zu Eduard Amsel besteht aus Widersprüchen. Mit Hilfe einer öffentlichen Diskussion soll seine Vergangenheit aufgedeckt werden, damit ein klares Matern-Bild entsteht – oder ein zusätzlicher Widerspruch.

Doch auch eine der beliebtesten Umgangsformen unserer Gesellschaft, die öffentliche Diskussion, stellt sich dar, stellt sich bloß. Eine Diskussion wurde angekündigt, ein Verhör findet statt. Unter dem Deckmäntelchen angelernter Demokratie wird die nazistische Vergangenheit Walter Materns mit Methoden aufgedeckt, die ihre Herkunft verdrängt haben. Es gibt keine Handlung, es gibt einen vorgerillten Diskussionsablauf. Es gibt keine bewegten Gänge, sondern nur zwanghafte Statik. Die Spontaneität ist eingeplant. Zwischenrufe wollen geübt sein. Materns Vergangenheit soll durchdiskutiert werden; dabei, so meint der Autor, wird allenfalls der Mechanismus öffentlicher Diskussionen deutlich und ihre latente Bereitschaft, ins Tribunal zu münden: Wir alle sind Diskutanten. Wen legen wir heute aufs Kreuz?

Mit anderen Worten: Die Diskutanten und der sogenannte »Diskussionsgegenstand« fügen sich langsam zu jener Einheit der Gegensätze, die es mir erlaubt, vom dialektischen Theater zu sprechen. Für mich ergab sich durch die Theaterszene im Roman die Einsicht in eine Arbeitsmethode, deren nächstes Ergebnis ›Die Plebejer proben den Aufstand‹ hieß – und deren allernächstes Ergebnis wächst, aber noch keinen Namen hat.

Ich wiederhole: Kein selbständiger Theatereinfall provozierte dieses Stück, vielmehr wurden mit den Mitteln erzählender Prosa die Vorbedingungen für eine Szene geschaffen, in der Theater stattfinden konnte: eine Wirklichkeit mehr.

Dieser Einakter wurde vor einigen Jahren in München uraufgeführt. Damals meinte ich, die Romanfassung durch eine bearbeitete Theaterfassung unter dem Titel ›Goldmäulchen‹ ersetzen zu müssen. Heute meine ich, die Buchfassung sollte so, wie sie sich aus dem Prosatext lösen läßt, für sich sprechen. – ›Die hundertste öffentlich diskutierte Materniade‹ wird zur Diskussion gestellt.

Fünfzig Feuersteine

Vor dem 20. Juni 1948 arbeitete ich als Steinmetz in Düsseldorf auf dem Bau, das heißt, ich besserte die Kriegsschäden an einer Bankfassade auf der Königsallee aus, und ein Stockwerk tiefer – wir Steinmetzlehrlinge konnten es durch die löchrige Decke sehen – wurde das neue Geld gehäufelt.

Über den Verbleib meiner vierzig Mark weiß ich nichts Genaues mehr zu berichten; meine Schwester behauptet, meine Eltern und ich hätten zusammengelegt und ihr ihre erste Armbanduhr gekauft. (Die Uhr gibt es noch, aber sie geht nicht mehr.)

Während andere Leute mit ihren gehorteten Waren ein neues christlich-materialistisches Zeitalter begannen, blieb ich auf meinem Schwarzmarktkapital, etwa fünfzig Feuersteinen, sitzen.

Die Wagner-Mentalität

Rede auf einer Germanistentagung in Berlin

Meine Damen und Herren,
 ich bin eingeladen worden, vor Ihnen aus meinen Arbeiten zu lesen. Ich sagte zu, Gedichte zu lesen. Daraufhin wurden Bedenken laut, es könnten Gedichte, sozusagen Kunstprodukte, angesichts der Forderungen beschlußfreudiger Germanistikstudenten als etwas Unzeitgemäßes den Protest verstärken, den Kongreß gefährden, Unsicherheit verbreiten, ja, in einer Zeit, deren Vorliebe für starke Adjektive dadurch belegt ist, daß man sie gern und gratis als vorrevolutionär bezeichnet, könnten Gedichte als eine konterrevolutionäre Provokation aufgefaßt werden und das schlimme, die Hausordnung störende Durcheinander auslösen.

Seien Sie versichert: Ich werde Gedichte lesen. Denn so wenig die letzten Monate das Adjektiv »vorrevolutionär« verdienen, so sehr bin ich geneigt, dem revolutionären Anspruch das Adjektiv »kunstfeindlich« zuzusprechen.

Nichts Neues in einem Land, in dem Gedichte, Romane, Theaterstücke – sei es nach linkem, sei es nach rechtem Hausgebrauch – zuallererst auf ihren Nützlichkeitseffekt untersucht werden.

Nichts Neues in einem Land, in dem seit alters her und bis in den sozialistischen Realismus hinein fein säuberlich zwischen Form und Inhalt unterschieden wird.

Nichts Neues in einem Land, in dem von Goethes ›Faust‹ nur die Wagner-Mentalität übriggeblieben ist.

Da stehen, sitzen, protestieren, fordern, manipulieren und funktionieren sie um: eine Wagner-Generation, die schwarz auf weiß besitzen und getrost nach Hause tragen will.

Und wenn Stoppard ›Rosenkranz und Güldenstern‹ in Hauptfiguren erhob und ›Hamlet‹ zur Charge degradierte, müßte das Faust-Stück unserer Zeit ›Wagner‹ heißen. Faust wurde überstimmt; seine Schüler zensieren selbst seine intimsten Zweifel.

Ob Habermas, Faust und Emrich erkennen, daß sie es gewesen sind, die der Wagner-Mentalität den treibenden Humus bereitet haben?

Wer soviel Beflissenheit züchtet, darf sich nicht wundern, wenn die Beflissenen von gestern die Scharfrichter von morgen sein werden.

Viele lange Jahre lang hat zum Beispiel Professor Emrich die Literatur vom Expressionismus bis Beckett auf ihren Bewußtseinsgehalt destilliert. Bei Anrufung des heiligen Hegel wurde die Literatur als melkbare Kuh nützlich gemacht. Wen wundert es da, wenn nun die Jungmelker herumlaufen und jeglichen Professor und Schriftsteller, jegliches Gedicht aufs richtige Bewußtsein abklopfen, und wehe, es ist nach unerforschlichem Ratschluß falsch.

Ich lese Ihnen also Gedichte vor. Unsicher, denn Gedichte sind Ausdruck des Zweifels. Sollte die berühmte Minderheit unter Ihnen am Ende beschließen, es möge über die Zweckmäßigkeit der Gedichte wie über den politischen Bewußtseinsstand des Autors abgestimmt werden, erlaube ich mir jetzt schon zu sagen: Derlei Zensuren sind mir schnuppe.

Sooft, so laut und so gerne Sie sich auf Marx berufen mögen, ich höre immer nur Fichte.

Nicht nur in eigener Sache

Erklärung im Prozeß Grass-Ziesel

Es ist für einen Autor nicht einfach, in eigener Sache, das heißt für seine Bücher sprechen zu müssen, wenn isolierte Textstellen, zum Zweck der bloßen Diffamierung des Autors in der Öffentlichkeit, mißbraucht werden.

In meinen drei Prosawerken – ›Die Blechtrommel‹, ›Katz und Maus‹ und ›Hundejahre‹ – war ich bemüht, die Wirklichkeit einer ganzen Epoche, mit ihren Widersprüchen und Absurditäten in ihrer kleinbürgerlichen Enge und mit ihrem überdimensionalen Verbrechen, in literarischer Form darzustellen. Die Realität, als das Rohmaterial des Schriftstellers, läßt sich nicht teilen; nur wer sie ganz einfängt und ihre Schattenseiten nicht ausspart, verdient es, Schriftsteller genannt zu werden.

So selbstverständlich es ist, es sei dennoch wiederholt: Auch der sexuelle Bereich mit seinen Höhepunkten und Tiefgängen, desgleichen in seiner abgenutzten Alltäglichkeit, ist Teil dieser Realität. Desgleichen gehört das Verhältnis der Zeitgenossen in einer Epoche zu den Religionen und zu den herrschenden wie unterdrückten Ideologien zur darzustellenden Wirklichkeit.

In dem von mir skizzierten breiten epischen Muster und verständlich aus der Rolle und Rollenprosa – entweder erzählenden fiktiven Figuren oder mithandelnden, gleichfalls fiktiven Figuren – erklären sich das sexuelle Verhalten sowie die Haßliebe des Oskar Matzerath zur katholischen Kirche.

Es bleibt erstaunlich, daß immer wieder darauf hingewiesen werden muß, inwieweit die Position des Lästerers im Alten wie Neuen Testament verankert ist. Ich erinnere an den einen Schächer am Kreuz; durch seine Gegenposition erst wird die Position des anderen Schächers deutlich.

Zudem wird ein erzählender Schriftsteller, der seine erzählte Welt örtlich genau bestimmt (alle drei Bücher handeln in Danzig und beziehen das westpreußische, teils deutsche, teils polnische, teils kaschubische Hinterland mit ein), den örtlichen Gegebenheiten Rechnung tragen.

Es ist allgemein bekannt, daß sich der Katholizismus in Polen, ähnlich wie in anderen vorwiegend katholischen Ländern, Reste heidnischer Ursprünglichkeit bewahrt hat, daß zum Beispiel der Marienkult das Verhältnis zu Jesus Christus und zur Bergpredigt weit überragt. Dem Autor kam es darauf an, diese spielfreudige, farbenprächtige, halb heidnische, halb christliche Welt darzustellen und in Beziehung zu setzen zur Epoche des Nationalsozialismus.

An anderer Stelle, in dem ›Blechtrommel‹-Kapitel ›Glaube Hoffnung Liebe‹, trifft die vorherrschende Ideologie, nämlich der Nationalsozialismus, in seiner aggressivsten Form auf die jüdische Minderheit und ihre Religion. Die Barbarei der SA während der Kristallnacht findet in der Aggressionslust der jugendlichen Stäuberbande später ihre Entsprechung. Nur so, im Verhältnis zur freigesetzten Gewalt, läßt sich die Demontage des Marienaltars in der Herz-Jesu-Kirche verstehen.

Bewußt hat der Autor bei allen drei vorliegenden Büchern Erzählperspektiven gewählt, die es dem Leser der Bücher jeweils erlauben, ironische Distanz zum Erzählten zu nehmen. Es gilt als nachgewiesen, daß die von den erzählenden Personen und vom Leser gewählte ironische Distanz jeden vordergründigen sexuellen Effekt ausschließt; und auch die große Lästerrede steht nicht isoliert, sondern versteht sich erst durch ihre ironischen Bezüge zur Umwelt.

Wollten wir die Weltliteratur mit literaturfremden Kategorien messen, dann müßten wir auf Jean Pauls ›Siebenkäs‹ verzichten, weil in diesem großen deutschen Roman die ›Rede des todten Christus vom Weltgebäude herab, daß kein Gott sei‹, im Urteil der Beckmesser als Blasphemie zu gelten hätte.

Der große chinesische gesellschaftskritische Roman der Ming-Zeit ›King Ping Meh‹, ›Das Dekameron‹ des Boccaccio, Rabelais' ›Gargantua und Pantagruel‹, ja, selbst die lateinischen Anfänge des europäischen Romans, das große ›Satyrikon‹ des Petronius, müßten wir streichen, wenn wir die Diffamierung der Schriftsteller, wie im hier verhandelten Fall, zuließen.

Erlauben Sie mir zu sagen, daß ich mir als Schriftsteller durchaus der europäischen Literaturtradition bewußt bin; und wenn ich mich gegen Verleumdungen wehre, dann tue ich es nicht nur in eigener Sache, sondern im Sinne großer Erzähltraditionen, denen ich viel verdanke.

Ein Tempus kann auch ein Stilmittel sein

Peter André Bloch: Herr Grass, wir kommen zu Ihnen mit einem Sprachproblem, das Sie von Ihrer Frau her – sie ist Aargauerin – sicher kennen. Sie wissen, daß es in den Schweizer Mundarten das Präteritum nicht mehr gibt; die hochdeutsche Schriftsprache verfügt also, um die gleichen Zeitverhältnisse auszudrücken, über ein reicheres System. Auch Sie stammen als Autor aus einem Gebiet der deutschen Sprache, wo ständig mehrere Sprachschichten ineinandergreifen; Sie selbst haben diese Vielfalt in Ihren Büchern fruchtbar gemacht, indem Sie die verschiedensten Umgangssprachen verwenden, und zwar meist im erzählten oder erinnerten Dialog. Hat sich Ihnen dabei das Problem der Tempuswahl gestellt? Haben Sie sich insbesondere zwischen Perfekt und Präteritum entscheiden müssen?

Günter Grass: Zuerst etwas Grundsätzliches: Sie können in meinen Büchern immer wieder feststellen, daß eine Erzählung im Präteritum anfängt und dann plötzlich ins Präsens umspringt, wodurch – auf kürzere oder längere Strecken – vorübergehend eine Unmittelbarkeit des Erzählens eintritt. Dann sinkt das Erzählte wieder ins Präteritum zurück, um später abermals umzuschlagen. Das Erzählte wird also im eigentlichen Sinne beschworen, wie man es oft im Umgangsdeutsch erlebt, wo Leute, die ein Erlebnis berichten wollen, das sie unmittelbar berührt hat, spontan ins Präsens fallen. – Das Präsens will in diesem Fall Vergangenes präsent machen, während das Präteritum das Erzählte distanziert in seinem Verlauf als Vergangenes faßt.

P. A. B.: Tatsächlich sind Präsens und Präteritum bei Ihnen offensichtlich Träger von Erzählebenen. Der gegenwartbezogenen Erzählerebene steht die vornehmlich im Präteritum verlaufende Ebene des Erzählten gegenüber, wobei das Präsens, wie Sie eben ausführten, darüber hinaus noch das Erzählte mitten im Erzählfluß in die Gegenwart hereinholen kann. Denken wir zum Beispiel an Oskar in der ›Blechtrommel‹, der nicht nur seine gegenwärtige Lage im Sanatorium präsentisch erlebt, sondern auch weite Teile des von ihm selbst erzählten Lebens.

G. G.: Diesen präsentischen Erzählgestus meinte ich eben. Oskar sieht sich dies oder jenes tun und fällt somit sofort ins Präsens.

P. A. B.: Die erzählte Situation wird für ihn dabei so konkret, daß er auch die Leute geradezu halluzinatorisch reden hört, nicht wahr?

G. G.: Richtig, nachdem er mit Hilfe des Präteritums eine bestimmte Situation besprochen hat, hat er die dazugehörenden Leute gewissermaßen um sich versammelt; das heißt, sie sind alle präsent; und dann kippt es um ins Präsens und ist unmittelbar da, jedenfalls auf dem Papier...

P. A. B.: Schon bei der Analyse einzelner Abschnitte Ihrer Werke fiel mir auf, daß Sie hauptsächlich mit Präsens und Präteritum arbeiten. Das Perfekt spielt als Vergangenheitstempus jedenfalls nicht unbedingt *die* Rolle, die es bei andern Autoren spielt. Sehen Sie, ich hätte angesichts der Tatsache, daß Sie oft sehr umgangssprachlich schreiben, im Grunde auch viele Perfektformen erwartet. Tatsächlich lassen Sie zum Beispiel den Prediger Daniel Kliewer aus Pasewark in seiner Umgangssprache im Perfekt reden: »Da häd sech dä klaine David ain Zellack jenomm ond häd dem Tullatsch, dem Goliath...«

G. G.: Ja, das ist eine Plattdeutschform, die, wie Sie sehen, dem Schweizerdeutschen sehr ähnlich ist. Auch im Plattdeutschen spricht man umgangssprachlich im Perfekt.

P. A. B.: Das wäre also genau die Entsprechung. Gelegentlich findet sich dann auch das Perfekt in solchen umgangssprachlichen Ausschnitten, aber doch ausgesprochen selten. Sobald Sie die Leute »hochdeutscher« reden lassen, kommt nur noch das Präteritum vor. Womit hängt dies zusammen? Wie würden Sie den Unterschied zwischen Perfekt und Präteritum sehen?

G. G.: Perfektformen klingen sehr umständlich; schon deshalb laufen sie dem Erzähler zuwider, mit wenigen Ausnahmen – dort nämlich, wo eine behäbige Sprechweise einsetzt, gerade auch bei Dialektformen etc., wo ja auch das Perfekt zumeist gegeben ist.

P. A. B.: Sie sind offenbar der Erzähler, bei dem es einfach am besten ohne Widerstand im Präteritum läuft, allenfalls im Präsens; Sie wollen große Zusammenhänge schaffen und brauchen das Perfekt nur dann, wenn Sie kurz unterbrechen, zum Beispiel wenn Sie (oder der jeweilige Erzählende, etwa Oskar) sich selbst im Verlauf des Erzählens unterbrechen.

G. G.: Ja, ich würde sagen: Im Perfekt stehen bei mir meist die Erinnerungen; wenn jemand im Präteritum erzählt und sich dann noch erinnert, dann kommen Perfektformen. Das heißt: Wenn jemand aus der Erinnerung einen Vorgang, eine Tat, beschreibt, dann sagt er: »Ich habe das genommen.« Es wird also nicht mehr erzählt, sondern von der Gegenwart aus erinnert.

P. A. B.: Gerne möchte ich Ihnen einige Stellen aus Ihrem Werk vorlegen, um mit Ihnen die verschiedenen Funktionen des Perfekts zu erörtern. Nehmen wir den Anfang der ›Blechtrommel‹, wo Oskar ganz präsentisch, von sich selbst und seinem jetzigen Zustand spre-

chend, beginnt; erwartungsgemäß kommen auch mehrere Perfektformen vor, zum Beispiel: »Liebgewonnen habe ich ihn [den Pfleger]« oder »Der Gute scheint meine Erzählungen zu schätzen, denn sobald ich ihm etwas vorgelogen habe, zeigt er mir ... sein neuestes Knotengebilde.« Weshalb springen Sie dann plötzlich ins Präteritum mitten im präsentischen Beschreiben?
Zuerst Perfekt: »Nachdem meine Besucher ihre Geschenke ... *deponiert haben,* nachdem es ihnen *gelungen ist,* mir ihre ... Rettungsversuche zu unterbreiten ..., finden sie wieder Spaß an der eigenen Existenz und verlassen mich.« Im Präsens fahren Sie dann fort: »Dann kommt mein Pfleger, um zu lüften und die Bindfäden der Geschenkpackungen einzusammeln. Oftmals findet er nach dem Lüften noch Zeit, an meinem Bett sitzend, Bindfäden aufdröselnd, so lange Stille zu verbreiten, bis ich die Stille Bruno und Bruno die Stille nenne. Bruno Münsterberg – ich meine jetzt meinen Pfleger, lasse das Wortspiel hinter mir – *kaufte* auf meine Rechnung fünfhundert Blatt Schreibpapier. Bruno, der unverheiratet, kinderlos ist und aus dem Sauerland stammt, wird, sollte der Vorrat nicht reichen, die kleine Schreibwarenhandlung ... noch einmal aufsuchen und mir den notwendigen unlinierten Platz für mein hoffentlich genaues Erinnerungsvermögen beschaffen.« Weshalb haben Sie diese Präteritumform verwendet?

G. G.: Ja, wissen Sie, hier findet ein Übergang statt, hier beginnt eine Art Aktivität von ihm, die jetzt auf die Erzählung hinweist, auf das, was kommt. Da ist zuerst eine Zustandsbeschreibung im Zusammenhang mit dem Pfleger, eine tagtäglich gleiche Situation, und dann beginnt plötzlich eine Aktivität: »kaufte das Papier«; und jetzt beginnt der eigentliche Erzählfluß, der dann dieses Präteritum wieder aufnimmt.

P. A. B.: Der Erzählfluß wäre in dieser Präteritumform gewissermaßen antizipiert? Sie halten uns noch kurze Zeit mit beschreibenden Details hin, gleichsam die Widerstände der Alltagsgegenwart aufnehmend, um dann ganz ins erzählende Präteritum überzuspringen: »Als ich zu Bruno sagte: ›Ach, Bruno, würdest du mir fünfhundert Blatt unschuldiges Papier kaufen?‹, antwortete Bruno, zur Zimmerdecke blickend und seinen Zeigefinger, einen Vergleich herausfordernd, in die gleiche Richtung schickend: ›Sie meinen weißes Papier, Herr Oskar.‹ Ich blieb bei dem Wörtchen unschuldig und bat Bruno, auch im Geschäft so zu sagen.« Bezeichnenderweise sollen offenbar die direkten Reden mit ihrer Präsensform wiederum das Erzählte punktuell als Gegenwart, jedoch als vergangene Gegenwart, fassen.
Bleiben wir aber beim Verhältnis Perfekt-Präteritum. Etwas später berichtet Bruno von seinem Kauf wie folgt: »Sie haben mir das rechte Wort empfohlen. Unschuldiges Papier verlangte ich, und die Verkäuferin errötete heftig, bevor sie mir das Verlangte brachte.« Weshalb zuerst Perfekt? Und dann das Präteritum?

G. G.: Ja, auch um diese Aktivität zu entschlüsseln. Es läuft ja beinahe auf eine Pointe zu; und dadurch wird es unmittelbarer.

P. A. B.: Sie glauben also, daß das Präteritum direkter wirke? Das Perfekt wäre für Sie dann eher indirekter?

G. G.: Ja. Es nähert sich oft den konjunktivischen Formen.

P. A. B.: Oft brauchen Sie das Perfekt im Zusammenhang mit der Ich-Form. Der Ich-Bericht wäre für Sie folglich derjenige des Möglichen, noch Offenen, im Gegensatz zum direkteren, das heißt faktenhafteren Präteritum?

G. G.: Also ich muß zugeben, daß ich diese Dinge nicht streng nach Regeln handhabe, sondern nach den Gegebenheiten immer von dem ausgehe, was ich erzählen will, welches Klima ich schaffen will, auch innerhalb einer ganzen Periode.

P. A. B.: Zu Beginn des Kapitels ›Glas, Glas, Gläschen‹: Sie setzen spontan mit einer Präteritum-Form ein: »*Beschrieb* ich soeben ein Foto, das Oskars ganze Figur mit Trommel, Trommelstöcken zeigt, und gab gleichzeitig kund, was für längstgereifte Entschlüsse Oskar während der Fotografiererei und angesichts der Geburtstagsgesellschaft um den Kuchen mit den drei Kerzen faßte, muß ich jetzt, da das Fotoalbum verschlossen neben mir schweigt, jene Dinge zur Sprache bringen, die zwar meine anhaltende Dreijährigkeit nicht erklären, sich aber dennoch – und von mir herbeigeführt – *ereigneten.*« Weshalb wählen Sie schon am Anfang das Präteritum?

G. G.: Ja, das Präteritum zielt auf das »muß ich jetzt« hin. Es faßt das Ganze kürzer und führt schlüssiger auf dieses »muß« hin. Es ist eigentlich eine Einleitung, es leitet über von dem, was er getan hat.

P. A. B.: Dies meine ich ja: »getan hat«, ebenso gut hätten Sie auch sagen können: »habe ich soeben ein Foto beschrieben«, oder?

G. G.: Richtig; doch der Gegenwartsbezug wird doch durch das »soeben« bewirkt. Ein Perfekt würde doch diesen Bezug verdoppeln; das wäre irgendwie doppelt gemoppelt, nicht wahr? Auch ein Fernsehansager braucht in diesem Fall das Präteritum: »Eben sahen Sie«. Sie sehen, das Perfekt ist hier gar nicht nötig.

P. A. B.: Sie sind einer der Autoren, die das Perfekt am wenigsten brauchen. Könnte dies mit Ihrer nord-ostdeutschen Herkunft zu tun haben? Darf ich Sie in diesem Zusammenhang fragen, ob Sie an einen entscheidenden Einfluß des Dialekts oder der Umgangssprache auf Ihre Schriftsprache glauben?

G. G.: Ja, ganz gewiß; jedenfalls, was die Bücher ›Blechtrommel‹, ›Hundejahre‹, ›Katz und Maus‹ angeht, ganz gewiß, weil ich mit den plattdeutschen Formen, dem Missingsch und den andern Mundarten arbeite, ganz bewußt arbeite. Aber ich arbeite nicht nur mit den Dialekten, sondern auch mit bestimmten Sprachgesten, zum Beispiel auch mit dem »Heideggerdeutsch« oder dem Deutsch des Oberkommandos der Wehrmacht.

P. A. B.: Ich frage mich, ob Ihnen die Entscheidung zugunsten des Präteritums schon deswegen oft so leicht fällt, weil man im Norddeutschen ganz allgemein eher im Präteritum redet im Gegensatz zum süddeutschen Raum.

G. G.: Wir sahen aber doch schon, daß man im Plattdeutschen das Perfekt braucht.

P. A. B.: Dies schon; doch sobald Sie die Leute in der hochdeutschen Umgangssprache reden lassen, sie also gewissermaßen stilisieren, überwiegt eindeutig das Präteritum.

G. G.: Es ist so; das Präteritum klingt eben weniger umständlich. Andererseits ist für mich diese rührende Umständlichkeit der Plattsprache, der Dialektfärbung, sehr anziehend.

P. A. B.: Die von Ihnen dargestellte Welt, Herr Grass, ist für Sie wie auch für uns – real gesehen – heute versunken. Die Gegend und die Leute, von denen Sie sprechen, sind Erinnerung. Könnte nicht dieser Sachverhalt mit Ihrer Vorliebe für das Präteritum zusammenhängen? – Daß Sie irgendwie dem politischen Faktum in Trauer anheimfallen, indem Sie diese Vergangenheit heranziehen, aber bereits in der Erinnerung darstellen?

G. G.: Das Präteritum ist eine Beschwörungsformel; nicht umsonst hat Thomas Mann das Präteritum »das raunende Imperfekt« genannt.

P. A. B.: Dies würde bei Ihnen doch mitspielen. Sie wollen in Ihren Romanen diese Welt noch einmal aufleben lassen?

G. G.: Manchmal muß man eben aus der Erzählung treten, um dies deutlich zu machen; dann wird ins Präsens gewechselt. Man darf auch nicht vergessen, es gibt eine gewisse Spannung hinein, der Wechsel von Zeit zu Zeit. Ein Tempus kann manchmal auch ein Stilmittel sein.

P. A. B.: Glauben Sie an einen möglichen Einfluß der Schulgrammatik in diesem Bereich? Fühlen Sie sich von der Schule geprägt?

G. G.: Von der Schule? Nein, nicht mehr, nein. Das reichte gerade aus für die Aufsätze.

P. A. B.: Wenn Sie nun an Ihre Schweizer Kollegen denken – glauben Sie, daß es da Unterschiede gibt zu Deutschland? Gibt es einen speziellen Schweizer Stil?

G. G.: Wissen Sie, das kommt ein bißchen auf die Qualität des Schriftstellers an. Was mir immer wieder auffällt, ist, wie zaghaft der Schweizer mit seinem Dialekt umgeht. Es klingt doch manchmal recht merkwürdig, wie sehr alles ins Hochdeutsche übersetzt wird. Jemand, bei dem ich es am deutlichsten sehe, wie es von der Schreibe und vom Gesprochenen her zusammenfließt, ist zum Beispiel Bichsel. Ja, der könnte meines Erachtens auch einen Schritt weiter gehen – in dieser Beziehung.

P. A. B.: Darf ich noch eine Frage an den Theaterdichter stellen: Brauchen Sie in einem Theaterstück eher Perfekt- oder Präteritumformen?

G. G.: Das Theater ist von vornherein in Präsensform als Entscheidung für etwas, das unmittelbar jetzt auf der Bühne zu geschehen hat; und zu dieser Fiktion des Präsens verhält sich dann auch der Dialog.

P. A. B.: Also, in einer Wahlrede würden Sie eher im Präsens reden oder im Futur, weil Sie eben diese Gegenwart verändern wollen und nicht die Vergangenheit?

G. G.: Sehen Sie; es kommt natürlich auch oft vor, daß über Vergangenheit gesprochen werden muß in der Politik, besonders in Deutschland.

Unser Grundübel ist der Idealismus

Begonnen hat es wohl 1945, als mir durch bekannte historische Ereignisse der Kopf zurechtgesetzt wurde: Seitdem ist ein unverbesserlicher Skeptizismus neben eigentlich lebenslustigem Naturell mein ständiger Begleiter. Das Ergebnis: Widerstand (und oft genug Angriff) gegen und auf jede Ideologie, die sich anmaßt, absolutes Maß zu setzen. Ich bin – um es schlicht zu sagen – gegen jede Zielsetzung, die über den Menschen hinausweist...

Als ich 1955 zum erstenmal bei der Gruppe 47 las, stand der Begriff und Markenartikel »littérature engagée« hoch im Kurs. Rundweg gesagt: Mich hat die selbstgefällige Art, im nachherein eine Widerstandsliteratur liefern zu wollen und in unregelmäßigen Abständen als Gewissen der Nation aufzutreten, ziemlich angeödet. Meine Kritik galt zuallererst der Dämonisierung des Nationalsozialismus, und wenn es mir gelungen sein sollte, mit Hilfe der Bücher ›Die Blechtrommel‹, ›Katz und Maus‹ und ›Hundejahre‹ die Dämonisierung einzudämmen und das kleinbürgerliche Detail aufzuwerten, bin ich schon zufrieden...

Zur Zeit meiner Rückkehr nach Berlin begann die unterschwellige wie offene Diffamierung Willy Brandts, ohne daß die Öffentlichkeit dagegen aufstand, erschreckende Wirkung zu zeigen. Diese Diffamierung eines Mannes, der sich (wie jeder Diffamierte) nicht dagegen wehren konnte, war der erste Anlaß, in der Öffentlichkeit (in der nur Namen zählten und zählen) mit Hilfe des zuerst lästigen, dann immer langweiliger werdenden Ruhmes für den Diffamierten zu sprechen. Langsam wurde aus dem sympathisierenden ein gelernter Sozialdemokrat; ein geborener bin ich nie gewesen.

Ironischerweise sind die Wortführer der littérature engagée bis heutzutage die heftigsten Gegner des nicht politisch engagierten Schriftstellers, doch gleichwohl politisch engagierten Bürgers Günter Grass. Am meisten Verständnis habe ich bei Altsozialdemokraten gefunden, auch bei Schriftstellern der Emigration wie Carl Zuckmayer...

Im Gegensatz zu 1965 steht der Versuch, dem Wortgeklingel Engagement einen Inhalt zu geben, heute auf breiterer Basis. Zwar kann ich es nicht verhindern, daß nach wie vor mein Name als Markenzeichen die anderen Leistungen verdeckt, doch haben in immerhin zehn bis fünfzehn Städten Gruppen der Sozialdemokratischen Wählerinitiative nach ihren Möglichkeiten zu arbeiten begonnen.

Ich will nicht verschweigen, daß ich einige gehörige Lektionen in Sachen demokratisch-politischer Kleinkram der Schweiz, also ziemlich direkt meiner Frau zu verdanken habe. Der langsame Bürgersinn der Schweizer, der einerseits außergewöhnliche Leistungen und darum auch außergewöhnlich gefährliche Politiker zu verhindern versteht und der sich andererseits Zeit nimmt, selbst die dringlichste Initiative einem demokratischen Prozeß, also oft genug der Ablehnung zu unterwerfen, diese so widersinnige wie notwendige Prozedur, Reformen auf unblutige Weise zu betreiben, hat mich überzeugt.

Dem entspricht auf modernere Weise, von Wunden gezeichnet und deshalb wohl weniger überheblich als viele Schweizer in ihrem Demokratieverständnis, der hundert Jahre alte Versuch der deutschen Sozialdemokraten, in diesem Land die europäische Aufklärung politisch wirksam werden zu lassen. Weil die Revision des jeweils Bestehenden notwendig ist, ist deshalb für mich das Schimpfwort »Revisionist« ein Ehrentitel. Wenn Du willst, bin ich noch heute ein Bernstein-Anhänger.

Das Grundübel unseres »Vaterlandes«, das Gustav Heinemann ein schwieriges nennt, scheint mir die durch nichts zu unterbrechende Fortsetzung des deutschen Idealismus zu sein. Totale Ansprüche, ob von links oder rechts vorgetragen, sind nach wie vor vom deutschen Idealismus geprägt, verdanken ihm seine übermenschlichen Maße. Ob die rechte Reaktion in ständestaatlichen Ordnungsprinzipien eine heile Welt anstrebt (und dafür alles mögliche in Scherben gehen lassen will), ob die Linke nach Marcuses befriedetem Dasein hungert (dessen Vorstufen ein halbes Dutzend Vietnam bedeuten dürften), es sind jeweils idealistische Schwierigkeiten, die es den Heilsaposteln unmöglich machen, die Widersprüche der Wirklichkeit auszuhalten und dem eigenen Unvermögen konfrontiert zu bleiben.

Wer genau hinsieht, wird bemerken, daß meine literarische Arbeit wie mein Versuch, in der Politik Bürgerrechte wahrzunehmen, den gleichen Ansatz haben. In dem Roman ›Hundejahre‹ ist mir, so glaube ich, in der Figur des Walter Matern ein deutsch-idealistischer Ideenträger gelungen, der innerhalb kürzester Zeit (ohne Opportunist zu sein) im Kommunismus, im Nationalsozialismus, im Katholizismus, schließlich im ideologischen Antifaschismus jeweils die Heilslehre sieht. Am Ende betreibt er mit faschistischen Methoden seine Art Antifaschismus.

Es ist wohl kaum zu leugnen, daß unsere Gesellschaft insgesamt, auch die nachgeborene Nachkriegsgeneration, von diesem Trauma gezeichnet ist, was uns nicht gehindert hat, bei permanenter Hexenjägerei die obersten Staatsämter mit nationalsozialistischer Vergangenheit zu belasten.

Hier noch einmal ein Wort zum Fall Kiesinger, der für mich nur zum Fall Kiesinger wurde, weil ich nach wie vor meine, daß sich ein geteiltes Land ohne Friedensvertrag einen Bundeskanzler mit derart belasteter Vergangenheit nicht leisten kann...

Kiesinger, offiziell umgeben vom Freund aus alter Zeit, Diehl, inoffiziell umgeben vom Freund aus alter Zeit, Todenhöfer, ist und bleibt auf fatale Art frühgeprägt; selbst wenn er nur noch gelernt demokratisch tönen will, der Stil der Gauschulungsleiter färbt immer noch und im Wahlkampf zunehmend ab.

Hiervon, von Vergangenheit und nachwirkender Vergangenheit, wissen Schriftsteller oft mehr als Politiker. Die Floskel »Aussöhnung des deutschen Volkes« – Altnationalsozialist, Emigrant und Altkommunist auf einer Regierungsbank – war eine Wunschformel politisch-theologischen Ursprungs. Aus meiner Kenntnis als Schriftsteller sage ich dazu nein, so sehr ich, wie Du weißt, zum Ausgleich neige.

Ich möchte meine Epistel nicht überziehen. Zu sagen bleibt noch, daß ich am liebsten Bücher schreibe... und zu sagen bleibt auch, daß mir nach über fünfzig Wahlreisetagen der politische Kleinkram auf anstrengende Weise immer noch Spaß macht: Ich rieche gerne den Mief, zu dem ich gehöre.

Die Zukunft der Stückeschreiber

1. Es kann gut sein, daß die vor wenigen Jahren anlaufende und nun im Werbegeschäft auswuchernde Happening-Mode, getragen von modischen Bedürfnissen, eine Zeitlang anhalten und sich, gestützt auf ähnlich modische Erwartungen der Kritik, auswirken wird. Diese Entwicklung ist weder »katastrophal« noch »avantgardistisch-revolutionär«, vielmehr ist sie nicht frei von Komik, weil Pop- und Op-art (oft mit überragenden Ergebnissen wie in den Vereinigten Staaten) die Werbewelt mit künstlerischen Mitteln umzusetzen versuchten und nun die Epigonen der amerikanischen Leistung prompt und folgerichtig der Werbewelt anheimfallen. Dem entspricht das Bedürfnis nach Selbstdarstellung, sei es innerhalb der Protestbewegung, sei es innerhalb unserer subventionierten Städtischen Bühnen: Die Versuche einiger Regisseure, sich auf Kosten der zu spielenden Stücke zu emanzipieren, haben immerhin bewiesen, daß die deutsche Operette, von Lehár bis Johann Strauß, nicht tot sein müßte, wenn die frischemanzipierten Regisseure (durchweg dekorative Talente) sich entschließen könnten, diese so farbige wie unrealistische Unterhaltungswelt neu zu beleben. Selbst auf das vorschützende linksorientierte und immer die Revolution bemühende Sprachmaterial müßten sie nicht verzichten; es sollte Herrn Neuenfels oder Herrn Zadek ein leichtes sein, mit Hilfe der Operette ›Die Fledermaus‹ die revolutionäre Basis zu erweitern.

Wirklichkeitszitate, die auf die Bühne transportiert werden, sind keine Wirklichkeitszitate mehr, sondern Naturalismen, die der Bühnenwirklichkeit nicht standhalten können. Zumeist werden Selbstdarstellungsversuche eines Regisseurs mit dem Schutztitel Agitprop-Theater bandagiert. Solche Kosmetik vermag nur zu putzen, wenn vorausgesetzt werden kann, daß sich die Hersteller und Liebhaber des Selbstdarstellungstheaters frei wissen von der Kenntnis um die historische Bedingtheit des Agitprop-Theaters nach der Oktoberrevolution.

Deshalb bleibt die Zukunft des Stückeschreibers nützlicherweise eine zweifelhafte. Stückeschreiber leben vom Zweifel und von Widersprüchen; ihre Stücke sind szenische Widersprüche und deren Einheit. Die Tendenz bleibt den Traktatkünstlern überlassen.

2. Meine zurückliegenden dramatischen Arbeiten liegen zurück, deshalb sind sie auffindbar, da ich mich zumeist rückwärts bewegen muß, wenn ich die Gegenwart einsichtig machen will. In Zukunft habe ich vor, weiterzuschreiben. (Zur Zeit arbeite ich übers Wochenende an aufklärenden Wahlreden für die Sozialdemokratische Partei Deutschlands, und während der Woche bereise ich Wahlkreise, in denen die SPD die Traumgrenze von dreißig Prozent erreichen will.) Sich engagieren heißt frei übersetzt etwas tun.

3. Sobald ich Gelegenheit suche, mich mit Schauspielern und Regisseuren zu unterhalten, finde ich sie zumeist. Während der Schreibarbeit am Stück isoliere ich mich mit Absicht, um den verständlichen Wünschen der Schauspieler und Regisseure entgegenzuarbeiten.

4. Von meinen fünf oder sechs Stücken, die ich geschrieben habe, werden manchmal das Stück ›Onkel, Onkel‹, wurde oft das Trauerspiel ›Die Plebejer proben den Aufstand‹ und wird zur Zeit das Stück ›Davor‹ nachgespielt. Meine Familie und mich unterhalte ich, wenn ich genau nachrechne, mit den Einkünften aus meiner Prosaarbeit. Als Junggeselle könnte ich auch vom Theater leben.

5. (ungefragt) Ein Theater erneuert sich nicht durch kühnes Bestuhlungsarrangement, auch nicht durch ausstellungsreife Theaterarchitektur, auch nicht durch Regisseure, die sich als Narziß auf der Suche nach Goldmund befinden, und gewiß nicht durch die Zerschlagung des bürgerlichen Theaters, sondern durch Stücke, die den modischen Tendenzen zuwiderlaufen und oft genug, bevor sie neue Kritiker finden, ein neues interessiertes Publikum heranziehen. Hugh, ich habe gesprochen.

Zu ›örtlich betäubt‹

Im Januar 1966 begann ich mit den ersten Aufzeichnungen für den Roman ›örtlich betäubt‹, der damals noch den Arbeitstitel ›Verlorene Schlachten‹ trug. Während des dreijährigen Arbeitsprozesses bot der beginnende, zunehmende, dann stagnierende Studentenprotest dem Autor Widerstand wie Widerspruch. Das einzige autobiographische Moment, eine zahnärztliche Behandlung vom Januar bis Mitte Februar 67, bot Erfahrungen und ein zeitlich begrenztes Erzählererlebnis, das die Raffung und Übersetzung der zuvor ungeordneten Stoffmasse erlaubte.

›örtlich betäubt‹ meint gleichzeitig und über den zahnmedizinischen Anlaß hinaus den Gesellschaftszustand. Ersatzerlebnisse verdrängen reale Erlebnisse oder verformen reale Erlebnisse, indem sich Ersatzerlebnisse von realen Erlebnissen speisen. Im Kopf des Erzählers sowie auf dem Bildschirm in der Praxis des Zahnarztes mischen sich Realität und Fiktion; die Übergänge vom äußeren zum inneren Dialog bleiben fließend, einzigen Halt bietet der Erzählort: der Zahnarztstuhl, in dem der passive Patient seine Fiktionen wie Erfahrungen freisetzt.

Einzig der zweite Teil des Buches, die Pause zwischen der Behandlung des Unterkiefers und des Oberkiefers, zeigt den Erzähler in Bewegung; dem Alltag ausgesetzt, fehlen ihm die Fluchtmöglichkeiten in Ersatzhandlungen. Diesen Stoffkomplex habe ich parallel einmal als Prosakapitel, einmal als das Theaterstück ›Davor‹ beschrieben.

In dem Roman ›örtlich betäubt‹ führe ich, bei veränderter Perspektive, die Prosaarbeit fort, die ich mit Abschluß des Romans ›Hundejahre‹ unterbrochen hatte.

Literatur und Politik

Meine Damen und Herren,
 wenn ich ein Gedicht über verlorene Knöpfe schreibe, wird es sich kaum vermeiden lassen, neben vielen privaten und peinlichen Gründen auch politische zu nennen, die zum Verlust von Knöpfen führten; mit anderen Worten: Die Politik ist Teil der Wirklichkeit, also wird die Literatur – immer auf der Suche nach Wirklichkeit – die Politik nicht aussparen oder verdrängen können.

Mir sind Politik und Literatur nie einander ausschließende Gegensätze gewesen: Die Sprache, in der ich schreibe, ist krank an Politik; das Land, in dem ich schreibe, trägt schwer an den Folgen seiner Politik; die Leser meiner Bücher sind wie ich, der Autor, gezeichnet von Politik: Es wird wenig Sinn haben, politikfreie Idyllen zu suchen, denn unversehens sind selbst die Mondmetaphern makaber geworden.

Um der politischen Verfallenheit der Literatur Nachdruck zu geben, hat man die Schriftsteller und haben sich die Schriftsteller ermuntert, »engagiert« zu sein.

Also begannen sie, wenn immer Unrecht geschah – und täglich geschieht Unrecht –, ihre Namen, die großen bekannten, unter Manifeste und Proteste zu setzen. Moral wurde zu Schleuderpreisen vertrieben. Eine fragwürdige Fiktion versuchte zu suggerieren, daß die böse Politik an den humanen Sprüchen der Literatur gesunden könne.

Die Literatur hat keinen Grund, sich über die Politik und ihre Verbrechen zu erheben; sie hat ihren Anteil daran.

Gleichermaßen hat die europäische Literatur seit dem

achtzehnten Jahrhundert nützlichen Anteil an politischer Aufklärung und aufgeklärter Politik. Von Diderot und Lessing reicht diese Tradition bis in unsere Tage: Ich bin ihr verbunden.

Politische Tätigkeit als Schriftsteller bedeutet mir zuallererst, politische Kenntnis zu erwerben, denn wenn ein Schriftsteller den oft proklamierten Anspruch, »engagiert« sein zu wollen, ernsthaft umsetzen will, dann sollte er wissen, daß ihm der politische Alltag neben gründlichen Kenntnissen auch einen langen Atem abfordern wird.

Seit etwa zehn Jahren investiere ich einen wachsenden Teil meiner Arbeitszeit in politische Kleinarbeit. Ich habe keine Kriege verhindern können. Nie hat mich das Fernsehen auf Barrikaden beim Ausrufen der Revolution beobachten und verwerten können. Allenfalls habe ich in meinem Land mitgeholfen, die Nachwirkungen des Nationalsozialismus einzudämmen und die parlamentarische Demokratie zu festigen.

Meine Anteilnahme war parteiisch, ich unterstütze die Sozialdemokraten; denn politisch tätig werden heißt Partei ergreifen: Schriftsteller, die über den Parteien schweben, sind allenfalls Teil jener linken Elite, die in mondäner Exklusivität den Sozialismus als Neoscholastik betreibt.

Im übrigen halte ich es für baren Unsinn, Schriftsteller nach politischem Links-rechts-Schema zu ordnen; ob gestern Thomas Mann oder heute Saul Bellow: Beiden Schriftstellern war und ist es gegeben, wechselseitig mit konservativer Skepsis die rigorose Fortschrittsgläubigkeit an ihren Pausbacken zu erkennen und mit aufklärender Schärfe die Mythenbildungen des Irrationalismus zu schlitzen.

Nachdem ich versucht habe, Ihnen, meine Damen und Herren, aus dem Alltag eines Schriftstellers zu berichten, der sich als Bürger in seinem Land gelegentlich in die Politik begeben muß, will ich versuchen, dem Thema ›Literatur und Politik‹ einige Thesen abzugewinnen, obgleich mich Thesen, auch eigenhändig gewerkelte, mit Vorzug zum Widerspruch reizen.

Unser Thema ›Literatur und Politik‹ scheint ein unverwüstliches zu sein. Seit Jahren wird es in Deutschland – und wie ich bemerke, auch hierzulande – auf Akademietagungen, im Nachtprogramm und während Volkshochschulkursen diskutiert.

Neuerdings, seitdem Trotzki wieder in Mode ist, wird der Diskussionsgegenstand forscher formuliert: »Literatur und Revolution«. Doch da wir uns, ohne daß die vielberufene Revolution stattgefunden hat, mittlerweile schon wieder postrevolutionär verstehen und erdulden, sei es mir erlaubt, Politik nicht als sensationelle Folge großer und die Welt radikal verändernder Ereignisse zu verstehen, sondern als etwas schneckenhaft Langsames: Fortschritt hat nichts mit Tempo zu tun.

Oft fragen mich meine Kinder, was ich mit der Politik zu schaffen habe. Ihre Fragen sind penetrant, und meine Antworten sind umständlich verlegen. Ich will versuchen, dieses eigentlich endlose Frageundantwortspiel, der Kürze halber, in zehn Thesen zu fassen:

1. Wenn ich meinen Kindern den Unterschied zwischen Literatur und Politik zu erklären versuche, sage ich: Wenn ich zu Hause bin, mache ich meistens Literatur; sobald ich verreise, geht es um Politik. Im Sitzen schreiben, im Stehen reden. Neuerdings, um mich zu widerlegen, schreibe ich an einem Stehpult.

2. Wenn meine Kinder nicht aufhören zu fragen, sage ich: Die Literatur lebt in der Gegenwart von Vergangenheit; die Politik meint die Zukunft, scheitert aber zumeist in der Gegenwart an ihrer Vergangenheit.

3. Meine Kinder hören nicht auf zu fragen. Also be-

haupte ich: Die Politik weiß, was sie will, und will, was sie weiß; die Literatur will wissen, was sie noch nicht weiß.

4. Meine Kinder fragen nach dem Verbleib der Moral. Ich wehre mich: Die Literatur folgt den Gesetzen der Ästhetik; die Politik folgt den Gesetzen der Macht; trotzdem verkünden Literaten und Politiker gerne, daß sie nur oder zuallererst den Gesetzen der Moral folgen. Dabei wissen wir: Die Moral der Schriftsteller ist ästhetisch; die Moral der Politiker liegt in der Ausübung der Macht. Glaubt nicht den Betschwestern! Weder Ästhetik noch Macht sind böse an sich.

5. Meine Söhne wollen wissen, warum ich nicht für die Revolution kämpfe. Ich räume ein, daß Reformen betreiben mühsamer ist, und sage: Das Wort Revolution ist oft an den gleichen Schreibtischen in Szene gesetzt worden, die später – nach beendeter Revolution – versiegelt wurden: Schriftsteller unterschätzen gerne den Wirklichkeitshunger ihrer Fiktionen.

6. Meine Kinder haben ihre Zweifel. Sie sagen: Du glaubst ja sowieso an nix. Ich gebe zu, ohne Glauben zu leben, und sage: Sobald sich der Glaube vor die Vernunft stellt, beginnt die Zerstörung der Politik wie der Literatur. Beispiele: Der Glaube an einen einzigen Gott. Der Glaube an Deutschland. Der Glaube an den wahren Sozialismus. – Allenfalls, liebe Kinder, glaube ich an den Zweifel.

7. Über Vernunft und Zweifel wollen meine Kinder mehr wissen. Die Vernunft klärt auf. Sobald sie aufklären, begegnen sich Literatur und Politik; freilich will die Politik aufklären, indem sie zu überzeugen versucht, während die Literatur aufklärt, indem sie den Zweifel betreibt. – Politik entsteht durch Kompromisse, wir leben dank politischer Kompromisse; Kompromisse zerstören die Literatur. Deshalb hat es wenig Sinn, die mittelfristige Finanzplanung oder den Mansholt-Plan in freie Verse zu setzen;

so wenig es sinnvoll ist, über die Dramaturgie einer Tragödie durch demokratische Abstimmung einen Mehrheitsbeschluß herbeiführen zu wollen: Die Politik bedarf der parlamentarischen Kontrolle; die Literatur ist zuallererst sich selbst verantwortlich.

8. Also, sagen meine Kinder, haben Literatur und Politik nichts miteinander zu tun. Ich gebe zu: Literatur und Politik reden zumeist aneinander vorbei; nur ihr Echo mischt sie: Kulturpolitik.

9. Aber du bist doch mit Politikern befreundet, rufen meine Söhne. Die Freundschaft zwischen Schriftstellern und Politikern lebt vom Mißtrauen: Diese halten jene und jene halten diese für zu einseitig. Doch darin stimmen sie überein: Die Pille wird die Gesellschaft stärker verändern, als es Literatur und Politik vermögen, zumal die Pille die Politik und also auch die Literatur verändern wird.

10. Zum Schluß wollen meine Kinder wissen, warum ich mich als Schriftsteller, der eigentlich genug verdient, so zeitraubend für Politik interessiere. Ich antworte bürgerlich egoistisch: Damit ich weiter schreiben darf, was ich schreiben muß.

Über das scheintote Theater. Rede darüber, ob Schauspielbühnen eigentlich noch lebendig und Dramaturgen notwendig sind

Rede auf einer Arbeitstagung der Akademie der darstellenden Künste in Frankfurt

Meine Damen und Herren,

ein Großteil der Kritik an der subventionierten Institution Theater übt dessen Nekrolog: »Das Theater ist tot.« Varianten der allgemeinen Totsagerei heißen: Das Theater ist Luxus, der abgeschafft werden müsse. Oder kurz und bündig: Das Theater ist nicht mehr relevant.

Diese Aussagen sind Behauptungen. Denn wer beobachtet, in welchem Ausmaß berechtigte Kritik während der letzten Jahre mit dazu beigetragen hat, daß unser totgesagtes Theater, kaum hatte man es begraben, wieder Klopfzeichen zu geben begann, wird sich revidieren müssen und vom scheintoten Theater sprechen.

Mir kam es oft vor, als stelle sich das Theater in bester theatralischer Manier tot, um zu hören, ob man ihm nachtraure. Die Komödianten zwinkern sich zu: Wo immer dem Theater das Sterben verordnet wird, stirbt es, nach gehöriger Probenzeit, seinen Bühnentod; ein die Zuschauer bewegendes Stück, dessen Erfolg auch während kommender Spielzeiten anhalten wird.

Gelegentlich treten die öffentlichen Totsager des Theaters in streng-puritanischer Gewandung auf. Nachdem wir uns endlich entwöhnt hatten, das Theater als moralische Anstalt mißzuverstehen, soll es nun Vehikel des politischen Bewußtseins werden, wobei, um Mißverständnisse auszuschließen, jeweils treuherzig behauptet wird, das

Theater habe das »richtige« politische Bewußtsein zu fördern. Daraus wird und wurde oft genug konsequent kurzgeschlossen: Auch der zu engagierende Schauspieler müsse das »richtige« politische Bewußtsein haben und nachweisen können. Dankeschön!

Dünnlippig-sauertöpfig bewerben sich Calvin und Cromwell, die Rolle Malvolios nutzend, als Schauspieldirektoren. Sie wollen das Agitprop-Theater entmotten. Die Tendenz steht Schildwache. Traktate werden löffelweis wie Lebertran verordnet. Wieder einmal soll die Zeigefingerdramaturgie restauriert werden. Dabei gilt es, den dramaturgischen Zeigefinger im Theaterfundus zu vergraben, nahe heranzugehen an die scheintote Institution Theater, einzutreten und den Pförtner freundlich zu grüßen.

Wer sich mit der Absicht, etwas ändern zu wollen, in das Dickicht Städtische Bühnen begibt, sollte zuvor Gelegenheit gehabt haben, das Fürchten zu lernen. Da mir diese Gelegenheit oft genug geboten worden ist und ich nahezu jede gebotene Gelegenheit mit Erfolg genutzt habe, begann meine Mitarbeit an den Städtischen Bühnen Frankfurt nicht mit der üblichen Schrecksekunde; eher war ich angenehm überrascht, mir wohlvertrautes, das heißt, bei aller rechtwinkligen Verwaltungsperfektion, labyrinthisches Gelände vorzufinden.

Vom Beginn dieser Arbeit möchte ich Ihnen berichten. Weil ich nicht plante, eine nigelnagelneue Theorie oder gar, zeichensetzend, ein neues Theatermodell zu entwerfen, sondern vorhatte, Mitbestimmung im Theater als etwas zu verstehen, das vom gewählten Personalrat auszugehen hat und nicht von der Dramaturgie, standen am Beginn der Zusammenarbeit Gespräche mit Vertretern des Personalrates und der Bühnengenossenschaft.

Wer immer das Wort »Mitbestimmung« in den Mund nimmt, sollte nicht meinen, sie lasse sich diktieren. Deshalb sei der kritische Hinweis erlaubt, daß jeder Versuch, der sich vornimmt, das Theater zu erneuern, nur von unten nach oben und nicht, wie das hier bekannte »Frankfurter Modell«, von oben nach unten realisiert werden kann. Zwar ist es möglich, die Alleinherrschaft des Intendanten oder auch Schauspieldirektors durch die Alleinherrschaft eines dramaturgischen Triumvirats zu ersetzen; doch mit Mitbestimmung im Theater hat ein solches Mißverständnis nichts zu tun, wohl aber mit elitärem Dünkel, der das Wort Sozialismus handhabt wie Rilke – dazumal – das Wörtchen »irgendwie«.

Nachdem also der Personalrat und die Bühnengenossenschaft bereit waren, an den notwendigen Veränderungen innerhalb der Städtischen Bühnen Frankfurt mitzuarbeiten, begannen die ersten Gespräche über den Spielplan 1970/71 in Gegenwart zweier Vertreter des Personalrates und der Bühnengenossenschaft.

Als kürzlich bei den Städtischen Bühnen Personalratswahlen stattfanden, wurden die neuen Möglichkeiten berücksichtigt: Jede der künstlerischen Gruppen im Haus ist mit je einem Vertreter in den Personalrat gewählt worden. Man kann erwarten, daß sich die Bereiche Oper und Ballett demnächst der Entwicklung im Schauspielhaus anschließen werden.

Im Verlauf der Arbeitsgespräche für den neuen Spielplan zeigte sich, mit welch einer Fülle vertraglich nicht lösbarer Belastungen der neue Schauspieldirektor Richard Münch rechnen muß. Verträge mit Regisseuren und Bühnenbildnern sowie Gastspielverpflichtungen mußten übernommen werden; andererseits erwies sich die Möglichkeit, das ausgepowerte Ensemble durch Neuengagements zu stärken, als begrenzt.

Da die Position des Chefdramaturgen frei wurde, bot sich Gelegenheit, diese so bühnenferne wie eine hierarchische Ordnung erhaltende Stellung zu räumen. An ihrer Stelle wurde ein dramaturgisches Team gebildet, wobei wir im Interesse der Ensemblebildung Wert darauf legten, daß zwei neueingestellte Dramaturgen in der Lage sein werden, Regiearbeit zu übernehmen: Die Distanz zwischen Bühne und Dramaturgie ist bei den Städtischen Bühnen Frankfurt kürzer geworden. Schauspieler nennen das Lustgewinn. Oder anders gesagt: Die Dramaturgie, eine recht deutsche, dem Klosterleben nachempfundene Erfindung, könnte durch die Verführungskraft der Bühne säkularisiert werden.

Jetzt möchte ich, ohne ins Detail des Spielplans gehen zu wollen, an einem Beispiel erläutern, nach welchen Vorstellungen insgesamt versucht worden ist, einen unserer Zeit gemäßen Spielplan zu erarbeiten. Da wir davon ausgingen, die Stücke im Großen Haus wie in den Kammerspielen im Verhältnis zueinander zu begreifen, steht der Inszenierung ›Nathan der Weise‹ die Inszenierung des Stückes von George Tabori ›Die Kannibalen‹ gegenüber. Die Spannweite dieser beiden Stücke und ihr gemeinsames Thema – der Antisemitismus und seine Auswirkungen – reichen vom Lessingschen Toleranzbegriff der Frühaufklärung bis zu dessen absoluter Widerlegung an der Rampe von Auschwitz.

Ergänzend zu diesen beiden Stücken werden wir versuchen, die Form des dokumentarischen Theaterfeatures zu entwickeln: Parallel zu ›Nathan‹ und den ›Kannibalen‹ soll mit den Mitteln der Bühne, bewußt örtlich begrenzt, die Geschichte der Frankfurter Juden, vom Mittelalter bis zum Frankfurter Auschwitz-Prozeß, während Matinee- und Spätvorstellungen aufgezeigt werden. Diese von uns angeregten Theaterfeatures haben nicht den Ehrgeiz, Theaterstücke sein zu wollen, vielmehr könnten sie versuchen, das Mißverständnis »Dokumentarisches Theater«

zu klären. Gleichzeitig hoffen wir, so eine Vielzahl deutscher Autoren für die Arbeit am Theater zu gewinnen.

Da es nicht darauf ankommen kann, ein Uraufführungstheater um jeden Preis sein zu wollen, halten wir es für nützlicher, Martin Sperrs bislang bestes Stück, ›Jagdszenen in Niederbayern‹, neu zu inszenieren und, parallel dazu, Horváths ›Italienische Nacht‹ in den Spielplan aufzunehmen. Mit Hilfe der von mir vorhin skizzierten offenen Form des Theaterfeatures sollen die dramaturgischen Beziehungen zwischen Horváth und Sperr dargestellt werden.

Nicht zuletzt wollen wir durch Matinee- und Spätveranstaltungen ein jüngeres Publikum, das dem Theater bisher aus Gründen fernstand, für das Schauspiel im Großen und Kleinen Haus interessieren. Ich habe an mir selbst beobachten können, wie leicht es mir fiel und fällt, um die Ecke ins Kino zu gehen, und wie schwer es mir wurde und wird, den Schritt ins Theater zu tun und die Peinlichkeit zugeknöpfter Feierlichkeit wie die Sterilität der Theaterpause zu ertragen. Hierzu die zwar ungerecht verallgemeinernde und dennoch notwendige Feststellung:

Die Institution »Premierenpublikum« ist der unfruchtbarste Widerstand, der dem Theater zur Zeit geboten wird. Es gilt, eine zum Kader des professionellen Vorurteils erstarrte Versammlung aufzulösen. Doch selbst wenn es gelingen sollte, ein Gutteil der hier skizzierten Vorhaben zu realisieren, bliebe das Theater weiterhin scheintot; denn alle von mir genannten Reformen können nur einen Teil der Mißstände verringern. Der sperrigste Anlaß des Unbehagens blieb bis hierhin ausgespart: Jetzt muß die Rede sein von der heiligen Kuh, vom deutschen Subventionstheater.

Dazu einleitend: Die Schwierigkeiten und Mißstände bei den Städtischen Bühnen Frankfurt sind vergleichbar anderen Schwierigkeiten und ähnlichen Mißständen bei der Vielzahl westdeutscher subventionierter Bühnen.

Da ich das Streichen der Subventionen als Allheilmittel der gegenwärtigen Theaterkrise für eine so radikale wie absurde Methode halte, wird überlegt werden müssen, wie sich die Subventionskrankheiten des Theaters ohne die Doktor-Eisenbarth-Methode – Streichung der Subventionen – beheben lassen. Ich nenne hier einige Krankheitssymptome:

Erstens den aufgeblähten Verwaltungsapparat, der gezwungen ist, sich selbst zu bestätigen und ein Gutteil der Subventionen zu fressen, die er verwaltet.

Zweitens die Neigung der Schauspieler, Hausregisseure, Bühnenbildner und so weiter, sich wie Kunstbeamte zu betragen, indem sie sich, oft ungewollt, in die Sicherheit der Mittelmäßigkeit flüchten und so das Risiko des Theaters von der Bühne verweisen.

Drittens die Überbeschäftigung der Schauspieler und Regisseure bei den laufend produzierenden Rundfunk- und Fernsehanstalten. Für eine Vielzahl der Schauspieler und Regisseure ist das einträgliche Fernseh- und Rundfunkgeschäft zur Hauptbeschäftigung geworden: Die Bühne wird nur nebenbei, auch weil man anhänglich ist, beliefert. Doch wer vor der Probe schon beim Rundfunk sein Hörspielsoll erfüllt hat und sogleich nach der Probe Nebenverdienst beim Synchronsprechen sucht, der steht dem Theater nur als ausgequetschte Zitrone zur Verfügung, so bemüht er sein mag, noch einigen Saft nachzuweisen.

Viertens nenne ich die unzureichende, unflexibel angesetzte und mit wenig schauspielerischer Disziplin genutzte Probenzeit. Je schwieriger das Stück, um so notwendiger wird es sein, Vorprobenzeit einzuräumen, damit nicht unvorbereitete Gastregisseure und unvorbereitete

Schauspieler die ersten Probentage mit der Kenntnisnahme des Stückes und seiner Schwierigkeiten verschwenden.

Zur Heilung der genannten Symptome der Subventionskrankheit bietet sich an, den aufgeblähten Verwaltungsapparat zu reduzieren, wobei die freiwerdenden Mittel dem Theater erhalten bleiben sollten. Hier in Frankfurt zum Beispiel dürften der Schauspieldirektor und der Direktor der Oper plus Verwaltungsdirektor genügen; die dekorative Position des Intendanten könnte, sobald der Vertrag 1972 ausläuft, ersatzlos gestrichen werden. Fünf gute Nachwuchsschauspieler wären dem Hause dienlicher. Intendanten und Chefdramaturgen sind entbehrlicher geworden. Da es nutzlos ist, den Schauspielern und Regisseuren bei der Annahme von Fernseh- und Rundfunkarbeit Enthaltsamkeit zu predigen, kann nur eine bessere Bezahlung, bei gleichzeitiger Garantie längerer Probenarbeit und der Verpflichtung, die dem Theater abträgliche Fernseh- und Rundfunkarbeit zu reduzieren, dem von mir skizzierten Mißstand beikommen.

Fortan müßte die Ensemblebildung Vorrang haben, damit die um sich greifende Unart, mit Gastspielverpflichtungen dem Spielplan ein spektakuläres Korsett zu verordnen, Widerstand findet, zumal gewichtige Gastspielverpflichtungen den Spielplan diktieren: Wir haben Frau X und Herrn Y verpflichtet; jetzt suchen wir ein Stück für die beiden. Zwar kann man auch so Theater machen, doch sollte Theater so nicht gemacht werden.

Wie eifrig viele Schauspieler das heute übliche Startheater auch ablehnen und vom Ensembletheater wie vom verlorenen Paradies schwärmen, die verführende Kraft liegt im Starwesen. Gastspielverträge ruinieren die Spielpläne, auch wenn sich reisende Großschauspieler und solche, die es werden wollen, bei Kantinengesprächen gerne an die Notwendigkeit kontinuierlicher Ensemblearbeit erinnern und – bei Schnitzel und Bier – das Ensemble mit Wehmut als Wunschkost verspeisen. Indem ich das Startheater reisender Großschauspieler ablehne, setze ich auf das Ensemble; es wird Keimzelle jeder Erneuerung des Theaters sein.

Freilich wird uns das Brecht-Modell der Ensemblearbeit am Schiffbauerdamm wenig helfen können. Die Leistung des Brecht-Theaters und seine relativ ungestörte Ensemblearbeit wurden durch allzu kompromittierende politische Abhängigkeit zur Zeit des Stalinismus erkauft; wenn es heute stagniert, wird man die Ursachen seiner Stagnation in den frühen fünfziger Jahren suchen müssen. Ideologischer Überbau gibt dem Theater jenen Halt, der zugleich einengt.

Die Widersprüche der Gesellschaft und ihrer Systeme und der Ausverkauf aller überlieferten Ideologien verlangen ein offenes Theater, das sich selbst und die Gesellschaft permanent in Frage stellt.

Dem städtischen, subventionierten, zum Kunstbeamtentempel mißratenen Theater der Gegenwart fehlt nicht etwa das oft berufene »richtige politische Bewußtsein«, vielmehr mangelt es am künstlerischen Bewußtsein, das vom allabendlichen Risiko lebt. Erst wenn Theater wieder gespielt und nicht demonstriert wird, wenn der Zeigefinger im Fundus bleibt, wenn die Wirklichkeit der Bühne nicht mehr ersetzt werden soll durch die Wirklichkeiten der Straße, des Hörsaals oder der Schulungsheime, erst wenn Theater wieder ohne Netz, also mit Risiko arbeitet, wird es seinen scheintoten Zustand aufgeben.

»Das Theater ist tot«, sagte der Autor, bevor er ein neues Stück zu schreiben begann.

Politisches Tagebuch.
In Kreuzberg fehlt ein Minarett

Auch Berlin hat seine Berge: Trümmerberge, die der Krieg abgeworfen hat und die mit Hilfe des Gartenbauamtes Natur zu werden beginnen – und regelrecht gewachsene Berge, nach denen Stadtteile benannt sind: zum Beispiel der Kreuzberg in Kreuzberg (vierundsechzig Meter hoch, aber immerhin).

Den bestiegen wir am Sonntag vormittag, wie wir – Familie und Freunde – regelmäßig an Sonntagvormittagen unsere Stadthälfte besichtigen; sie versteckt ihre Details. Nur auf den Kurfürstendamm kommen wir selten. Für den Kreuzbergbesuch sprach der januarblaue Himmel. Immer die Gußeisengotik eines Denkmals im Rücken, das einst populäre Schlachten der Befreiungskriege aufzählt (Katzbach, Leipzig, Belle-Alliance), sahen wir rundum, daß sich Berlin mit seiner in Stilfragen hemmungslosen Architektur und seinem Hang, zwar immer noch auf Sand, aber neuerdings stockwerkreich gen Himmel zu bauen, dem Betrachter wie ungeteilt darstellt. Griffig nahe der Ostberliner Fernsehturm. Von drüben gesehen mag das Europa-Center, in dessen Mercedesstern der Drehwurm steckt, ähnlich greifbare Nähe vortäuschen. Gewiß: Der fundamentale Einfall, die Stadt durch Rückgriff auf mittelalterliche Bauweise zu teilen, läßt sich vom Kreuzberg aus mit Fingerzeigwörtern belegen. – »Da, die Mauer! Da auch!« – Aber die herrschende Ideologie dahinter konnte ihre Stadthälfte nur wenig prägen; das Produkt Stalinallee blieb Ausnahme und wurde zur kuriosen Sehenswürdigkeit.

Ich lebe gerne in Berlin und habe mich durch wechselnde Stimmungen – Frontstadtpathos und oft berufene Berlin-Müdigkeit – kaum rühren lassen. Alle Nummern des Lamentokataloges sind mir bekannt: Berlin stirbt ab, ist verkrustet, leidet an Auszehrung, Hysterie, Überalterung, ist abhängig, nicht mehr lebensfähig, ein Klotz am Bein und allenfalls noch eine Reise wert.

Ich nicke, sobald der Überdruß seine Strophen reiht. Denn es stimmt: Ohne Hinterland lebt Berlin schon seit Jahren von seiner Substanz. Eine auf Schonkost gesetzte Stadthälfte. Einst rigorostüchtige Schnoddrigkeit schlug um in knatschige Wehleidigkeit. Zwar wurde die Stadt wiederaufgebaut (großzügig und durchlüftet), aber außer seiner Ansehnlichkeit hat Berlin nur eine in sich verstrickte, parteipolitisch muffig gewordene, dort, wo sie laut wird, großmäulig-provinzielle und im »revolutionären Bereich« so infantile wie zerstrittene Gesellschaft zu bieten. Warum machen sich seine Universitäten zum Gespött? Warum produzieren seine Theater so weit unter ihren Möglichkeiten? Warum sind viele seiner Zeitungen auf den Springer gekommen? Warum also hierbleiben und vom Kreuzberg herab lyrisch werden?

Ich halte dagegen: Diese Stadt ist zäh. Sie kann den Überdruß an ihren Zuständen und den Jammer über ihre Lage und Teilung überleben. Und einer ihrer ärgsten Mißstände könnte ihr, wenn sie will, in wenigen Jahren zum Vorteil ausschlagen. Ich spreche von den siebzigtausend legal und zwanzigtausend illegal beschäftigten ausländischen Arbeitern in Westberlin. Noch sperrt sich die Stadt. In miserablen Unterkünften, durch Mietwucher gepreßt, von den Gewerkschaften nur unzureichend geschützt, latent der Kriminalität verdächtigt und kleinlich beargwöhnt – so leben Türken, Spanier, Kroaten, Italiener, Griechen verstreut und eng beieinander. Zu wenige Bürger wollen wahrhaben, daß Westberlin, wenn es ohne Hinterland aus sich heraus existieren will, nicht durch westdeutsche Hilfe allein, sondern (wie viele Großstädte: New York, London, Paris) durch die Internationalisierung seiner Bevölkerung Zukunft haben wird. Um es hart zu sagen: Nicht die Behinderung der Zufahrtswege, das blockierte Begriffsvermögen seiner Bürger und Behörden könnte Westberlin zum Altersheim verengen. Hat man vergessen, welche Impulse Berlin den eingewanderten Hugenotten verdankt? (Ich bitte, im Telefonbuch zu blättern und sich durch die Vielzahl französischer Namen erinnern zu lassen.)

Wie keine andere Stadt ist Berlin auf Neubürger, also auf Gastarbeiter und deren Familien angewiesen. Viele möchten bleiben, Frau und Kinder nachkommen lassen, scheitern jedoch an den Behörden, wie die Behörden an sich scheitern. Wer sich von der neuen aktiven Ostpolitik zu Recht mehr äußere Sicherheit für Berlin verspricht, der sollte auch für das Aufbrechen innerer Verkrustungen plädieren und jene Sperriegel abschlagen, die zur streng miefenden Verschachtelung und bürokratischen Schildbürgerei ihre Beiträge geleistet haben.

Ausblick gewinnen. Trümmerberge und sonstige Anhöhen benutzen. Vom Kreuzberg aus eine Utopie entwerfen. Ich denke mir türkische, kroatische, spanische, griechische und italienische Straßenzüge und Stadtteile. Direkt neben Schultheiß am Fuße des Kreuzberges lasse ich eine Moschee samt Minarett wachsen. Schon in der zweiten Generation sind Türken, Kroaten und Italiener geborene und gelernte Berliner. Alle Grundrechte stehen ihnen zu. Sie wählen und werden gewählt. Vorurteile sind nur noch Legende; und selbst die Meierei Bolle kann ohne Scheu, also werbewirksam, auf den türkischen Ursprung des Wortes Joghurt hinweisen. Nur Utopie?

Neben uns stand ein junges türkisches Paar. Am Sockel der Gußeisengotik erklärte ein Westberliner Student einem jungen Spanier die Aufschriften des Denkmals: Katzbach, Leipzig, Belle-Alliance. Später, bergab, sahen wir griechische Kinder spielen. Wenn das nicht Zukunft ist!

Also nochmal. Kurze Sätze zum Einprägen und Verlieren

Also nochmal. Kurze Sätze zum Einprägen und Verlieren.
Ich rauche zuviel, aber regelmäßig.
Ich habe Meinungen, die sich ändern lassen.
Meistens überlege ich vorher.
Auf verquere Weise bin ich unkompliziert.
(Seit vier Jahren stelle ich Sätze und einzelne Wörter zwischen Klammern: etwas, das mit dem Älterwerden zu tun hat.)
Das mag ich: von weit weg hören, wie Laura am Klavier an immer derselben Stelle danebengreift.
Wenn Raoul mir eine Zigarette dreht, freue ich mich.
Wenn Franz mehr sagt, als er zugeben wollte, bin ich erstaunt. Wenn Bruno Witze falsch erzählt, kann ich lachen wie früher. Mit Vorliebe sehe ich Anna zu, wenn sie ein frisch gekauftes Kleid sogleich abzuändern beginnt.
Was ich nicht mag: Leute, die mit dem Wort »scharf« bewaffnet sind. (Wer nicht denkt, sondern scharf denkt, der greift auch scharf durch.)
Ich mag keine bigotten Katholiken und keine strenggläubigen Atheisten.
Ich mag keine Leute, die zum Nutzen der Menschheit die Banane gradebiegen wollen.
Widerlich ist mir jeder, der subjektives Unrecht in objektives Recht umzuschwindeln versteht.
Ich fürchte alle, die mich bekehren möchten.
Mein Mut beschränkt sich darauf, möglichst wenig Angst zu haben; Mutproben lege ich keine ab.
Allen rate ich, die Liebe nicht schnell wie das Katzen-

ficken zu betreiben. (Das gilt auch später für euch, Kinder.)
Ich mag Buttermilch und Radieschen.
Ich reize gern auf den Skat.
Ich mag alte gebrochene Leute.
Auch ich mache Fehler mehrmals.
Ich bin ganz gut schlecht erzogen worden.
Treu bin ich nicht – aber anhänglich.
Immer muß ich was machen: Wörter hecken, Kräuter schneiden, in Löcher gucken, Zweifel besuchen, Chroniken lesen, Pilze und deren Verwandtschaft zeichnen, aufmerksam nichts tun, morgen nach Delmenhorst, übermorgen nach Aurich (Ostfriesland) fahren, redenreden, die dicke Schwärze, dort, wo sie graustichig wird, vom Rand her anknabbern, Schnecken auf ihrem Vormarsch begleiten und – weil ich den Krieg kenne – vorsätzlich Frieden halten; den mag ich auch, Kinder.

Mariazuehren

Schau, die Kartoffel
und ihre Keime,
wie geil die Weiden im März
und eine Wolke – als lehre das Wetter Fortschritt –
den Deich landeinwärts rückt.

Dein Lichtmesser schlägt aus.
Zwei Sekunden lang halten die Aale
auf ihrem Weg zu den Kühen still
und beten, bis sie gerinnt,
die Milch an: ein grütziges Foto.

Ich setze ein Zeichen und lösche es mit dem nächsten.
Die Hühner, die Nonnen, die Vögel, die Scheuchen...
Und als ich heimkam, zerredet ganz und hartgesotten,
ging ich zu, kamen mir Pilze entgegen,
Schirmlinge und Boviste, entwurzelte Pimmel,
die himmelwärts zeugen.

Schau, wie das laufende halbe Schwein
die Schnecke rittlings beschleunigt.
Schau, wie die Köchin in mir
mit ihrer Möse Zitronen preßt.
Schau, was ich wegließ.

Deine wechselnden Blenden.
Dein Täschchen voller Krimskram, Tabletten
und verkniffener Tränen...

Maria, knips mal die Spuren,
die Reste, den Abschaum und meine Kippen,
die ich seit Tagen, um Dich zu ehren
und mich zu beweisen – den Rauch.

Ein masurisches Handchenvoll, aber säuft und frißt
in sich rein, was ich tische: den Steinbutt (in Dill)
nachdem er belichtet, mit raschem Pinsel getuscht
und mystifiziert... (Das ist Anschauung, Ausbeutung;
von Kunst quasselt nur das Gewerbe.)

Krachende Äpfel.
Das Schweigen, nachdem die Zähne.
Ich hinterließ.

Dein Auslöser jetzt, jetzt und jetzt,
weil olle Dreher mit seinem Speckballen
das säuregebissene Kupferblech höht...

Schau, wie der Fischkopf,
den ich auf langer Stange über den Deich hielt,
damit er noch einmal,
wo sich die Elbe von weither auskotzt,
jetzt im siedenden Sud zerfällt
und beide Augen weiß – Glücksbringer –
in Deiner Suppe, Maria, kugeln, damit Du satt
und nicht mehr mit Deinem Dings...
Doch später, entwickelt, sagte der Rotbarsch,
er sei gegen Farbe.

Akwakolor Akwakolor behaupten auf seichtem Wasser
die colorierten Enten.
Aber graustichig ist mein Traum,
und verregnet fliehen auf beiden Ufern der Stör
die Horizonte...

Auf einmal (wieder) Gefühl.
Stottern auf neuem Papier.
Als hätten Deine Engel, die Fliegen...
Hier ist kein Streit.
Fremd stehen sich gegenüber,
warten auf Zufall, bilden Legende...

Mit ihrem Tuch nahm sie den Schweiß ab
und überlieferte sein Gesicht.
Ich zeichne bei Ebbe, damit die Flut,
dies, das, Dich und auch Dich in den Sand.
(Könnte ich wie der Staub,
bis ich mich nicht mehr verstehe.)

Was sich engfügt häuft lagert.
Was seinen Raum einbringt.
Jetzt bin ich fünfundvierzig und noch immer erstaunt.

Schau, wie frei ich im Ausschnitt
und die Schwärze, den Zwang,
der auf Weiß besteht, grausiebe.
Schau das gebettete Auge.
Schau die Puppe, nachdem der Besuch ging.
Schau den gebrauchten Tisch.
Plappernde Fundsachen.
Die Gräte der Gräte.
Mit Sorgfalt leichthin: Mariazuehren.

Bilder können die Welt nicht verbessern

Übers Zeichnen zu schreiben fällt mir schwer. Nur soviel: Ich zeichne (bewußt) seit meinem dritten Lebensjahr. Bewußt zu schreiben begann ich später, etwa mit vierzehn, dem Reimzwang erliegend. Beruflich ausgebildet wurde ich nur als Bildhauer und Grafiker, ich lernte Steinmetz und Steinbildhauer und arbeitete jeweils drei Jahre in der Kunstakademie Düsseldorf und in der Hochschule für Bildende Künste Berlin; als Schriftsteller blieb ich Autodidakt. Da ich nie unter meinem Doppelberuf gelitten habe, auch, trotz vieler Aufforderungen, nicht bereit gewesen bin, den einen oder anderen Beruf aufzugeben, zeichne und schreibe ich alternierend; einzig das Gedichteschreiben und das Zeichnen bildhaft-gegenständlicher Wirklichkeiten schließen einander nicht aus, sind vielmehr gleichzeitig möglich und notwendig. Alle Gegenstände der Natur, auch die ausgestopften, sind mir Modell. Gegenstandslos habe ich nie gezeichnet, weil ich kein Dekorateur bin. Mit Farbe habe ich wenig im Sinn: Mir reicht die Skala zwischen Schwarz und Weiß. Sobald ich zu sicher werde, wechsle ich das Material, von Tinte auf Blei oder Kohle; auch schaue ich mir die Gegenstände der Natur immer wieder neu und rundum an, bis ich mir ihrer organischen und bildhaften Bezüglichkeit bewußt bin. Weil ich hingucken muß, zeichne ich nicht auswendig – Phantasie bringe ich ohnehin mit.

Die Frage nach der gesellschaftlichen Relevanz meiner Zeichnungen ist mir uninteressant. Bilder können die Welt nicht verbessern, allenfalls die Widersprüche ihrer Wirklichkeit darstellen. Da ich nicht Mitglied im Deutschen

Künstlerbund bin, werde ich auch nicht ausjuriert. Ich habe Vorbilder: von den frühen Höhlenmalern bis zum späten Picasso. Vor dem deutschen und dem internationalen Kunsthandel habe ich Angst; trotzdem bin ich seit etwa einem Jahr dem Berliner Galeristen Anselm Dreher durch Handschlag verbunden: Mit ihm geht es gut, weil er neben der Galerie Andre auch eine Radierwerkstatt unterhält, ein qualifizierter Drucker ist und mich nicht nach Marktwert taxiert.

Während meiner langjährigen politischen Arbeit kam ich nicht zum Zeichnen, weil die Politik alle Gegenstände der Natur (auch die ausgestopften) verstellt oder statistisch auf Flaschen zieht. Aber neuerdings zeichne und radiere ich wieder: Das macht Spaß.

Ein Alptraum weniger

Das deutsche Problem der Groß- und Kleinschreibung hat die Qualität eines Alptraumes, den sich viele Schüler bis ins Greisenalter erhalten; mittlerweile mittelalterlich, gehöre auch ich zu ihnen. Nun soll dieser Alptraum – und zwar von den Sattelfesten – reformiert werden. Da ich mir nicht vorstellen kann, daß sich die bundesdeutschen und deutsch-demokratischen, die Schweizer und österreichischen Schulmeister einigen können und alleine der bundesdeutsche Kulturföderalismus ausreicht, eine auch nur halbwegs vernünftige Reformbemühung konsequent zu zerreden, wird es wohl beim Schüleralptraum bleiben. Schade drum, denn der Entschluß, die Kleinschreibung, dieses scheußliche Substantiv, zuzulassen, könnte den deutschsprachigen Hang zur Substantivierung eindämmen, das Denken in Substantiven erschweren und unsere Sprache leichtfüßiger machen; wenn wir »die Großschreibung« kleinschreiben dürften, hätten wir einen Alptraum weniger.

Rückblick auf die Blechtrommel – oder Der Autor als fragwürdiger Zeuge. Ein Versuch in eigener Sache

Kaum hatte der Autor die letzten Druckfahnen korrigiert, verließ ihn sein Buch; das war vor vierzehn Jahren, seitdem ist mir die ›Blechtrommel‹ abhanden gekommen. Ins Kroatische, Japanische, Finnische übersetzt, ist es ihr Ehrgeiz, den Kleinbürgern aller Länder verquer zu sein. Danzig-Langfuhr, meine verlorene Provinz, hat sich international verflüchtigt.

Es ist, als sei mir der Zugang durch fugendicht gestapelte Urteile und Vorurteile versperrt worden, denn nie habe ich die ›Blechtrommel‹ als ausgedrucktes Buch im Zusammenhang gelesen. Was gute fünf Jahre lang als Entwurf oder Vorprodukt, als erste, zweite und dritte Niederschrift meine Lebensgewohnheiten und Traumübungen bestimmt hatte, ist wie abgetan. Danach entstandene Bücher – ›Hundejahre‹, die Gedichtbände – sind mir greifbar geblieben.

Man könnte es berufsnotorischen Ekel nennen, der mir die Lektüre der gebundenen ›Blechtrommel‹ bis heute vermiest hat. Denn auch jetzt, dazu aufgefordert, vom Entstehen meines ersten Romans Bericht zu geben, bleibt es beim ziellosen Blättern und Anlesen einiger Kapitelanfänge; vorerst bin ich nur unzulänglich bereit, meine Bedingungen und Anstöße von damals neugierig zu sichten, beinahe ängstlich, ich könnte mir auf die Schliche kommen. Der Autor über sein Buch: ein fragwürdiger Zeuge.

Geradezu Inkompetenz gestehend, kann ich allenfalls Restbestände zuhauf kehren und versuchen, jene konstruktiven Lügen zu vermeiden, die als Stecklinge das Treibhaus Germanistik produktiv machen.

Keine kreative Gewißheit (ob und wie), kein seit langem zugespitzter Entschluß (Ich werde jetzt!), kein höherer Auftrag und Fingerzeig (begnadetes Müssen) stellten mich vor die Schreibmaschine; das zuverlässigste Triebwerk war wohl – weil ja Distanzen eingeholt werden mußten – mein kleinbürgerliches Herkommen, dieser miefgesättigte, durch abgebrochene Gymnasialbildung – ich blieb Obertertianer – gesteigerte Größenwahn, etwas Unübersehbares hinstellen zu wollen. Ein gefährlicher Antrieb, der oft die Hybris ansteuert. Und nur weil ich mein Herkommen und seine Triebkraft kannte, bediente ich es, bei aller Anstrengung, spielend und kühl: Schreiben als distanzierter, darum ironischer Vorgang, der sich privat einleitet, so öffentlich seine Ergebnisse später auftrumpfen oder zu Fall kommen.

1954 starb meine Mutter im Alter von sechsundfünfzig Jahren. Und weil Helene Grass nicht nur ein kleinbürgerliches Gemüt gehabt hat, sondern auch entsprechend theaterliebend gewesen ist, hat sie ihren zwölf-dreizehnjährigen Sohn, der gerne Lügengeschichten tischte und ihr Reisen nach Neapel und Hongkong, Reichtum und Persianermäntel versprach, spöttisch Peer Gynt genannt. Fünf Jahre nach ihrem Tod erschien die ›Blechtrommel‹ und wurde zu dem, was sich Peer Gynt womöglich unter Erfolg vorgestellt haben mag. Immer schon hatte ich meiner Mutter irgendwas beweisen wollen; doch erst ihr Tod setzte den Antrieb frei.

Insofern bliebe ich wohl im Nachteil, wollte ich mich mit Autoren messen, denen gesellschaftliche Verpflichtung die Schreibmaschine salbt, die also nicht heillos ichbezogen, sondern sozial aufs Ganze bedacht ihrer Aufgabe nachgehen. Mich hat nicht edle Absicht getrieben, die deutsche Nachkriegsliteratur um ein robustes Vorzeigestück zu bereichern. Und auch der damals billigen Forderung nach »Bewältigung deutscher Vergangenheit« wollte und konnte ich nicht genügen, denn mein Versuch, den eigenen (verlorenen) Ort zu vermessen und mit Vorzug die Ablagerungen der sogenannten Mittelschicht (proletarisch-kleinbürgerlicher Geschiebemergel) Schicht um Schicht abzutragen, blieb ohne Trost und Katharsis. Vielleicht gelang es dem Autor, einige neu anmutende Einsichten freizuschaufeln, schon wieder vermummtes Verhalten nackt zu legen, der Dämonisierung des Nationalsozialismus mit kaltem Gelächter den verlogenen Schauer regelrecht zu zersetzen und der bis dahin ängstlich zurückgepfiffenen Sprache Auslauf zu schaffen; Vergangenheit bewältigen konnte (wollte) er nicht.

Artistisches Vergnügen, Spaß an wechselnden Formen und die entsprechende Lust, auf Papier Gegenwirklichkeiten zu entwerfen, kurz, das Werkzeug für gleich welchen künstlerischen Versuch war da und wartete auf Widerstände: gefräßigen Stoff. Doch auch der Stoff war da und wartete auf Umsatz. Angst vor seinen Ausmaßen und der Zustand lässiger Zerstreutheit hinderten mich vorerst, die große Anstrengung zu machen.

Abermals waren es private Anlässe, die mich freisetzten. Denn als ich nach dem Tod meiner Mutter im Frühjahr 1954 Anna Margaretha Schwarz heiratete, begann eine Zeit der Konzentration, der bürgerlichen Arbeits- und Leistungsmoral und auch des strammen Vorsatzes, all jenen etwas beweisen zu wollen, die mir (angeheiratet) ins nicht vorhandene Haus geschneit waren: solide Schweizer Bürger von bescheiden-puritanischer Lebensart, die meinem zappelnden Turnen an zu großen Geräten mit Nachsicht und liberalem Kunstverstand zuschauten.

Ein komisches Unterfangen, zumal Anna, seit kurzer Zeit erst der großbürgerlichen Obhut entlaufen, eher Unsicherheit suchte und sich (wenn auch behutsam) inmitten Berliner Nachkriegsbohème ausprobieren wollte. Gewiß hatte sie nicht vor, Ehefrau eines sogenannten Großschriftstellers zu werden.

Doch so interessant die Interessen des kleinbürgerlichen Aufsteigers mit den emanzipatorischen Wünschen der Tochter aus großbürgerlichem Haus kollidiert haben mögen, die Heirat mit Anna machte mich zielstrebig, auch wenn das auslösende literarische Moment für die spätere Niederschrift der ›Blechtrommel‹ vor unserer Bekanntschaft zu datieren ist.

Im Frühjahr und Sommer 1952 machte ich eine Autostoppreise kreuz und quer durch Frankreich. Ich lebte von nichts, zeichnete auf Packpapier und schrieb ununterbrochen: Sprache hatte mich als Durchfall erwischt. Neben (ich glaube) reichlich epigonalen Gesängen über den entschlafenen Steuermann Palinurus entstand ein langes und auswucherndes Gedicht, in dem Oskar Matzerath, bevor er so hieß, als Säulenheiliger auftrat.

Ein junger Mann, Existentialist, wie es die Zeitmode vorschrieb. Von Beruf Maurer. Er lebte in unserer Zeit. Wild und eher zufällig belesen, geizte er nicht mit Zitaten. Noch bevor der Wohlstand ausbrach, war er des Wohlstandes überdrüssig: schier verliebt in seinen Ekel. Deshalb mauerte er inmitten seiner Kleinstadt (die namenlos blieb) eine Säule, auf der er angekettet Stellung bezog. An langer Stange versorgte ihn seine schimpfende Mutter mit Mahlzeiten im Henkelmann. Ihre Versuche, ihn zurückzulocken, wurden von einem Chor mythologisch frisierter Mädchen unterstützt. Um seine Säule kreiste der Kleinstadtverkehr, versammelten sich Freunde und Gegner, schließlich eine aufblickende Gemeinde. Er, der Säulenheilige, allem enthoben, schaute herab, wechselte gelassen Stand- und Spielbein, hatte seine Perspektive gefunden und reagierte metapherngeladen.

Dieses lange Gedicht war schlecht gelungen, ist irgendwo liegengeblieben, hat sich mir nur in Bruchstücken erhalten, die allenfalls zeigen, wie stark ich gleichzeitig von Trakl und Apollinaire, von Ringelnatz und Rilke, von miserablen Lorca-Übersetzungen beeinflußt gewesen bin. Interessant alleine blieb die Suche nach einer entrückten Perspektive: Der überhöhte Standpunkt des Säulenheiligen war zu statisch. Erst die dreijährige Größe des Oskar Matzerath bot gleichzeitig Mobilität und Distanz. Wenn man will, ist Oskar Matzerath ein umgepolter Säulenheiliger.

Noch im Spätsommer des gleichen Jahres, als ich mich, aus Südfrankreich kommend, über die Schweiz in Richtung Düsseldorf bewegte, traf ich nicht nur zum erstenmal Anna, sondern wurde auch, durch bloße Anschauung, der Säulenheilige abgesetzt. Bei banaler Gelegenheit, nachmittags, sah ich zwischen Kaffee trinkenden Erwachsenen einen dreijährigen Jungen, dem eine Blechtrommel anhing. Mir fiel auf und blieb bewußt: die selbstvergessene Verlorenheit des Dreijährigen an sein Instrument, auch wie er gleichzeitig die Erwachsenenwelt (nachmittäglich plaudernde Kaffeetrinker) ignorierte.

Gute drei Jahre lang blieb diese »Findung« verschüttet. Ich zog von Düsseldorf nach Berlin um, wechselte den Bildhauerlehrer, traf Anna wieder, heiratete im Jahr drauf, holte meine Schwester, die sich verrannt hatte, aus einem katholischen Kloster, zeichnete und modellierte vogelartige Gebilde, Heuschrecken und filigrane Hühner, verunglückte an einem ersten längeren Prosaversuch, der ›Die Schranke‹ hieß und dem Kafka das Muster, die Frühexpressionisten den Metaphernaufwand geliehen hatten, schrieb dann erst, weil weniger angestrengt, die ersten lokkeren Gelegenheitsgedichte, zeichnend geprüfte Gebilde, die vom Autor Abstand nahmen und jene Selbständigkeit gewannen, die Veröffentlichung erlaubt: ›Die Vorzüge der Windhühner‹, mein erstes Buch, englische Broschur, Gedichte und Zeichnungen.

Danach – aber immer noch Bildhauer, hauptberuflich – entstanden kurze Szenen, Einakter wie ›Onkel, Onkel‹ und ›Hochwasser‹, die ich, mittlerweile eingeladen zu den Tagungen der Gruppe 47, mit einigem Erfolg vortrug. Auch entwarf ich (weil Anna tanzte) Ballettlibretti.

So hat es Versuche gegeben, einige Handlungsabläufe, die später zu ›Blechtrommel‹-Kapiteln wurden, als Ballettvorlagen zu konzipieren, etwa das Anfangskapitel ›Der weite Rock‹, die Geschichte der Galionsfigur ›Niobe‹, ›Die letzte Straßenbahn‹, mit der später Oskar Matzerath und sein Freund Vittlar durchs nächtliche Düsseldorf fuhren, auch Szenen, in denen die polnische Kavallerie deutsche Panzerwagen attackierte. Daraus wurde nichts. Das blieb liegen. Das wanderte alles in den epischen Reißwolf.

Mit solchem Gepäck – gestauter Stoff, ungenaue Vorhaben und präziser Ehrgeiz: ich wollte meinen Roman schreiben, Anna suchte ein strengeres Ballettexercice – verließen wir Anfang 1956 mittellos, aber unbekümmert Berlin und zogen nach Paris. In der Nähe vom Place Pigalle fand Anna in Madame Nora eine gestrenge russische Ballettmutter; ich begann, noch während ich an dem Theaterstück ›Die bösen Köche‹ feilte, mit der ersten Niederschrift eines Romans, der wechselnde Arbeitstitel trug: ›Oskar der Trommler‹, ›Der Trommler‹, ›Die Blechtrommel‹.

Und hier genau sperrt sich meine Erinnerung. Zwar weiß ich, daß ich mehrere Pläne, den gesamten epischen

Stoff raffend, grafisch entworfen und mit Stichworten gefüllt habe, doch diese Pläne hoben sich auf und wurden, bei fortschreitender Arbeit, entwertet.

Doch auch die Manuskripte der ersten und zweiten Fassung, schließlich der dritten, fütterten jenen Heizungsofen in meinem Arbeitsraum, von dem noch die Rede sein wird; bei aller mir damals möglichen Verstiegenheit ist es dennoch nie meine Absicht gewesen, Germanisten und deren Geilheit nach Sekundärem mit Textvarianten zu füttern.

Mit dem ersten Satz: »Zugegeben: ich bin Insasse einer Heil- und Pflegeanstalt...« fiel die Sperre, drängte Sprache, liefen Erinnerungsvermögen und Phantasie, spielerische Lust und Detailobsession an langer Leine, ergab sich Kapitel aus Kapitel, hüpfte ich, wo Löcher den Fluß der Erzählung hemmten, kam mir Geschichte mit lokalen Angeboten entgegen, sprangen Döschen und gaben Gerüche frei, legte ich mir eine wildwuchernde Familie zu, stritt ich mit Oskar Matzerath und seinem Anhang um Straßenbahnen und deren Linienführung, um gleichzeitige Vorgänge und den absurden Zwang der Chronologie, um Oskars Berechtigung, in erster oder dritter Person zu berichten, um seinen Anspruch, einen Sohn zeugen zu wollen, um seine wirklichen Verschuldungen und um seine fingierte Schuld.

So ist mein Versuch, ihm, dem Einzelgänger, ein boshaftes Schwesterchen zuzuschreiben, an Oskars Einspruch gescheitert; es mag sein, daß die verhinderte Schwester später als Tulla Pokriefke auf ihrem literarischen Existenzrecht bestanden hat.

Um eine oft gestellte und allseits beliebte Frage noch einmal zu beantworten: Ich schrieb für kein Publikum, denn ein Publikum kannte ich nicht. Aber erstens, zweitens und drittens schrieb ich für mich, für Anna, für

Freunde und Bekannte, die zufällig anreisten und sich Kapitel anhören mußten; und für ein imaginäres Publikum, das ich mir kraft Vorstellung herbeizitierte, habe ich geschrieben. Es hockten um meine Schreibmaschine Tote und Lebende: mein detailversessener Freund Geldmacher, mit dickglasiger Brille mein literarischer Lehrer Alfred Döblin, meine literaturkundige und gleichwohl an das Schöne Wahre Gute glaubende Schwiegermutter, Rabelais, flüchtend auf Durchreise, mein ehemaliger Deutschlehrer, dessen Schrullen ich heute noch nützlicher nenne als das pädagogische Dörrobstangebot unserer Tage, und meine verstorbene Mutter, deren Einwänden und Berichtigungen ich mit Dokumenten zu begegnen versuchte; aber sie glaubte mir nur mit Vorbehalt.

Wenn ich genau zurückhöre, habe ich mit diesem nicht unkritischen Publikum längere Gespräche geführt, die, wären sie aufgezeichnet und als Anhang geordnet worden, dem Endprodukt gute zweihundert Seiten angereichert hätten.

Oder der Heizungsofen in der Avenue d'Italie 111 hätte den Anhang geschluckt. Oder auch diese Gespräche sind nachgeliefert Fiktion. Denn viel genauer als an Schreibvorgänge erinnere ich mich an meinen Arbeitsraum: ein feuchtes Loch zu ebener Erde, das mir als Atelier für angefangene, doch, seit Beginn der Blechtrommelniederschrift, bröckelnde Bildhauerarbeiten diente. Gleichzeitig war mein Arbeitsraum Heizkeller unserer darüber liegenden winzigen Zweizimmerwohnung. In den Schreibvorgang war meine Tätigkeit als Heizer verzahnt. Sobald die Manuskriptarbeit ins Stocken geriet, ging ich aus einem Kellerverschlag des Vorderhauses mit zwei Eimern Koks holen. In meinem Arbeitsraum roch es nach Mauerschwamm und anheimelnd gasig. Rinnende Wände hielten meine Vorstellung in Fluß. Die Feuchte des Raumes mag Oskar Matzeraths Witz gefördert haben.

Einmal im Jahr, während der Sommermonate, durfte ich, weil Anna Schweizerin ist, ein paar Wochen lang in freier Luft im Tessin schreiben. Dort saß ich unter einer Weinlaubpergola an einem Steintisch, schaute auf die flimmernde Kulissenlandschaft der südlichen Region und beschrieb schwitzend die vereiste Ostsee.

Manchmal, um die Luft zu wechseln, kritzelte ich Kapitelentwürfe in Pariser Bistros, wie sie in Filmszenen konserviert sind: zwischen tragisch-verschlungenen Liebespaaren, alten, in ihren Mänteln versteckten Frauen, Spiegelwänden und Jugendstilornamenten etwas über Wahlverwandtschaften: Goethe und Rasputin.

Fortwährend blieb Anna diesem vier Jahre anhaltenden Arbeitsvorgang konfrontiert. Gemeint ist nicht nur das Anhörenwollen und manchmal auch -müssen längerer, oft nur im Detail schwankender Zwischenergebnisse, denn – rückblickend – mag es wohl schwieriger für Anna gewesen sein, in diesem entrückten und allenfalls in Gestalt von Zigarettenqualm anwesenden Mann jemanden zu erkennen, mit dem man verheiratet ist. Als ihr mögliche Person war ich weitgehend unbekömmlich, weil nahezu ausschließlich vom Personal meiner Fiktion abhängig: ein koordinierendes Instrument, das eine Vielzahl von Schaltungen bedienen mußte, angeschlossen an mehrere, einander ins Wort fallende Bewußtseinsschichten; man nennt es: besessen.

Und dennoch muß ich während der gleichen Zeit kräftig gelebt, fürsorglich gekocht und aus Freude an Annas Tanzbeinen bei jeder sich bietenden Gelegenheit getanzt haben, denn im September 1957 – ich steckte inmitten der zweiten Niederschrift – wurden unsere Zwillingssöhne Franz und Raoul geboren. Kein Schreib-, nur ein finanzielles Problem. Schließlich lebten wir von genau eingeteilten 300,– DM im Monat, die ich wie nebenbei verdiente: Auf den alljährlichen Tagungen der Gruppe 47 verkaufte ich Zeichnungen und Lithografien; Höllerer kam ab und zu nach Paris und förderte, seiner Natur entsprechend, durch Aufträge und Manuskriptannahme; im fernen Stuttgart ließ Heißenbüttel meine unaufgeführten Theaterstücke als Hörspiele senden; doch im Jahr drauf, als ich schon an der letzten Fassung bosselte, bekam ich mit dem Preis der Gruppe 47 zum erstenmal dickes Geld in die Hand: runde 5000,– DM; davon kauften wir einen Plattenspieler, der heute noch Laut gibt und unserer Tochter Laura gehört.

Manchmal glaube ich, daß mich die bloße, doch Vater und Mutter grämende Tatsache, kein Abitur gemacht zu haben, geschützt hat. Denn mit Abitur hätte ich sicher Angebote bekommen, wäre ich Nachtprogrammredakteur geworden, hätte ich ein angefangenes Manuskript in der Schublade gehütet und als verhinderter Schriftsteller wachsenden Groll auf all jene gehortet, die auf freier Wildbahn so vor sich hin schrieben, und der himmlische Vater nährte sie doch.

Zwischendurch Gespräche mit Paul Celan; oder besser, war ich Publikum seiner Monologe. Zwischendurch Politik nahebei: Mendès-France und die Milch, Razzien im Algerierviertel – oder in Zeitungen verpackt: der polnische Oktober, Budapest, Adenauers absoluter Wahlsieg. Zwischendurch Löcher.

Die Arbeit an der Schlußfassung der Kapitel über die Verteidigung der Polnischen Post in Danzig machte im Frühjahr 1958 eine Reise nach Polen notwendig. Höllerer vermittelte, Andrzej Wirth schrieb die Einladung, und über Warschau reiste ich nach Gdańsk. Mutmaßend, daß es noch überlebende ehemalige Verteidiger der Polnischen Post gäbe, informierte ich mich im polnischen

Innenministerium, das ein Büro unterhielt, in dem Dokumente über deutsche Kriegsverbrechen in Polen gestapelt lagen. Man gab mir Adressen von drei ehemaligen polnischen Postbeamten (letzte Anschrift aus dem Jahr 49), sagte aber einschränkend, diese angeblich Überlebenden seien von der polnischen Postarbeitergewerkschaft (und auch sonst offiziell) nicht anerkannt worden, weil es im Herbst 1939 nach deutscher und polnischer Fassung öffentlich geheißen habe, alle seien erschossen worden: standrechtlich. Deshalb habe man auch alle Namen in die steinerne Gedenkplatte gehauen, und wer in Stein gehauen sei, lebe nicht mehr.

In Gdańsk suchte ich Danzig, fand auch zwei der ehemaligen polnischen Postbeamten, die mittlerweile auf der Werft Arbeit gefunden hatten, dort mehr als auf der Post verdienten und eigentlich zufrieden waren mit ihrem nicht anerkannten Zustand. Doch die Söhne wollten ihre Väter heldisch sehen und betrieben (erfolglos) deren Anerkennung: als Widerstandskämpfer. Von beiden Postbeamten (einer war Geldbriefträger gewesen) erhielt ich detaillierte Beschreibungen der Vorgänge in der Polnischen Post während der Verteidigung. Ihre Fluchtwege hätte ich nicht erfinden können.

In Gdańsk schritt ich Danziger Schulwege ab, sprach ich auf Friedhöfen mit anheimelnden Grabsteinen, saß ich (wie ich als Schüler gesessen hatte) im Lesesaal der Stadtbibliothek und durchblätterte Jahrgänge des ›Danziger Vorposten‹, roch ich Mottlau und Radaune. In Gdańsk war ich fremd und fand dennoch in Bruchstücken alles wieder: Badeanstalten, Waldwege, Backsteingotik und jene Mietskaserne im Labesweg, zwischen Max-Halbe-Platz und Neuem Markt; auch besuchte ich (auf Oskars Anraten) noch einmal die Herz-Jesu-Kirche: der stehengebliebene katholische Mief.

Und dann stand ich in der Wohnküche meiner kaschubischen Großtante Anna. Erst als ich ihr meinen Paß zeigte, glaubte sie mir: »Nu Ginterchen, biss abä groß jeworden.« Dort blieb ich einige Zeit und hörte zu. Ihr Sohn Franz, ehemals Angestellter der Polnischen Post, war nach der Kapitulation der Verteidiger tatsächlich erschossen worden. In Stein gehauen fand ich seinen Namen auf der Gedenkplatte, anerkannt.

Auf der Rückreise machte ich in Warschau die Bekanntschaft des heute in der Bundesrepublik namhaften Kritikers Marcel Reich-Ranicki. Freundlich wollte Ranicki von jenem jungen Mann, der sich als deutscher Schriftsteller ausgab, wissen, welcher Art und gesellschaftlichen Funktion sein Manuskript sei. Als ich ihm die ›Blechtrommel‹ in Kurzfassung erzählte (»Junge stellt dreijährig Wachstum ein...«), ließ er mich stehen und rief verstört Andrzej Wirth an, der unsere Bekanntschaft vermittelt hatte: »Paß auf! Das ist kein deutscher Schriftsteller. Das ist ein bulgarischer Agent.« – In Polen fiel es auch mir schwer, meine Identität zu beweisen.

Als ich im Frühjahr 1959 die Manuskriptarbeit beendet, die Druckfahnen korrigiert, den Umbruch verabschiedet hatte, erhielt ich ein viermonatiges Stipendium. Höllerer hatte mal wieder vermittelt. In die Vereinigten Staaten sollte ich reisen und vor Studenten ab und zu Fragen beantworten. Aber ich durfte nicht. Damals mußte man noch, um ein Visum zu bekommen, eine penible ärztliche Untersuchung durchlaufen. Das tat ich und erfuhr, daß sich an etlichen Stellen meiner Lunge Tuberkulome, knotenartige Gebilde, gezeigt hätten: Wenn Tuberkulome aufbrechen, machen sie Löcher.

Deshalb, auch weil in Frankreich inzwischen de Gaulle an die Macht gekommen war und ich nach einer Nacht in französischem Polizeigewahrsam geradezu Sehnsucht nach bundesdeutscher Polizei bekam, verließen wir, kurz nachdem die ›Blechtrommel‹ als Buch erschienen war (und mich verlassen hatte) Paris und siedelten uns wieder in Berlin an. Dort mußte ich mittags schlafen, auf Alkohol verzichten, mich regelmäßig untersuchen lassen, Sahne trinken und kleine weiße Tabletten, die, glaube ich, Neoteben hießen, dreimal täglich schlucken: was mich gesund und dick gemacht hat.

Doch noch in Paris hatte ich mit den Vorarbeiten für den Roman ›Hundejahre‹ begonnen, der anfangs ›Kartoffelschalen‹ hieß und nach falscher Konzeption begonnen wurde. Erst die Novelle ›Katz und Maus‹ zerschlug mir das kurzatmige Konzept. Doch dazumal war ich schon berühmt und mußte beim Schreiben nicht mehr die Heizung mit Koks füttern. Schreiben fällt schwerer seitdem.

Habe ich alles gesagt? – Mehr, als ich wollte. Habe ich Wichtiges verschwiegen? – Bestimmt. Kommt noch ein Nachtrag? – Nein.

Unverbesserlich undemokratisch

Berlin, am 12. Juni 1974

Lieber Herr Greinacher,

vielen Dank für Ihren Brief, der Fragen an mich richtet, die ich mir während der letzten Jahre oft genug gestellt habe und die mir übrigens auch von meinen Kinder gestellt wurden. Hat es einen Sinn und ist es zu verantworten – so lauten alle Fragen zusammengefaßt –, Mitglied einer Kirche zu bleiben, die sich schier unerträglich vom Auftrag der christlichen Botschaft entfernt hat, ja, schlimmer noch, nach wie vor der Botschaft zuwiderhandelt?

In etwa war ich wie Sie der Meinung, es könne die katholische Kirche auf längere Sicht durch ihre Mitglieder reformiert, an demokratisches Verhalten gewöhnt und endlich dem sozialen Auftrag der Bergpredigt verpflichtet werden. Lange, wie ich heute meine, zu lange Zeit habe ich mich von einem frommen Wunsch täuschen lassen. Obgleich ich es hätte wissen müssen, unterschätzte ich den hierarchischen Aufbau der katholischen Amtskirche und ließ ich mich durch die kritische Haltung einzelner Katholiken täuschen. Ähnlich wie sich viele Kommunisten und Sozialisten Ende der sechziger Jahre Hoffnung gemacht hatten, es könne der Stalinismus innerhalb des zentralistischen Kommunismus durch Reform von unten nach oben, etwa im Sinn des Prager Frühlings, verändert werden, so gab es Hoffnung auf einen ähnlichen Versuch innerhalb der katholischen Kirche. Beide Dogmen mit ihrem Anspruch auf ausschließlichen Besitz der Wahrheit sind vergleichbar organisiert, zeichnen sich durch vergleichbare Unduldsamkeit aus und halten ihre gläubigen Anhänger unmündig.

Ich gehe davon aus, daß die eine wie die andere Hoffnung getrogen hat, daß der eine wie der andere Versuch mißglückt ist: Der Kommunismus nach leninistisch-stalinistischem Ideologieverständnis und die katholische Kirche sind durch Reformen nicht zu verändern, weil jede Reform von der Basis her das eine wie das andere hierarchische Glaubensgebäude erschüttern würde; allenfalls wird (wie zum Hohn) die jeweilige Liturgie durch Erlaß von oben herab ein wenig modernisiert. Pyramiden lassen sich nicht demokratisieren, das heißt auf den Kopf stellen.

Mein Verhältnis zur christlichen Lehre war und bleibt an den ethischen Gehalt der verkündeten Nächstenliebe gebunden. Nächstenliebe jedoch schließt ausschließlichen Wahrheitsanspruch aus, fordert zur Toleranz auf und erkennt sich in anderen Religionen, in anderen Philosophien und auch in politischen Programmen wieder, die für die menschlichen Grundrechte und deren soziale Einlösung kämpfen.

Nach dem letzten Weltkrieg hatte ich gehofft, daß sich die katholische Kirche ihres Fehlverhaltens während der Herrschaft des Faschismus bewußt werden würde. Es gab Anzeichen dafür, kleine, alsbald verschüttete. Ob in Spanien, Portugal, in Südamerika, ob in Italien oder bei uns zulande, die katholische Kirche suchte abermals das Bündnis mit den Mächtigen; sie deckte nicht nur das soziale Unrecht, sie vergrößerte es. Dennoch haben Sie und viele andere Katholiken bis in die jüngste Zeit versucht, Ihrer Kirche kritisch zu helfen, ihr den Weg zur Reform offenzuhalten, und fast sah es so aus, als ginge die Zeit der unseligen Hirtenbriefe, des politischen Mißbrauchs des Wortes »christlich«, der einseitigen Parteinahme für politisch reaktionäre Kräfte ihrem Ende entgegen. Auch diese Hoffnung wurde zerschlagen, als notwendigerweise und endlich der § 218 des Strafgesetzbuches reformiert werden sollte. Pauschal wurden Politiker, die jahrelang nicht um eine perfekte Lösung – die es nicht geben kann –, sondern um eine bessere, also auch sozialere Regelung des bleibenden Problems Schwangerschaftsunterbrechung gerungen haben, von der katholischen Amtskirche diffamiert, in ihren Wahlkreisen in Verruf gebracht, unter Druck gesetzt.

Auch jetzt, nachdem der Bundestag mit absoluter Mehrheit die Reform des § 218 im Sinne der Fristenregelung demokratisch entschieden hat, hören die katholische Amtskirche und, durch sie ermuntert, die Unionsparteien nicht auf, die Mehrheitsentscheidung freigewählter Abgeordneter mit bösartigen Unterstellungen zu belasten.

Dieses Verhalten der katholischen Amtskirche konnte ich als Mitglied nicht mehr verantworten. Mein Austritt ist mir nicht leichtgefallen; wer als Katholik aufgewachsen ist, kennt die prägende Kraft der Kirche. Doch wird mich mein Entschluß nicht hindern, den sozialen Auftrag der christlichen Botschaft weiterhin ernst zu nehmen. Sie erinnern mich, lieber Herr Greinacher, an ein gemeinsames Gespräch mit Jungsozialisten, bei dem wir aus unserer Erfahrung geraten haben und mäßigend wirken wollten. Doch der Unterschied zwischen Jungsozialisten und ihrem kritischen Verhalten innerhalb der SPD und den Katholiken und ihrem kritischen Verhältnis zur katholischen Kirche ist fundamental: Die SPD erhebt keinen Anspruch, letzte und ausschließliche Wahrheit zu verkünden. Sie organisiert sich demokratisch von unten nach oben. Sie gibt ihren Mitgliedern die Möglichkeit, mitzuentscheiden, mitzuwirken. Ihre Vorsitzenden (wie auch die anderer demokratischer Parteien) müssen sich Wahlen stellen.

All das trifft auf die katholische Kirche nicht zu; sie ist unverbesserlich undemokratisch organisiert. Ich nehme an, daß Jesus von Nazareth, müßte er heute leben und wirken, eher als unbequemer Jungsozialist denn als unmündiges Mitglied innerhalb der katholischen Kirche seinen und unseren Konflikt austragen würde.

Freundliche Grüße

Ihr *Günter Grass*

Worüber ich schreibe

Über das Essen, den Nachgeschmack.
Nachträglich über Gäste, die ungeladen
oder ein knappes Jahrhundert zu spät kamen.
Über den Wunsch der Makrele nach gepreßter Zitrone.
Vor allen Fischen schreibe ich über den Butt.

Ich schreibe über den Überfluß.
Über das Fasten und warum es die Prasser erfunden
                                              haben.
Über den Nährwert der Rinden vom Tisch der Reichen.
Über das Fett und den Kot und das Salz und den
                                             Mangel.
Wie der Geist gallebitter
und der Bauch geisteskrank wurden,
werde ich – mitten im Hirseberg –
lehrreich beschreiben.

Ich schreibe über die Brust.
Über Ilsebill schwanger (die Sauregurkengier)
werde ich schreiben, solange das dauert.
Über den letzten Bissen geteilt,
die Stunde mit einem Freund
bei Brot, Käse, Nüssen und Wein.
(Wir sprachen gaumig über Gott und die Welt
und über das Fressen, das auch nur Angst ist.)

Ich schreibe über den Hunger, wie er beschrieben
und schriftlich verbreitet wurde.
Über Gewürze (als Vasco da Gama und ich

den Pfeffer billiger machten)
will ich unterwegs nach Kalkutta schreiben.

Fleisch: roh und gekocht,
lappt, fasert, schrumpft und zergeht.
Den täglichen Brei,
was sonst noch vorgekaut wurde: datierte Geschichte,
das Schlachten bei Tannenberg Wittstock Kolin,
was übrigbleibt, schreibe ich auf:
Knochen, Schlauben, Gekröse und Wurst.

Über den Ekel vor vollem Teller,
über den guten Geschmack,
über die Milch (wie sie glumsig wird),
über die Rübe, den Kohl, den Sieg der Kartoffel
schreibe ich morgen
oder nachdem die Reste von gestern
versteinert von heute sind.

Worüber ich schreibe: über das Ei.
Kummer und Speck, verzehrende Liebe, Nagel und Strick,
Streit um das Haar und das Wort in der Suppe zuviel.
Tiefkühltruhen, wie ihnen geschah,
als Strom nicht mehr kam.
Über uns alle am leergegessenen Tisch
werde ich schreiben;
auch über dich und mich und die Gräte im Hals.

Bin ich nun Schreiber oder Zeichner?

Als ich kürzlich eine Erzählung schrieb, in deren Verlauf sich gegen Ende des Dreißigjährigen Krieges zwei Dutzend barocke Schriftsteller versammeln, um einander aus ihren Manuskripten vorzulesen, suchte ich nach einem Ausdruck ihrer verzweifelten Lage, fand ihn zuerst im Bild – eine aus Steingeröll ragende, noch immer die Schreibfeder führende Hand –, bevor ich ihn in Worte fassen und meiner Erzählung einfügen konnte. Das gezeichnete Bild, eine Radierung, wurde zum Buchumschlag. Die geschriebene Metapher findet sich beiläufig im erzählenden Text. Auf zweierlei Weise versuchte ich, die barocke Tradition der Emblematik aufzunehmen. Wenn der zeichnerische Einfall voranging, löste der Schreibprozeß zeichnerische Varianten aus. Beide Disziplinen befruchteten einander zwittrig. Der Gegensatz zwischen Zeichnen und Schreiben hob sich bei der Gestaltung einer Bildvorstellung auf, die, ins Wort gesetzt, zeichenhaft wirkt, die, als Zeichen, wörtlich zu nehmen ist.

Nicht nur, weil Schrift und zeichnerische Linie gleichermaßen grafisch sind, sondern auch aus Gründen der Bildhaftigkeit stehen Zeichnen und Schreiben zueinander in Wechselbeziehung: In Praxis überschreitet die zeichenhafte Vorstellung die Grenzen künstlerischer Gattungsbestimmung, so irritierend verschieden jeweils das Handwerk und seine Materialien sind.

Vielleicht sind es die Ursprünge der Kunst, von der Bildersprache zur Bilderschrift, die daran erinnern, daß unsere klassische Einteilung und Abgrenzung der Künste jüngeren Datums und einzig vom akademischen Zwang geleitet ist. Deshalb sind mir Publikumsfragen wie »Sind Sie nun zuallererst Schriftsteller oder Grafiker?« so verständlich wie lächerlich. Meine Antwort kann deshalb nur spielerisch, das heißt abseits vom ernsthaften »Entweder-oder« ihre Widersprüche entwickeln.

Ich zeichne immer, auch wenn ich nicht zeichne, weil ich gerade schreibe oder konzentriert nichts tue. Und auch beim Zeichnen schreiben sich Sätze fort, die angefangen auf anderem Papier stehen. Das Schreiben hebt raffend oder verschleppend die Zeit auf. Beim Zeichnen findet sich der knappere Ausdruck. Lange bevor ich siebenhundert Seiten lang das Märchen vom Butt als Roman schrieb, habe ich den großen Plattfisch mit dem Pinsel, mit der Rohrfeder, mit spröder Kohle und mit weichem Blei gezeichnet. Und als dann der Butt als sprechender Fisch zu Wort kam und die ersten Kapitel in Entwürfen den Stoff einkreisten, als die chronologische Zeitfolge aufgehoben und in erzählte Zeit umgesetzt wurde, entstanden Radierungen in verschiedener Technik (Ätzung, Kaltnadel), die jeweils, ohne Illustration zu sein, der Thematik des epischen Stoffes zugehörten oder sie bis in jene Bereiche erweiterten, die der erzählenden Prosa unzugänglich und nur der Lyrik offen sind.

Gedichte und Grafiken entwickeln sich, stehen zueinander in Wechselbeziehung. Oft sind die Grafiken gezeichnete Gedichte; und viele Gedichte umschreiben Konturen, stufen Grautöne ab. Wie der lyrische Vers Distanzen kürzt und dehnt oder der kurzen Erhellung Dauer sichert, so hält die Zeichnung kaum merkliche Überschneidungen fest: Mit gleichmütiger Linie hebt sie Fremdheiten auf, sie bettet Gegensätzliches unter einer Schraffur, sie widerlegt – wie das Gedicht – die Gewohnheit, sie macht das Niegehörte sichtbar.

Die Konfrontation des Gegenständlichen ist mein Thema. Auf Stangen gespießt sind sich der Fischkopf und der alte Schuh feindselig verwandt. Das Märchenmotiv: Ilsebill küßt den Fisch – führt grafisch zur Anverwandlung der Physiognomie. Für den Zyklus ›Liebe geprüft‹ entstanden Gedichte und Radierungen gleichzeitig und lösten andernorts Prosakapitel aus, die ihrerseits der Grafik als Prüfstein bedurften. Sie ist genauer. Sie läßt sich nicht durch Wortklang verführen. Mehr als die eindeutige Linie ist der Vers durch das Geschwätz beliebiger Deutungen gefährdet. Erst ins grafische Bild übersetzt beweist die Wortmetapher, ob sie Bestand hat.

Seht, sagt die Zeichnung, wie wenige Wörter ich brauche; hört, sagt das Gedicht, was zwischen den Linien ist. Und weil sich bei mir im Schreiben das Zeichnen fortsetzt, weil aus der zeichnerischen Struktur epische Perioden als Satzgefälle abzuleiten sind, hat mich die Frage »Bist du nun Schreiber oder Zeichner zuallererst?« nie kümmern können. Wörtlich oder zeichnerisch genommen: Es sind die Grauwerte, die unsere Wirklichkeiten tönen, stufen, eintrüben, transparent machen. Weiß ist nur das Papier. Es muß befleckt, mit harter oder brüchiger Kontur belebt oder mit Wörtern besiedelt werden, die die Wahrheit immer neu und jedesmal anders erzählen. Ein schreibender Zeichner ist jemand, der die Tinte nicht wechselt.

Kein Schlußwort

Wer heimkehrt, findet sich vor. Als ich von einer Asienreise heimkehrte, standen neben dem chinesischen Staatsbesuch und der Angst vor dem Aussterben der Deutschen Bahros Umzug von Ost nach West, die allabendliche Fernsehteilnahme am Völkermord in Kambodscha, weiterhin die neue Straußsche Faustformel »Sozialismus gleich Nationalsozialismus« und auch die Nachwehen der Frankfurter Buchmesse auf der Tagesordnung. Nachdem es während dreißig Jahren, also solange der eine deutsche Staat neben dem anderen besteht, immer wieder vordringlich gewesen war, die NS-Vergangenheit des Adenauer-Staatssekretärs Globke, des Bundeskanzlers Kiesinger, des Ministerpräsidenten Filbinger und des derzeitigen Bundespräsidenten Carstens aus verstaubten, verlegten, plötzlich einsehbaren Akten zu ziehen, war nun in der gutsituierten Wochenzeitung ›Die Zeit‹, unter der gar nicht vornehmen Überschrift ›Wir werden weiterdichten, wenn alles in Scherben fällt‹, ein langer Aufsatz, modisch »Dossier« genannt, erschienen, der den Beginn der deutschen Nachkriegsliteratur bis in die Anfänge der Nazizeit vordatierte und das Jahr 1945 als Stunde Null und keuschen Neubeginn bestritt.

Der Autor des Aufsatzes, Fritz J. Raddatz, der auch sonst seine Seiltänze mit Vorliebe ohne Netz demonstriert, erregte im Feuilleton der Tageszeitung ›Frankfurter Allgemeine‹ den Zorn des Literaturkritikers Marcel Reich-Ranicki. Seine Replik stand unter der Überschrift: ›Verleumdung statt Aufklärung‹. Die Keuschheit der Nachkriegsliteratur und besonders jener Autoren sollte unbestritten bleiben, die während der Zeit des Dritten Reiches Deutschland nicht verlassen, sondern zu Hause (und zwar politisch tendenzfrei) weitergedichtet und ihre Werke in jenem Freigehege veröffentlicht haben, das ihnen, den harmlosen Schöngeistern, von den Nazis eingeräumt war. Weil Raddatz' Beweisführung mit einigen offenbar nur halbgenauen, also ungenauen Hinweisen gespickt war, die die mehr oder weniger große Nähe einiger Autoren und Verleger zu NS-Institutionen belegen sollten, ließ Ranicki das eigentliche Thema außer acht und nahm nur die Blöße wahr, die sich Raddatz gegeben hatte.

Denunziant nannte er ihn: Er vernichtete einen Feind. Er tat, was er Raddatz vorwarf und jener nicht einmal im ungenauen Ansatz versucht hatte. Die Verletzung eines Tabus (zur Schande der Literatur: immer noch Tabus) wurde und wird nach entsprechenden Riten geahndet; denn nach einem seitenlangen Intermezzo in einer der folgenden Ausgaben der ›Zeit‹ sprach nun, wie von erhöhtem Podest, der PEN-Präsident Walter Jens das vernichtende Schlußwort. Die Austreibung des Kritikers Raddatz steht bevor. Kann er sich noch irgendwo sehen lassen? Ich habe vor, kein Schlußwort, sondern betroffen in eigener Sache zu schreiben.

Sobald sich die Deutschen – Täter wie Opfer, Ankläger und Beschuldigte, die Schuldigen und auch die nachgeborenen Unschuldigen – in ihre Vergangenheit verbeißen, nehmen sie eingefleischte Freund-Feind-Positionen ein, wollen sie so blindlings wie leidenschaftlich recht behalten, recht bekommen, machen sie – im Irrtum noch – deutsche Vergangenheit gegenwärtig, ist die Wunde wieder offen, wird die Zeit, die verstrichene, glättende Zeit aufgehoben.

Ich will mich nicht ausnehmen. Als hätte ich mein deutsches Bewältigungsgepäck mit nach Asien, bis hin nach

Peking verschleppt, fragte ich meine chinesischen Schriftstellerkollegen, wie man denn mit jenen Schriftstellern verfahre, die sich zwölf Jahre lang der Kulturrevolution, der »Viererbande« verschrieben hätten? Man sagte mir in landesüblich umschreibender Weise: Während der schlimmen Jahre sei Literatur insgesamt, die klassische und die gegenwärtige, verboten gewesen. Schreibverbot habe geherrscht. Nur ein einziger Theaterautor habe, als Günstling der Viererbande, mit seinen acht Stücken das vorher leergefegte Programm der Pekingoper gefüllt. Ja, der sei noch immer Mitglied des Schriftstellerverbandes und werde es auch bleiben. Mittlerweile habe er ein neuntes Stück geschrieben. Auch das sei dramaturgisch wirkungsvoll. Man diskutiere mit ihm.

Wir hätten wohl in beiden deutschen Staaten den Ausschluß aus dem Schriftstellerverband gefordert: mit schlagenden Argumenten. (Man wolle nicht, wurde mir höflich versichert, die Fehler der Viererbande wiederholen.) Welche und wessen Fehler wiederholen wir?

Ich verehre Eich und Huchel, so fern mir die Hörspiele des einen, so fremd mir die Gedichte des anderen sind. Von Koeppen habe ich gelernt, was man von Döblin lernen kann. Erich Kästners Trauer, die viel bleigewichtiges Wissen einschloß, ist mir gegenwärtig geblieben. Ich weiß nicht, was die Genannten überleben ließ. Ich kann ihr Verhalten während der Nazizeit (weiterschreiben, publizieren) nicht messen, doch nehme ich an, daß jeder für sich, und Eich und Huchel im Streit miteinander, ihr Verhalten am Schicksal jener Schriftsteller gemessen haben, die Deutschland verlassen mußten, die in den Selbstmord getrieben wurden, die man erschlagen hat. Oder sie haben sich späterhin messen müssen an jenen Autoren, die gleichfalls geblieben waren und überlebten, doch ohne zu publizieren, ohne das Freigehege zu nutzen:

Alfred Andersch, Heinrich Böll, Hans Werner Richter, Arno Schmidt.

Ich will nicht urteilen. Ein fragwürdiger Glücksfall, mein Jahrgang 1927, verbietet mir letzte, den Stab brechende Worte. Ich war zu jung, um ernsthaft geprüft werden zu können. Und doch hängt es mir an: Als Dreizehnjähriger habe ich mich an einem Erzählwettbewerb der Hitlerjugendzeitschrift ›Hilf mit!‹ beteiligt. Ich schrieb schon früh notwendig und war auf Anerkennung versessen. Doch weil ich, offenbar die Adresse fehleinschätzend, etwas Melodramatisches über die heroisch gegen Brandenburg und Polen kämpfenden Kaschuben geschrieben und als Fragment eingeschickt hatte, war der Glücksfall gesichert, keinen Hitlerjugend-, keinen ›Hilf mit!‹-Preis zu bekommen. Also bin ich fein raus. Doch könnte ich mich vordatieren, könnte meine Biographie zehn Jahre früher beginnen lassen. Was sind schon zehn Jahre! Meine Vorstellung schafft das.

Ich, Jahrgang siebzehn. 1933 wäre ich sechzehn und nicht sechs Jahre alt, bei Kriegsbeginn zweiundzwanzig und nicht zwölf Jahre alt gewesen. Da sogleich wehrpflichtig, hätte ich, wie die meisten dieses Jahrgangs, kaum den Krieg überlebt. Doch abgesehen von dieser Wahrscheinlichkeit, spricht nichts (oder nur Gewünschtes) gegen meine zielstrebige Entwicklung zum überzeugten Nationalsozialisten. Von kleinbürgerlicher, die halbkaschubische Herkunft verdrängender Familie, deutsch-idealistisch erzogen, hätte ich mich für großräumige Ziele begeistern und mir subjektives Unrecht als objektives Recht erklären lassen. Mit meiner Mitgift, dem rigorosen Schreibtalent, wäre mir zu den Ereignissen der Bewegung (Machtergreifung, Erntedankfest, Führers Geburtstag usw.) und später zum Kriegsverlauf Gereimtes und Hymnisches eingefallen, zumal die Poetik der Hitlerjugend (siehe Anacker,

Schirach, Baumann, Menzel) spätexpressionistische Wortballungen und gestische Metaphern erlaubte. Oder es hätte mich, dank der Anstöße feinsinniger Lehrer, naturbeflissene Innerlichkeit lammfromm gemacht und auf Carossas oder, noch stiller, auf Wilhelm Lehmanns Spuren geleitet. In beiden Fällen hätte ich, wie ich mich einschätzen muß, vom Atlantikwall, vom Oslofjord aus, von mythenbewohnter kretischer Küste oder (meiner hafenstädtischen Schülerneigung kriegsfreiwillig entsprechend) als U-Bootfahrer einen Verleger gesucht und gefunden. Wahrscheinlich wäre mir ab Stalingrad – jetzt sechsundzwanzig Jahre alt – ein trostloses Lichtlein aufgegangen. Verwikkelt womöglich in Partisanenerschießungen, Vergeltungsschläge, als Augenzeuge unübersehbarer Judendeportationen hätte ich meiner spätexpressionistischen Reimkunst oder meiner verinnerlichten Beschwörung der Schachtelhalme neue Töne, ortlose Trauer, verzweifelte Wortwahl, Dunkles, Vieldeutiges beigemengt. Und in dieser Stillage, die vierundvierzig noch einen Verleger gefunden hätte, hätte ich (soldatisches Überleben vorausgesetzt) zwanglos die Kapitulation, die angebliche Stunde Null überbrücken und mich der neuen, kargen, kalorienarmen, der pazifistischen bis antifaschistischen Inhalte annehmen können; wie es geschehen ist laut tausend und mehr Biographien.

Ein einziger, soweit mir bekannt, Wolfgang Weyrauch, hat die Offenheit gewagt, sich zu solch einer Biographie zu bekennen. Ich datiere mich, die schlimmeren Varianten auslassend, um zehn Jahre zurück und hole es hiermit versuchsweise nach. Ja, es stimmt. Raddatz hat recht. Auch dort, wo er irrt im Detail oder sich moralisierend verrennt. Kein Zusammenbruch fand statt. Keine Stunde Null schlug uns. Fließend waren die Übergänge. Das große, bis heute anhaltende Entsetzen über das Ausmaß der geduldeten, direkt oder indirekt geförderten, in jedem Fall mitzuverantwortenden Verbrechen kam erst später, mehrere Jahre nach der angeblichen Stunde Null, als es schon wieder aufwärtsging. Und dieses Entsetzen wird bleiben.

Wie sagt man unter gebrannten Brüdern? Ein heißes Eisen. Fritz J. Raddatz hat es angefaßt. Das ehrt ihn. Wie wollen wir uns vor vergleichbarer Flucht in die »innere Emigration« – bei schon vorhandener Bereitschaft zu bundesdeutscher Ausgewogenheit – schützen, wenn Franz Josef Strauß (was er nicht wird) mit seinem Machtwillen über uns kommen sollte? Und welcher Demokratiebegriff soll in den Schulen vermittelt werden, wenn die honorige Anpassung (nichts dafür, nichts dagegen sagen) im Rückblick als stubenrein gilt? Gegen Raddatz und seine These gerichtet, meint Frau Dönhoff, als Mitherausgeberin der Wochenzeitung ›Die Zeit‹: In totalitären Zeiten sei »das lyrische Gedicht«, seien Furtwänglers Symphoniekonzerte »als Botschaft und Auftrag« empfunden worden. Die Kunst als Lebens-, als Überlebenshilfe. Doch wer alles ist aus Buchverlagen und Symphonieorchestern herausgesäubert worden, bis nur noch »gänzlich unpolitische Gedichte von Reinhold Schneider« und der erhabene Taktstock des Herrn Furtwängler den durch inneren Widerstand versteinerten Herren und Damen Trost spenden und zu zeitlosen Gefühlen in barbarischer Zeit verhelfen konnten?

Man muß Beethoven gegen dieses Nützlichkeitsverständnis in Schutz nehmen. Haben wir unsere Lektion immer noch nicht begriffen? Oder soll nur, was ich vermute, der unbequeme Raddatz fertiggemacht werden? Weil der Kerl immerzu heiße Eisen anfaßt, ohne Netz auf dem Seil tanzt, über Brückner und Peter Paul Zahl schreibt und – mitverantwortlich an Filbingers Sturz – noch immer nicht einsehen will, daß ausgerechnet Carstens Bundespräsident werden mußte? Summiert sich so die stolze Abrechnung? Sind solche Themen nicht mehr ›Zeit‹-gemäß? Will man den Kerl in die Wüste oder nach China schicken, wo ich grad herkomme?

Otto Pankok

Berlin, am 27. Oktober 1981
Lieber Rainer Herrmann,
vielen Dank für Ihren Brief. Es stimmt, daß ich von Ende 1951 bis Ende 52, insgesamt etwa zweieinhalb Semester lang, Schüler von Otto Pankok gewesen bin.

Meine Ausbildung begann in Düsseldorf an der Kunstakademie als Bildhauer bei Professor Sepp Mages, einem Mann, der mir handwerklich sehr viel vermittelt hat, doch mit zunehmendem Drang nach künstlerischer Eigenständigkeit kam es auch zu Spannungen zwischen Mages und mir; deshalb wechselte ich zu Otto Pankok, dessen Schüler damals eine Ansammlung begabter und verrückter, schräger und bunter Vögel gewesen sind. Unter anderem arbeitete ich mit Franz Witte in einem Atelier, einem der begabtesten unter den jungen Düsseldorfer Malern, der leider später – labil, wie er war – dem Scheinglanz der Düsseldorfer Altstadt und den Verführungen einer Pseudo-Bohème erlegen ist. Als er vierzigjährig starb, war Franz Witte nur noch ein Schatten seiner selbst.

Damals jedoch, in den beginnenden fünfziger Jahren, waren wir alle unvorstellbar fleißig und kreativ. Es galt, viel nachzuholen; alles, was meiner Generation während der Zeit des Nationalsozialismus vorenthalten worden war, mußte neugierig erobert, aufgesogen, verarbeitet, hier epigonal, dort mit Ansätzen von Selbständigkeit in eigenes Tun umgesetzt werden.

Das konnte man unter Otto Pankoks mal brummiger, mal lässiger, insgesamt unakademischer Anleitung ungehemmt tun. Eigentlich bekamen wir ihn selten zu Gesicht, weil ihn seine eigene Arbeit – ich erinnere großformatige Kohlezeichnungen zumeist mit Zigeunermotiven – in seinem Atelier festhielt. Im Gegensatz zu meinem ersten Lehrer, Sepp Mages, dessen Formsprache, wie unberührt vom Zeitgeschehen, klassizistisch geblieben war, vermittelte Otto Pankok seinen individuellen Spätexpressionismus. Das Gegensätzliche dieser beiden Künstler, die übrigens miteinander befreundet waren, hat mich später gereizt, beide auf satirische Art und Weise in meinem Roman ›Die Blechtrommel‹ zu portraitieren. (Zu finden im dritten Teil, das Kapitel ›Madonna 49‹.)

Anfang 1953 habe ich dann abermals den Lehrer gewechselt, indem ich das Wirtschaftswunder in Düsseldorf hinter mir ließ, nach Berlin ging und dort an der Hochschule für Bildende Künste Schüler von Karl Hartung wurde.

Ich freue mich zu hören, daß nun in Mülheim eine Schule nach Otto Pankok benannt worden ist, und hoffe, daß sich viel von seinem unabhängigen Geist, von seinem sozialen Engagement und seinem politischen Mut den Schülern der Otto-Pankok-Schule vermitteln möge.

Freundlich grüßt Sie

Ihr *Günter Grass*

P. S.: Selbstverständlich können Sie meinen Brief in Ihrer Schülerzeitung abdrucken.

Einsicht ist nicht immer gerade eine christliche Tugend gewesen

ROBERT STAUFFER: Günter Grass, Sie wurden 1927 in Danzig geboren und sind in einem kleinbürgerlichen Milieu mit ländlichem Hintergrund aufgewachsen. Nach der Lektüre Ihrer Romane, Gedichte, Theaterstücke, politischen Reden und Aufsätze habe ich den Eindruck, daß Sie in Ihrem bisherigen Leben und Ihren Arbeiten von den ethischen Entwürfen des Christentums zwar geprägt sind, daß Sie aber zumindest drei Positionen dazu in Ihrer Entwicklung eingenommen haben: die Position des zuerst gläubigen Günter Grass auf der Basis seiner Herkunft, die Position des Kritikers Günter Grass, der vor allem kennenzulernen ist in den Romanpassagen, wo er kritisch mit Christen, mit dem Christentum und mit christlichen Kirchen umgeht, und dann die Position des Günter Grass, der zum Beispiel seinen eigenen Kindern die Nichtexistenz Gottes nicht beweisen kann, dessen Kinder ihm aber auch nicht die Existenz Gottes beweisen können. – Reden wir einmal über den gläubigen Günter Grass, das heißt über Ihre Kindheit.

GÜNTER GRASS: Meine Mutter war katholisch, mein Vater Protestant lutherischer Kirche. Also eine Mischehe, wie man im Kirchengebrauch sagt. Wobei sich natürlich jeweils der stärkere Teil – und das ist der katholische Teil – durchzusetzen pflegte. So war es auch bei uns zu Hause. Eine katholische Erziehung, aber auf lässige Art und Weise, weil durch das Mischverhältnis eine Toleranz von vornherein geboten war, auch im Umgang mit meinem Vater. Und so fiel es mir nicht schwer, gläubig katholisch zu sein und gleichzeitig auch meiner Veranlagung, meinen Träumen, meinen Verstiegenheiten entsprechend, das im Katholizismus zu suchen und auch zum Teil zu finden, was mir heute noch eine gewisse Bedeutung vermittelt: ein optischer, ein akustischer, ein riechbarer Reiz, etwas Heidnisches, das sich – im Gegensatz zur protestantischen Kirche – dort gehalten hat, mit polnischem Hintergrundsland. Meine Mutter kam aus einer kaschubischen Familie, und da spielte das eine große Rolle.

R. S.: Auf dem Hintergrund von Beobachtungen und Erfahrungen, die ich machen konnte, daß man als Katholik in eine wirkliche Dressur wie in eine Spanische Reitschule von Katholizismus kommen kann – wenn man etwa in eine Klosterschule geschickt wird oder wenn die Kirche wirklich gerade hinterm Haus steht und man vielleicht eine ganz bigotte Mutter hat oder bigotte Tanten, frage ich Sie: Haben Sie das erlebt, daß man bis zum Ersticken, bis fast zum Erwürgen so besetzt werden kann mit Katholizismus? Konnten Sie so etwas beobachten? Es gibt ja in Ihren Büchern öfters auch Passagen, wo solche Menschen vorkommen. Man denkt, die sind einfach bandagiert worden mit Weihrauch und mit allen Salben, die die Kirche verteilen kann. Wie war das bei Ihnen?

G. G.: Also ich habe es nicht erlebt, weil ich – wie gesagt – aus einer konfessionellen Mischehe komme. Ich kannte es von Klassenkameraden und aus der Umgebung, in der eben eine bigotte Mutter oder ein bigotter Vater oder die gesamte Familientradition so war, daß diese Jungs dann bis zum Schweißausbruch vor der Beichte gelitten haben. Das habe ich nicht für mich kennengelernt. Auch meine Mutter war als Katholikin im Um-

gang mit der Religion und in der Art, wie sie es praktizierte, eher lässig und hat keinen Fanatismus in die Sache hineingebracht. Bekannt war es mir, und diese Erfahrungen, die ich so mitbekommen habe, die sind dann sicher auch später für mich wichtig gewesen beim Darstellen dieses katholischen Miefs oder Milieus mit all den Verkrampfungen und Zwängen, die in den einzelnen Familien oder in ganzen Glaubensgemeinschaften ausgeübt werden.
Aber durch Interesse an Geschichte und auch an Religionsgeschichte sind dann die Zweifel gekommen. Mit Fragen, die der Religionslehrer entweder nicht beantworten wollte oder sie barsch zurückwies, auch mit einem immer größeren kritischen Blick auf eine heuchlerische Umwelt, so daß dann ab dem vierzehnten Lebensjahr an gläubiger Substanz so gut wie nichts mehr dagewesen ist.
R. S.: Als Deutschpole in Danzig – Sie haben es selbst erwähnt – gab es von Ihrer mütterlichen Seite her also auch diese typische polnische Ausprägung des Katholizismus, eine Form, die etwa, auf die Spitze formuliert, die ist, daß man sagt, Maria, Muttergottes, ist die Königin Polens, also ein marianischer Kult. Und dieser Kult kann besonders für Männer sehr prägend sein. Man sieht das auch etwa bei den Italienern, daß ein sonderbares Verhalten zwischen der religiös gedachten Frau und der irdischen Frau entsteht, fast eine schizophrene Haltung.
Wenn man nun Ihr Werk studiert, Ihre Romane ab der ›Blechtrommel‹ bis zum ›Butt‹, kann man sehen, daß in dem Konfliktfeld, unabhängig von den ernährungsproblematischen oder ernährungstechnischen Anliegen und Absichten und den allgemein emanzipatorischen Intentionen, die Sie haben, eine gespannte Situation ist

zwischen der groß und ideal auf dem Podest gedachten Frau, also sagen wir, der Maria, der Muttergottes, und der irdischen Frau mit normal zwei Brüsten, bis zum Wunsch, mehrere Brüste zu haben, mehrfache Mutter zu sein. Würden Sie das heute, im Überblick, lokalisieren können auf Stimmung und Herkunft des deutsch-polnischen Katholizismus Ihrer Jugend? Sind solche Elemente, solche Antagonismen, in Sie eingebracht worden durch die Erziehung?

G. G.: Also die Position, die der Joachim Mahlke in ›Katz und Maus‹ einnimmt, in einem Alter von vierzehn, fünfzehn Jahren, lautet: »Natürlich glaube ich nicht an Gott... Die einzige, an die ich glaube, ist die Jungfrau Maria.« Das ist in etwa auch meine Position zwischen dem dreizehnten und vierzehnten Lebensjahr gewesen, im Umbruch: Der Glaube an Gott ist schon weg, hat sich abstrakt verflüchtigt, aber es bleibt diese Bindung an die Jungfrau Maria, dieses sinnliche, übertragbare Moment, vielleicht auch gerade für Jungs mildernde Element, das im Umgang mit der Jungfrau zu suchen und vielleicht auch zu finden war. Gläubig oder als Onaniervorlage, ambivalent in jeder Beziehung, aber doch vorhanden.

Ich glaube, daß das junge Katholiken besonders dort natürlich stark prägt, wo Maria eine große Rolle spielt. Das ist in Polen sicher der Fall und in Italien auch. Und es trägt sicher auch dazu bei, daß innerhalb des Katholizismus die männliche Position nicht so dominant ist wie in der protestantischen Religion. Das ist ja eine reine Männerreligion, sehr auf Gottvater ausgerichtet, und ihr fehlt dieses mildernde, dieses schillernde, dieses erotische Moment völlig, oder es ist völlig verlorengegangen. Bei Luther ist es noch da, aber später verschwindet das im Protestantismus, wird trocken und abstrakt.

Im übrigen ist es in der katholischen Kirche auch auf dem Weg dazu. Die dümmste Reform, die man hat machen können, war die, diese humane, für den einzelnen armen Sünder nachvollziehbare und miterlebbare Welt, die der Maria, auch zu säkularisieren oder sie zu nivellieren. Das ist ein falscher Schritt der Reform gewesen, in die falsche Richtung, nicht einmal gewollt in Richtung Protestantismus, aber darauf läuft es hinaus. Während die eigentlichen Reformen im sozialen Bereich natürlich ausgespart geblieben sind.

R. S.: Wann ungefähr sahen Sie das sonderbare Amalgam, das die Kirchen mit den Faschisten eingegangen sind, kritisch? Wann sahen Sie, daß da sehr viel unter den Teppich gekehrt wurde? Es war wohl heftiger zwischen Protestantismus und den Nazileuten als dem Katholizismus. Aber dennoch gab es da zum Beispiel Eugenio Pacelli, der auch seine Finger im Spiel hatte, noch als hoher geistlicher Würdenträger in Deutschland.

G. G.: Aufgewachsen bin ich unter anderem in einer Kirche, in der es jeweils auch das »Gebet für den Führer« gab, nicht nur für die Soldaten an den Fronten, sondern auch für den Führer. Es gab keine Fürbitte für Verfolgte, das wurde nicht gesagt. Ich kann auch nicht sagen, daß ich das vermißt habe, weil mir das täglich stattfindende Unrecht und das täglich praktizierte Verbrechen ja nicht bewußt waren in dem Ausmaß. Aber die katholische Kirche in Polen ist mitverfolgt worden. Und wenn wir heute erleben, daß eigentlich eine Arbeiterbewegung wie Solidarność Akzente gesetzt hat, Geschichte verschoben hat, das nach wie vor machtpolitisch intakte System des praktizierten Kommunismus in Frage gestellt hat und weiterhin in Frage stellen wird, und dann sieht, wie in einer Bewegung, die eigentlich, was die Streikbewegung und die Spontaneität in der

Bewegung betrifft, wie von Rosa Luxemburg hätte erfunden sein können, dennoch eine andere Frau noch neben Rosa Luxemburg zur Komponente hat, nämlich die Jungfrau Maria, so ist das nur möglich in einem Land, in dem die katholische Kirche in Notzeiten immer auf seiten des Volkes gewesen ist, in der Geschichte immer mit zu den Verfolgten gehört hat, bis in unser Jahrhundert und bis in unsere Tage hinein.

Und ich glaube, das ist ein großer Unterschied zur katholischen Kirche zum Beispiel in Deutschland, die, genau wie die lutherische Kirche, immer auf seiten der Mächtigen gewesen ist. Das hat man in Polen nicht erlebt, und deswegen gibt es auch dort volle Kirchen. Ich glaube auch, daß dort Menschen hingehen, die – wie Mahlke in ›Katz und Maus‹ – nicht an Gott glauben, aber wohl an die Jungfrau Maria nach wie vor glauben und dadurch auch noch die Möglichkeit des Kirchganges für sich beanspruchen und für sich als Lebensform praktizieren können.

R. S.: Ich möchte aber nochmals auf Ihre katholische Herkunft zurückkommen.

G. G.: Nach dem Krieg, da war ich siebzehn Jahre alt, nun konfrontiert mit dem Ausmaß der deutschen Verbrechen und dann, über Jahre hinweg, doch damit befaßt, was viele in meiner Generation für sich leisten mußten, die Frage nach den Gründen: Wie konnte es zu diesen Verbrechen kommen? Wo waren die Gegenkräfte? Hat es überhaupt Gegenkräfte gegeben? Und da taucht dann wieder die Kirche auf – und das Versagen der Kirche.

Es ist einmal das Versagen der Kirche und das im Grunde bis heute nicht verstandene Eingeständnis dieses Versagens, das mein Verhältnis insbesondere zur katholischen Kirche geprägt hat. Natürlich abgesehen von den Ausnahmen von einzelnen katholischen Priestern, auch höheren Würdenträgern, die sich zu einem relativ frühen Zeitpunkt gegen den Nationalsozialismus geäußert haben, ist doch die Haltung der katholischen Kirche eine gewesen – jedenfalls, was den deutschen Bereich betrifft –, die mitschuldig macht an den Verbrechen. Das ist der zweite Standpunkt, und davon schwingt natürlich viel in meinen Büchern mit.

R. S.: Sie haben 1970 gesagt, Sie wären noch Mitglied der katholischen Kirche, zwar kein praktizierender Christ, und Sie wüßten nicht, wie lange Sie die Zerreißprobe mit der katholischen Kirche noch aushalten würden. Damals war ja auch der Paragraph 218 im Gespräch. Wenn man von der Kirche wünschen würde, sie wäre mit dem Volk, sie wäre auch eine Kirche »von unten«, weil es Nöte gibt beim Volk, dann hätte die Kirche mit dem Volk, von unten, für diese Not sein müssen und hätte es vernünftig einsehen sollen, zumindest der deutsche Katholizismus. Wer hat nun bei dieser Zerreißprobe den größeren Bettlakenzipfel in der Hand behalten – Sie oder die katholische Kirche?

G. G.: Ich bin 1974 aus der katholischen Kirche ausgetreten. Das war das Ende der Zerreißprobe, und der Zusammenhang war mit der Diskussion des Paragraphen 218. Die Art und Weise, wie die politischen Gruppierungen, die für eine Reform waren, diffamiert worden sind von der katholischen Kirche, wie man die Frechheit besessen hat, trotz des Verhaltens der katholischen Kirche zur Zeit des Nationalsozialismus, nun die Sozialdemokraten und die Liberalen in den Geruch zu bringen, sie seien für Euthanasie, wie man die Menschen, die von einer Reform des Paragraphen 218 Hilfe erwartet haben, im Stich gelassen hat, indem man sie in der Provinz unter Druck gesetzt hat, Ärzte unter Druck gesetzt hat,

eigentlich reine Obstruktion auch gegen Staat und staatliche Gesetze zu machen: Das hat mich abgestoßen.
Und es kommt ja nun auch eines hinzu: Ich finde es schon skandalös, wie Männer, katholische Priester, vom Papst bis in die unteren Gliederungen, die eigentlich wenig Ahnung vom Kinderempfangen und Kinderbekommen und vom Kinder-durch-die-Welt-Bringen haben, sich ein so starres Urteil bis heute erlauben in einer Welt, die unter Überbevölkerung ächzt – die Zahl der Hungernden und Verhungernden wächst –, und dennoch keine Konsequenz daraus ziehen; selbst wenn man sich hier in Europa dazu durchringt zu sagen, wir sind dagegen, aber immerhin Abstand nimmt von diesen Diffamierungen der Leute, die dafür sind. Es fehlt doch jedes Argument zum Beispiel den vielen Millionen gläubigen Katholiken in Südamerika gegenüber, die unter dieser Bevölkerungslast und dieser Bevölkerungsexplosion tagtäglich leiden und das auch aushalten müssen und keine Chance haben, aus diesem Elend herauszukommen.
Wir haben nun zur Zeit einen polnischen Papst, einen reisenden Papst, der die Gelegenheit genommen hatte, was ich ja gut finde, sich das an Ort und Stelle anzusehen. Und dennoch ist er unbelehrbar und wie ungerührt von diesem Elend. Oder es ist töricht, was er macht. Er müßte eigentlich sehen, wie ohne Geburtenkontrolle – mit vielen anderen Dingen, die dann auch noch notwendig sind, um dieses Elend zu beheben – es auf gar keinen Fall zu schaffen ist.
Das sind alles sicher Gründe gewesen, die mich dann dazu bestimmt haben, diese Zerreißprobe so ausgehen zu lassen. Ich habe das nicht gerne getan, denn mich hat am Katholizismus im Sinne des Augustinus auch gereizt, daß die Lästerung zum Gebet gehört, daß das

Nichtgläubigsein auch nur eine Umkehrung des Glaubens ist und daß, so wie ich Katholizismus verstanden habe, auch für mich, der abseits stand und abseits steht, eine Möglichkeit da war, die es mir erlaubte, nicht auszutreten, bis zu diesem Punkt.

R.S.: Wie kann man austreten aus einer Religion, wie kann man aus einer Kirche austreten? Wie haben Sie das gemacht?

G.G.: Also, der Austritt hat an meinem Verhältnis zum Katholizismus nichts geändert. Es ist ein Austritt aus der Kirche, aus der Amtskirche gewesen und ein Nichtmehr-Kirchensteuer-Zahlen, und das ist ein ganz einfacher Vorgang. Es gibt in Berlin eine Stelle, die war zu dem Zeitpunkt nahezu überlaufen. Jeden Tag standen die Leute da und haben ein Papier unterschrieben, und damit war man aus der katholischen Kirche draußen. Ich habe übrigens dann mit meinen Kindern darüber gesprochen, die katholisch getauft sind, auch auf so eine liberal-lässige Art und Weise, und die die Möglichkeit hatten, zur Kirche zu gehen, und das auch eine Zeitlang gemacht haben, dann davon Abstand nahmen. Ich kann mich erinnern, daß meine beiden ältesten Söhne sehr gute linke Kapläne gehabt haben und daß diese Kapläne für sie in einem bestimmten Alter, mit zwölf, dreizehn, vierzehn Jahren, eine prägende Rolle gespielt haben, mehr als Lehrer zu dem Zeitpunkt. Ich habe ihnen mitgeteilt, daß ich ausgetreten bin, und gesagt: »Ihr müßt nun wissen, wie ihr damit umgeht.« Ich weiß gar nicht einmal, ob meine Kinder noch Katholiken sind oder ob sie mittlerweile ausgetreten sind.

R.S.: Kann man deduktiv sagen, daß vielleicht doch eine gewisse positive Entwicklung darin zu sehen ist, daß wenigstens jüngere Kirchenmänner etwas föderalistischer geworden sind, also etwas vom Element des Föderalis-

mus, der Demokratie schon begriffen haben und versuchen, auch danach zu leben? Vielleicht fast als ein Vergleichspaar dazu gesetzt: Moskauer Kommunismus oder Eurokommunismus, verschiedene Formen des portugiesischen, des spanischen, des italienischen und des französischen Kommunismus.
Es besteht sicher kein Zweifel darüber, die ethischen Postulate, diese Utopieentwürfe des Christentums, die eben auch die katholische Kirche weitertransportiert, sind nicht von böser Art, sie sind lebenserhaltend und wichtig. Und daß man Verkünder hat, Priester, ist höchstwahrscheinlich auch noch richtig. Könnte es sein, daß eine gewisse Chance überhaupt in der Amtskirche liegt?

G. G.: Die orthodoxen kommunistischen Parteien in den kommunistischen Staaten, Leninismus-Stalinismus, sind ja ähnlich organisiert wie die katholische Kirche; undemokratisch, von oben nach unten. Beide Organisationen haben ein »Zentralkomitee«, und beide sind schwer zu reformieren, weil es Pyramidengebäude sind, die keine Unruhe an der Basis vertragen, weil dann die Pyramide zum Einsturz kommt. Deswegen stecken beide uns prägende Großformen – hier die kommunistische Welt, dort die katholische Welt – in einer Misere. Ich glaube, daß in der Sowjetunion bis in die Führungsschichten hinein genau wie in der katholischen Kirche eine Einsicht da ist: Es muß etwas Grundsätzliches geschehen, uns laufen sonst die Leute davon. Die Kirchen sind leer, die prägende Kraft, die vom Katholizismus, die vom Kommunismus ausgeht, ist nicht mehr da, und schon aus diesen opportunistischen Gründen heraus meint man, es geht einfach nicht. Ein paar kosmetische Dinge werden zugelassen, am Rande erlaubt man einigen Außenseitern, ein wenig Demokratie vorzuspielen;

aber an der Substanz, am hierarchischen Gebäude des Katholizismus auf der einen, des Kommunismus leninistisch-stalinistischer Prägung auf der anderen Seite, ändert sich nichts.

Das kann sich nur ändern durch eine wirkliche, starke Basisbewegung, etwa wie es in Polen der Fall ist mit Solidarność; und ich hoffe immer noch, es könnte interessant werden, denn Solidarność wird nicht so leicht zu erledigen sein. Es könnte interessant sein zu erleben, wie es in Polen weitergeht, wenn der erste Schritt getan ist – immer vorausgesetzt, Moskau duldet das – zu einer Demokratisierung des Sozialismus kommunistischer Prägung im Ostblock, und es kommt zu einer Mitsprache, es kommt zu einer wirklich staatlich und parteilich nicht mehr beeinflußten Gewerkschaftsbewegung, zu einer Art Pluralität der Kräfte.

Der nächste Schritt wäre ja die Reform der katholischen Kirche. Und ich glaube auch – einige Gespräche im letzten Jahr in Gdańsk haben mir das gezeigt –, daß man das in der katholischen Kirche weiß. Nur, die katholische Kirche in Polen kann sich da eine gewisse Gelassenheit erlauben, weil sie immer in Verbindung mit dem Volk gewesen ist. Und wenn auch das hierarchische Gebäude nicht angetastet wurde, aus der Not heraus war man gezwungen und hat es auch praktiziert, mit dem Volk zusammenzuarbeiten. Diese Kirche wiederum wäre einer solchen Erschütterung eher gewachsen als zum Beispiel die katholische Kirche in Deutschland oder auch in anderen europäischen Ländern, wo es diese Distanz zum Volk gibt und wo dieses »Die Partei hat immer recht...!«, wo der Unfehlbarkeitsanspruch doch in beiden Bereichen, im Kommunismus wie im Katholizismus, nach wie vor herrscht.

R. S.: Aber wie könnte diese Verkrustung aufgebrochen

werden? Politischer Druck würde höchstwahrscheinlich nichts bewirken, denn man hat in der Nazizeit gesehen, unter politischem Druck paßt sich die katholische Kirche noch viel eher an, wird lahm, wird frömmelnd, heuchelt, versteckt sich. Wie könnte diese Institution humaner werden?

G. G.: Ja, so wie sie konstruiert ist – eigentlich nur durch eine umgreifende Einsicht von oben, und das wäre ja der Appell an den Papst, zum Beispiel ein Einsehen mit den leidenden Menschen in Südamerika zu haben, noch einmal seinen Standpunkt, was Geburtenkontrolle betrifft, gründlich zu überdenken. Das wären Ansätze: Er fährt durch die Welt und erlebt staunend, wieviel Ungerechtigkeit herrscht, nicht nur das Unrecht, das er in Polen vom kommunistischen Machtstaat erfahren hat, sondern eben auch die vulgären Auswüchse des Kapitalismus im Westen, in unserer Zeit durch einen amerikanischen Präsidenten mit Rückfall ins neunzehnte Jahrhundert noch verstärkt ausgeprägt, mit einer Ausbeuterpolitik, die ihre Entsprechung natürlich im Stalinismus-Leninismus hat. Das zu sehen und daraus Schlüsse zu ziehen, darauf kann man hoffen.

Die andere Konsequenz wäre ein neuer Luther. Aber einer, der nicht austritt und der sich nicht »austreten läßt«. Ich glaube, auch Luther hat nicht austreten wollen, er ist nur in diese Position gebracht worden. Dadurch war man ihn los innerhalb des katholischen Glaubensgebäudes und konnte ihn verketzern.

Aber einer, der unbequem bleibt, vielleicht ein »leiserer«, ein Franz von Assisi, der neben all den Dingen, die wir jetzt angesprochen haben, die grundsätzliche Einsicht hat, daß dem christlichen Glaubenssatz zum Trotz und im Widerspruch dazu der Mensch, wenn er überleben will, sich nicht mehr als Mittelpunkt begreifen soll.

R. S.: Wenn der Mensch sich nicht mehr als Mittelpunkt begreifen soll, dann wäre das ein Wunsch, eine Forderung nach einer herausragenden Persönlichkeit, einer widersprechenden Persönlichkeit. Ich möchte diese Hoffnung auf eine herausragende, revolutionäre, christliche Persönlichkeit in bezug auf Reformation der katholischen Kirche etwas bezweifeln.

G. G.: Ich meine, wenn ich von einer Person spreche, Luther ist ja auch nur – oder in erster Linie doch – die Bündelung des aufgestauten Unbehagens seines Jahrhunderts gewesen. Das hat in einer Person, die offenbar besonders dazu geeignet war, ihren Ausdruck gefunden. Und er wäre ja nur Person geblieben, wenn nicht eine Basis dafür dagewesen wäre. Und ähnlich könnte es nun heute sein, zumal die beiden genannten hierarchischen, ideologischen Blöcke – hie Katholizismus, dort Kommunismus – auf Grund ihrer Konstruktion nicht dafür geeignet sind, sich durch Basisbewegungen bewegen zu lassen. Diesen Weg haben sie sich durch die Formation ihrer Machtgebilde selber verbaut. Den Leninismus kann man nicht reformieren, es sei denn, man schafft den Leninismus ab und sucht zum Zwecke der Erneuerung frühere Formen des Sozialismus, auch früher oder gleichzeitig mit Marx. Diese Unduldsamkeit ist ja schon bei Marx zu bemerken, der Sozialisten seiner Zeit zunächst einmal fertiggemacht hat, verketzert hat, um dann nur noch für sich Platz zu lassen. Da wäre dann eine Möglichkeit. Aber die Reform des Leninismus heißt von vornherein: ihn abschaffen. Und Ähnliches müßte man der katholischen Kirche heute anraten: daß sie sich abschafft und dadurch erneuert.

R. S.: Sie haben vielleicht bemerkt, daß ich von Ihnen meinte, Sie wären drei Positionen, drei Haltungen bisher durchgegangen in Ihrem Leben und in Ihrem

Werk: die des Gläubigen, die des Kritikers, und die dritte Position habe ich eigentlich nicht gewagt zu benennen, denn ich kann Sie nicht für einen Agnostiker halten. Es wäre auch sonderbar, wenn ich sagen würde, Sie sind ein Pantheist, obwohl da einiges stimmen würde, wenn man etwa Ihre Bemerkungen über die Kreatur, die auch zum Leben gehört – und nicht nur bloß der Mensch –, zusammenzählt. Was für ein Christ sind Sie nun?

G. G.: Meine heutige Position ist eigentlich die, daß mein Interesse an der christlichen Religion oder Religionsprägung mehr und mehr abnimmt. Die insgesamt katastrophale Entwicklung der Menschheit kann – wenn überhaupt – nur dann abgewendet werden, wenn man auch im religiösen Bereich einen empfindlichen Schnitt macht, indem man den Menschen nicht mehr zum Mittelpunkt des Lebens auf diesem Erdball erklärt, sondern begreift, was ja in anderen Religionen und hochkultivierten Religionen immer der Fall gewesen ist, daß wir mit anderen Lebewesen »haushalten« müssen, daß wir – im günstigsten Fall – gleichberechtigt sind und auf jeden Fall die Dominanz aufgeben müssen.

Wenn wir aber die Dominanz aufgeben, dann müßten wir vielleicht eine Franz-von-Assisi-Position einnehmen. Das ist meines Wissens der einzige – man kann ihn nicht Theoretiker nennen, aber Katholik –, der ein Beispiel gegeben hat. Hier wäre vielleicht ein Ansatzpunkt, aber ich sehe innerhalb des heutigen katholischen Kirchengebäudes keine Ansätze für eine Renaissance des franziskanischen Gedankens innerhalb des Christentums.

Natürlich könnten einige in Vergessenheit geratene, christliche Tugenden behilflich sein, eine solche Revision zu vollziehen, zum Beispiel christliche Demut, De-

mut vor der Natur, vor der von uns geschundenen Natur, oder doch die Einsicht – obgleich Einsicht nicht gerade immer eine christliche Tugend gewesen ist – in das, was wir ja wissen oder wissen könnten: Wir Menschen sind auf diesem Erdball eine relativ kurze Zeit.
Es hat Leben auf diesem Erdball gegeben, bevor es Menschen gegeben hat, und es wird sicher aller Voraussicht nach, wenn es uns nicht gelingt, diesen Erdball ganz und gar in die Luft zu sprengen, auch nach den Menschen noch Leben oder wieder Leben geben. Und sich so einzuordnen und zu wissen, daß wir hier nur Gast sind und daß wir es in der Hand haben, allenfalls unseren Aufenthalt auf diesem Erdball durch Einsicht in die Natur, durch Demut vor der Natur zu verlängern, und daß wir auch noch die Chance wahrnehmen könnten, uns einigermaßen anständig von diesem Erdball zu verabschieden, wie es vielleicht einmal die Dinosaurier getan haben, und nicht mit Strahlen, den Resten, was von uns anzunehmen ist: Das wären Einsichten, glaube ich, die zu einem neuen Verhalten führen könnten, zu einem Verhalten, das allerdings dann diesen in der christlichen Religion vorhandenen Standpunkt – der Mensch ist Mittelpunkt des Geschehens – aufgeben müßte.

Berlin – eine sich fortschreibende Fiktion

Als ich im Januar 1953 von Westdeutschland nach Berlin zog, erklärte sich dieser Wechsel des Wohnortes nicht allein aus der Entscheidung des Bildhauers, sich einen neuen Lehrer (Karl Hartung) zu suchen, vielmehr war dieser Wohnortwechsel grundsätzlicher Natur: Gewollt war die Abwendung vom jäh in Westdeutschland ausbrechenden Wirtschaftswunder. Trotz aller politischen wie wirtschaftlichen Veränderungen prägt die Einschätzung von damals noch heute meine Beurteilung Berlins. Diese Stadt hat für mich die Bedeutung der nicht heilenden, das heißt in Permanenz offenen Wunde. Ihr Zustand weist die Brüche im Verlauf deutscher Geschichte nach. Alle weltweiten Krisen, die uns woanders in ihrer Vielfalt verwirren, finden sich in Berlin konzentriert und auf den Punkt gebracht, als wolle die Stadt mit dieser Anhäufung von Problemen beweisen, wie beispielhaft sie ist.

Vielleicht ist es diese Offenheit und die Unverschämtheit, mit der Berlin seine Verletzungen und Deformationen zur Schau stellt, die den Schriftsteller fasziniert und nach wie vor nicht losläßt. Zwar muß ich oft Anlauf und Distanz nehmen, doch welches Thema auch immer von Berlin wegzuführen scheint, am Ende eines jeden Manuskriptes wird deutlich, daß ich von hier aus meinen Stoff schichte, wälze, verwerfe, daß diese Stadt der Fluchtpunkt meiner Fiktion bleibt.

Dabei ist der Ort sperrig. Wer ihn rasch in Besitz nehmen will, wird Unzulänglichkeiten erfahren. Rasche Urteile – wie Berlin ist krank, stirbt ab oder aus – können der verurteilten Stadt nichts anhaben, weil Berlins Krankheiten zugleich Quellen seiner Vitalität sind, weil das Aus- oder Absterben seinen ohnehin brüchigen Charme zeichnet. Im übrigen meine ich die ganze Stadt. Zwar gibt sich die Mauer, dieser nackte und in seiner Brutalität erschreckend ehrliche Trennungsstrich, als sei sie auf Dauer gezogen, dennoch läßt sich nicht übersehen, daß beide Stadthälften aufeinander zuleben, am deutlichsten dort, wo sie angestrengt bemüht sind, sich wechselseitig zu ignorieren.

Im Verlauf der siebziger Jahre haben etliche Schriftsteller, zu denen ich gehörte, immer wieder in Ostberlin ihre Treffen gehabt, ohne Publikum, nur auf ihre Arbeit, auf ihre Manuskripte bedacht, aus denen sie einander vorlasen. Es ist für mich immer noch erstaunlich, daß diese über vier Jahre anhaltende und bis heute nachwirkende literarische Konzentration, vom Interesse der Sicherheitsorgane abgesehen, so gut wie unentdeckt, das heißt von öffentlicher Neugierde ungestört geblieben ist. Ein Beweis mehr, daß das literarische Leben in Berlin auf zwei voneinander getrennten Schauplätzen stattfindet, die im Grunde wenig gemein haben. Einerseits sind es lautlose, bewußt einsame Produktionsvorgänge, deren Ergebnisse Bücher sind, andererseits rotiert ein geschäftiger Literaturbetrieb, der zwar – so sieht es aus – Bücher und Autoren zum Anlaß nimmt, aber dennoch aus sich heraus betriebsam bliebe, selbst wenn es keine Autoren gäbe.

Bücher, die hier entstehen, sind stigmatisiert. Sie tragen die Wundmale dieser Stadt oft kaum kenntlich, weil versteckt, oft überdeutlich zur Schau: Seht, wie anhaltend verletzt ich bin! Gleich allen Wallfahrtsorten ist Berlin ein geeigneter Ort, hysterische Übersteigerungen auszuleben. Nur hier ist alltäglich ein Wunder, ganz gleich welches, zu erwarten. Gäbe es Berlin nicht, müßte es sich erfinden; und genau besehen ist Berlin auch – bei aller augenfälligen Realität – eine sich fortschreibende Fiktion.

Mir träumte, ich müßte Abschied nehmen

BEATE PINKERNEIL: Ihr Buch ›Die Rättin‹ ist zweifellos eine Provokation, und zwar deshalb, weil Sie Literatur hier zu einer die Öffentlichkeit alarmierenden Angelegenheit machen. Thema Ihres Buches ist die Frage nach der Zukunft der Menschheit. Die Antwort aus dem Mund der Rättin heißt gleich zu Anfang: »Schluß, aus. Euch gab es mal. Gewesen seid ihr, erinnert als Wahn, ausgeschissen habt ihr. Und zwar restlos.« – Sind Sie, Herr Grass, derselben Meinung, alles in allem, wie Ihre Rättin?

GÜNTER GRASS: Ein Autor teilt sich dem ganzen Buch mit. Es wird niemals eine isolierte Meinung sein, sei es die der Rättin, sei es die anderer Erzählpositionen, die deckungsgleich mit der des Autors ist. Was ich mit dem Buch erreichen wollte, ist – es geht ja ein Dialog durch das ganze Buch –, aus zwei Positionen heraus, zwei Möglichkeiten aufzuzeigen. Die eine, die der Rättin, die sagt, »Ihr seid weg«; sie berichtet ja durch das Buch hindurch aus posthumaner Zeit, aus Anhänglichkeit zu den Menschen zwar, aber sie sind weg. Und dann die menschliche Erzählposition, der Ich-Erzähler, der dagegenhält, der durch Erzählen beweisen will, daß es die Menschen noch gibt, daß sie zwar gefährdet sind, aber sie sind noch da, sie haben es noch in der Hand. Auf Ihre Frage direkt: Es handelt sich hier nicht um eine Apokalypse im Sinne des Johannes auf Patmos. Also kein dunkles Schicksal ist verhängt, kein Buch mit sieben Siegeln liegt auf. Es ist alles Menschenwerk, was an Bedrohung da ist. Darunter eben die Selbstzerstörung des Menschengeschlechts. Also kann es auch nur Menschenwerk sein, wenn man es abwenden will. Es gibt keine Ausrede. Man kann nicht sagen, das ist so von oben verhängt als Schicksal, dem können wir nicht entfliehen. Wir können ihm entfliehen, wenn wir tätig werden dagegen.

B. P.: Also ist das Buch ein Appell, eine Warnung des Autors Grass, Schluß zu machen mit dem Wahnsinn des Wettrüstens?

G. G.: Auf unausgesprochene Weise, ja. Ich habe nicht vor, mit irgendwelchen Lehrsätzen in dem Buch aufzuwarten, und ich will auch keine falschen Hoffnungen machen. Denn das falsche Hoffnungmachen lähmt auf eine ganz andere Art und Weise.

B. P.: Meinen Sie, daß, wenn es nötig ist, der Schriftsteller zum »Gewissen der Nation« werden kann? Läßt sich Literatur in den Dienst unmittelbarer politischer Zwecke stellen? Was gewinnt oder verliert die Literatur möglicherweise dabei?

G. G.: Also zuerst einmal zum Begriff »Gewissen der Nation«. Damit sind wechselweise mal Heinrich Böll und ich belastet worden. Alles Abweisen dieser Funktionszuweisung hat wenig geholfen. Wessen Gewissen soll denn stellvertretend entlastet werden, wenn der Schriftsteller das »Gewissen der Nation« sein soll? Ich halte von diesem Begriff nicht viel. Ich glaube auch nicht, daß man durch platte direkte Parteinahme etwas erreichen kann. Aber mit den Mitteln der Literatur, das heißt, indem man andere Wirklichkeiten, Gegenwelten entwickelt, kann man schon – das hat die Literatur immer wieder geleistet – aus Zeitgenossenschaft heraus, parallel zur Gegenwart, Anstoß geben. Ich will Ihnen das an einem Beispiel erklären. Wir neigen dazu, Fontane als einen Autor zu sehen, der immer aus vergangenen Zeiten berichtet hat. Das trifft für viele Bücher zu, aber zum Beispiel nicht für seinen letzten Roman ›Der Stechlin‹. Dieses Buch ist von der Kritik damals verrissen worden, weil es, parallel zur Zeit geschrieben, zum ersten Mal einen Wahlkampf in Prosa schilderte. Die Sozialdemokraten treten zum ersten Mal in einem Roman auf, werden romanfähig und gewinnen auch noch auf dem Land die Wahl. Heute lesen wir das mit Distanz, als sei das alles »raunend im Imperfekt« geschrieben und sei, wie Fontane, ein Musterbeispiel für eine Literatur, die sich nicht in die öde Politik einmischt. Es stimmt nicht. Fontane war ein immens politischer Autor. Gerade in seinem letzten großen Roman, im ›Stechlin‹, wird seine Enttäuschung an Preußen deutlich, auch seine Trauer. Und er sieht die neue Klasse aufsteigen und berichtet darüber und sagt: Schaut hin, die sind da, die könnt Ihr nicht einfach mehr verleugnen. Es ist immer so, daß solche Bücher – das ist auch mit meinen Büchern so gewesen, die ich parallel zur Zeit geschrieben habe, wie zum Beispiel ›Tagebuch einer Schnecke‹ oder auch ›örtlich betäubt‹ und jetzt ›Die Rättin‹ – immer noch zusätzlich Anstoß erregen, weil diese Probleme unmittelbar auf den Nägeln brennen.

B. P.: Nun sind diese Bücher, ›Tagebuch einer Schnecke‹ oder auch ›Kopfgeburten‹, wesentlich direkter, wesentlich zeitbezogener und auch sehr viel subjektiver – wenn man so will, engagierter –, weil da der Erzähler gleichzeitig der Autor Günter Grass ist. Das ist in Ihrem neuen Buch nicht der Fall. Hier kann man, glaube ich, den Ich-Erzähler Günter Grass nicht mit dem Autor gleichsetzen.

Mich interessiert, und darin liegt für mich die Dramatik dieses Buches, wie der Kampf – beziehungsweise Wettstreit – zwischen Erzähler und Rättin endet. Anfangs gibt es die starke Gegenwehr, den Protest des Erzählers gegen die düstere Prognose der Rättin. Am Ende ist es eher merkwürdig. Da steht der Satz des Erzählers: »Angenommen, es gäbe uns Menschen noch, so wollen wir friedfertig und sanft und füreinander in Liebe...« Die Rättin unterbricht ihn: »Ein schöner Traum, sagte die Rättin, bevor sie verging.«

Heißt das, Sie lassen am Ende doch noch eine Hintertür für das Prinzip Hoffnung offen?

G. G.: Nun ja, die Rättin hat ja von Anfang an aus ihrer Erzählposition die Selbstzerstörung des Menschengeschlechts bedauert. Die Ratten vermissen hinterher die Menschen, sie haben im Verhältnis zu den Menschen immer gelebt und ahmen sie nach. In den ersten Posthumanzeiten gibt es Rattenkriege, weil die Ratten beginnen, menschliches Verhalten nachzuahmen. Aber die Erzählposition ändert sich ja auch insoweit, als der menschliche Ich-Erzähler immer den Satz sagt: »Die Rättin, von der mir träumte.« Und dann, im letzten Drittel, sagt die Rättin: »Es ist umgekehrt, wir träumen euch, euch gibt es gar nicht mehr; nur weil wir nach wie vor an euch hängen, existiert ihr in unseren Rattenträumen als Reflex, und wenn wir eines Tages keine Lust mehr haben, von euch zu träumen, wird es euch nicht einmal mehr als Reflex geben.« Das ist, glaube ich, die katastrophalste Wendung des Buches in den Schluß hinein. Und wenn sie das zum Schluß sagt, wird allenfalls damit das aufgezeigt für uns heute, was ich anfangs sagte: Wir haben es in der Hand, diesen Prozeß der schon begonnenen Selbstzerstörung des Menschengeschlechts aufzuhalten. Es ist ja nicht so, daß es etwas ist, vor dem man warnen muß, weil es in fünf, sechs oder in zehn Jahren beginnen könnte. Es kann erstens, was die atomare Selbstzerstörung betrifft, tagtäglich beginnen, und andere Prozesse der Selbstzerstörung – Zerstörung der Umwelt, Verelendung der Dritten Welt – sind Prozesse, die schon längst angefangen haben. Wir leben tagtäglich mit der nicht wegzuschminkenden Wahrheit, daß in jedem Jahr vierzig Millionen Menschen verhungern. Und diese Zahl steigert sich von Jahr zu Jahr. Sie gibt keine Nachricht mehr her, allenfalls unter ›Vermischtes‹ steht es irgendwo noch einmal wiederholt. Aber es ist etwas, womit wir leben. Und viele andere Tendenzen und Informationen, die uns von dem Selbstzerstörungsprozeß, von dem *stattfindenden* Selbstzerstörungsprozeß Bericht geben, sind Nachrichten unter anderen. Es ist ein bewußtloser Zustand, ein Zustand der Verdrängung. Wenn Literatur dazu beitragen kann, das noch einmal und anhaltend ins Bewußtsein zu rufen, ist das eine Funktion, die ich bejahe.

B. P.: Aber Sie beschreiben einen Weltzustand nach der Katastrophe. Sie sagen nicht, der Prozeß ist im Gange, sondern der Prozeß hat stattgefunden, es ist vorbei. Die Menschheit existiert nicht mehr. Die einzigen Überlebenden sind der Ich-Erzähler und die Rättin, von der ihm träumt. Das könnte bei Ihren Lesern ganz unterschiedliche Reaktionen hervorrufen. Nämlich die der Resignation und des Sichfügens ins Unabänderliche. Der Autor Grass beschreibt es so, und vermutlich ist es nicht ganz ausgeschlossen, daß seine Vision eines Tages faktisch wird.

G. G.: Nein, das ist nicht ganz richtig. Die Rättin berichtet so aus ihrer Perspektive, und sie berichtet auch, wie es dazu gekommen ist, daß die Ratten mehrmals warnende Vorzeichen gegeben haben. Das wurde von den Menschen nicht wahrgenommen. Und es gibt, wie gesagt, die Position dagegen, diesen menschlichen Erzähler, der als Existenzbeweis unter anderem das Dritte

Programm einschaltet und sagt: »Du siehst, Rättin, es läuft noch, also muß es uns noch geben, wir haben es noch in der Hand.« Es gibt ja bestimmte Handlungen, Erzählhandlungen auch, die Reise Matzeraths, die einerseits nach dem Bericht der Rättin durch den großen Knall endet, andererseits durch den Willen des menschlichen Erzählers wieder aufgehoben wird, weil die Reise, die Rückreise, weitergeht. Beide Möglichkeiten sind im Buch dauernd in der Waage und kämpfen miteinander. Nur zum Schluß kommen dann die Erzählstränge zusammen, und die Möglichkeit der Vernichtung des Menschengeschlechts ist dann eine gegebene.

B. P.: Ihr Roman beginnt damit, daß der Erzähler sich zu Weihnachten etwas nicht gerade Gewöhnliches wünscht, nämlich eine Weihnachtsratte, eine graubraune Wanderratte. Aber kaum ist die Ratte bei ihm, fängt sie an, den Erzähler zu beeinflussen. Wie und wodurch geschieht das?

G. G.: Sie besetzt seine Tag- und Nachtträume, gibt Bericht aus Rattenerfahrung – rückblickend Rattengeschichte –, von der schwarzen Hausratte bis zur Wanderratte. Und sie wächst sich mehr und mehr zur Gegenposition des Erzählers aus. Sie bringt ihn von eigentlichen Konzepten, über die er schreiben wollte, ab. Sie bekommt mehr und mehr Gewicht. Und so ist dieses Buch denn auch dialogisch aufgebaut zwischen den beiden. Ein permanentes, immer wieder durch andere Handlungsstränge unterbrochenes Streitgespräch.

B. P.: Dennoch hat man beim Lesen den Eindruck, daß es eine Figur gibt, die das ganze Buch dominiert und deren Argumentation man sich nicht entziehen kann. Das ist die Ratte. Der Erzähler ist am Anfang voller Widerstand, voller innerem und auch geglücktem Widerstand. Aber am Ende ist er fast der Unterlegene.

G. G.: Er *ist* der Unterlegene. Das geht in die Verantwortung des Autors hinein. Mir sind für die menschliche Position der erzählenden Ratte gegenüber, der Rättin gegenüber, die Argumente ausgegangen. Sie ist, leider muß ich sagen, überzeugender. Die menschliche Erzählposition vermag noch eine Zeitlang durch Geschichtenerzählen menschliche Existenz zu beweisen. Aber was das eigentliche Tun, die Tätigkeit der Menschen gegen das katastrophale Gefälle bedeutet, da gehen ihr die Argumente aus. Da bleibt es immer bei Beteuerungen: Sie reden wieder miteinander, es gibt Treffen auf höchster Ebene; aber es ist immer wieder außer Spesen nichts gewesen. Da kann die Rättin nur höhnisch lachen. Dann kommt sie wieder zur posthumanen Zeit und berichtet vom Fortleben des Rattengeschlechts.

B. P.: Also rechnen Sie sich letzten Endes zu den hoffnungslosen Skeptikern, die der Meinung sind, daß sich Wirklichkeit – oder geschichtliche Prozesse – durch Literatur nicht mehr verändern lassen? Ist deshalb der Erzähler zum Schluß gegenüber der Ratte unterlegen?

G. G.: Nein, die Literatur kann natürlich ein solches Gefälle nicht aufhalten. Sie kann darauf aufmerksam machen, mit ihren Mitteln, daß es dieses katastrophale Gefälle gibt. Sie kann das, was verdrängt worden ist, dem Leser ins Bewußtsein bringen. Wie dann gehandelt wird, das ist eine andere Frage. Meine Skepsis und pessimistische Einschätzung rührt daher, daß nichts Entscheidendes geschieht, selbst bei den Katastrophenanzeichen, die wir im eigenen Haus haben. Nehmen wir das Waldsterben, jetzt kommen wir in die banale Politik hinein. Es ist ja nicht einmal möglich, ein 100-Kilometer-Tempo durchzusetzen. Es wird alles zerredet, die Interessen schlagen durch, und selbst dort, wo sich eine einfache Aufgabe abzeichnet, die noch zu lösen wäre mit herkömmlichen Mitteln, versagen unsere Krisenbewältigungsinstrumente. Noch schlimmer ist es im Bereich der Rüstung. Obgleich wir den Zusammenhang zwischen Verelendung und Rüstungskosten kennen und über das alles aus vielen Statistiken, aus guten Büchern – denken Sie an Willy Brandts Buch über diesen Zusammenhang – Bescheid wissen oder Bescheid wissen sollten, geschieht nichts Entscheidendes. Der Autor kann nur von den Wirklichkeiten, auch den politischen Wirklichkeiten ausgehen, die er vorfindet. Und deswegen sind seine Argumente der Rättin gegenüber schwächer und schwächer.

B.P.: Für mich ist die Frage, ob dann nicht doch der Geschichtsfatalismus gegenüber einem vernünftigen Fortschrittsoptimismus das letzte Wort hat. Wenn der Pessimismus das letzte Wort hat, dann fragt man sich natürlich, weshalb? Welche Funktionen, welche Wirkung kann Literatur dann noch entfalten? Denn die Position des Autors ist ja doch offensichtlich im Buch. Der Autor ist mehr ein Fürsprecher – wenn Sie so wollen – der Rättin als der Figur des Ich-Erzählers.

G.G.: Mir ist das zu sehr, was Sie jetzt fragen, im Begrifflichen festgemacht. Aber gut, ich versuche mal, darauf zu antworten.

Ich komme von der europäischen Aufklärung her und glaube auch, daß sich Literatur, lebendige Literatur – das muß gar nicht trocken sein – im Sinne von Aufklärung ausdrücken kann. Aber in diesem Buch ist auch vom Scheitern der Aufklärung zu berichten, von dem großen Ziel zum Beispiel der Erziehung des Menschengeschlechts. Es wird deutlich, daß die Menschen trotz aller Einsicht in ihr katastrophales Tun nicht in der Lage sind, von diesem Weg abzulassen. Sie stellen sich mit Sachzwängen zu, sie erschaffen nämlich genau aus diesem Fatalismus, den Sie beklagen, so unumstößliche Dinge: »Die Freiheit fordert ihren Preis«, lauter irrationale Geschichten, die geäußert werden und die dann dazu herhalten müssen, einen Wahnsinn fortzusetzen, nämlich den Rüstungswettlauf. Diese Dinge sind Abkehr von der Aufklärung. Die Kritik an der Aufklärung und am Fehlverhalten, an Fehlentwicklungen innerhalb der Aufklärung, ist in meinem Buch, jedenfalls von der Sicht des Autors her, aus der Tradition der Aufklärung geschrieben worden.

B. P.: Das läßt sich auf den ersten Blick nicht erkennen. Sie haben Ihren Roman als eine geträumte und nicht gerade heiter zu nennende Endzeit- und Untergangsvision angelegt. Ich denke, das zielt darauf, daß Sie der visionären Kraft von Träumen vertrauen. Und das ist für mich gleichbedeutend mit dem Abschied vom Fortschrittsoptimismus der europäischen Aufklärung.

G. G.: Ja, das ganz gewiß. Das ist für mich die Sackgasse der europäischen Aufklärung. Die Verkürzung des Vernunftbegriffs auf das Technische, auf das Machbare. Ein Fortschrittsbegriff, der nur noch auf Zuwachs hin orientiert war, hat uns dazu gebracht, zum Beispiel unsere Träume nicht mehr ernst zu nehmen. Der Anfang der europäischen Aufklärung – wenn Sie die Essays von Montaigne lesen –, da ist all das Unterbewußte, all das, was den Menschen, wie Kant es auch tut, als »krummes Holz« beschreibt und auch als »krummes Holz« belassen möchte. Das kann man nicht geradebiegen, das gehört zum Menschen, daß er ein »krummes Holz« ist; das ist wegrationalisiert worden. Wir sind dann immer beglückt worden mit irgendwelchen Utopien, die den neuen Menschen, den kommunistischen Menschen, den Fortschrittsmenschen forderten, nicht denjenigen, der über sich hinausgeht, nicht wahr? Wir haben es ein bißchen dieser Tage; wenn Sie den Präsidenten Reagan hören, so ist das diese Vulgäraufklärung zu neuen Zielen: Das Weltall erobern etc. Und das aus einem Land heraus mit vielen Millionen Menschen – in den Vereinigten Staaten –, die unterm Existenzminimum leben. Darüber wird hinweggesprochen. Wenn das Aufklärung und wenn das Fortschritt sein soll – diese Art von Fortschritt und Aufklärung lehne ich ab.

B. P.: Gut. Davon nehmen Sie Abschied im Buch, deutlich. Aber ich glaube, Sie nehmen auch von einem anderen Gedanken Abschied. Sie haben gesagt und oft geschrieben, daß Literatur immer mit der Zeit rechnen konnte. Das heißt: auch mit ihrem eigenen Überleben. Das ist nicht mehr so. In Ihrem Buch führen Sie den Beweis dafür, daß das vorbei ist, daß ein Schriftsteller so nicht mehr leben kann. Aber wenn das so ist, was heißt das für die Situation des Schriftstellers heute?

G. G.: Das betrifft ja jeden Menschen. Es betrifft zum Beispiel eine junge Generation, die, glaube ich, wie keine Generation vorher den ganzen Zeitraum Zukunft als Besitz nicht mehr vorfindet. Wenn ich an meine eigene Generation denke, die 1945 Trümmer vorfand, so gab es doch trotz dieser Trümmer Perspektiven. Nicht nur Wiederaufbau; es gab den Traum vom anderen Deutschland, um den wir betrogen worden sind. In beiden deutschen Staaten. Aber es gab diese Hoffnungen, sie waren real, sie waren faßbar, und sie versprachen realisiert zu werden. Es war die Chance in ihnen. Das ist für eine junge Generation heute anders. Die können nur noch Hohn und Spott ausschütten, wenn man ihnen so kommt. Sie sind um eine Generation gebracht. Ich habe nur hervorgehoben, daß der Schriftsteller das auf eine besondere Art und Weise merkt. Weil Literatur in Notzeiten immer diesen Trost und diese Sicherheit gehabt hat. Ihr könnt meine Bücher verbieten, konnte der Autor sagen, und dann ist der Diktator eines Tages weg, und mein Buch wird immer noch da sein. Die ganze Entwicklung der Aufklärung ist ohne diese Zuwachsrate Zukunft gar nicht denkbar. Und das sollte uns eigentlich auffallen, daß wir uns eine ganze Zeitdimension, nämlich die Zukunft, regelrecht wegrationalisiert haben.

B. P.: Wenn Zukunft, Herr Grass, für Sie eine Art Abschreibeprojekt ist und Sie trotzdem weiterschreiben, müssen Sie sich in der Nähe von Sisyphos fühlen, dem griechischen Steinewälzer. Wie läßt sich mit einem solchen Bewußtsein leben?

G. G.: Es ist eine mir vertraute Position. Ich bin nicht vom deutschen Idealismus getragen, sondern habe früh gelernt, vielleicht sogar ein bißchen zu spät dennoch – erst nach dem Krieg unmittelbar durch Camus-Lektüre, aber auch andere Autoren waren da wichtig –, daß der Stein oben nie liegenbleibt, daß das Steinewälzen zum Menschen gehört. Auch das vergebliche Steinewälzen. Deswegen ist das für mich – das klingt dann zwar immer heroisch: Ich werde trotzdem schreiben, ich werde weiter schreiben – eine natürliche Haltung. Eine, die zum Menschen gehört. Ich fühle mich da auch nicht allein. Sie befinden sich ja hier in einer Galerie, die meinen Bruder im Geiste Horst Janssen, meinen geliebten Bruder im Geiste Horst Janssen zeigt; der in den letzten Jahren gerade immer wieder, nicht nur schreibend, auch zeichnend – das klingt ja wie ein Gegensatz: mit dem ihm eigenen Charme, ich betone das –, unsere Bereitschaft zum Untergang ausmalt. Und weitermacht, nicht aufhören wird, immer wieder noch eine Feder sich anspitzt und ein neues Motiv findet und erfindet. Das ist mir auch wie Ein- und Ausatmen, solange das möglich ist.

B. P.: Nun steht ja bei Camus, der das Buch ›Der Mythos von Sisyphos‹ geschrieben hat, der scheinbar ganz widersinnige Satz: »Wir dürfen uns Sisyphos als einen glücklichen Menschen vorstellen.« Dürfen wir uns Günter Grass, obwohl seine Sicht der zukünftigen Entwicklung katastrophal ist, auch als einen glücklichen Menschen vorstellen?

G. G.: Wenn Sie den Anfang des vierten Kapitels nehmen, da gibt es ein Gedicht, das heißt: ›Mir träumte, ich müßte Abschied nehmen‹. In diesem Gedicht wird aus Lebenslust alles aufgezählt, was Freude macht, von den kleinen Dingen bis zu Ideen, die zum Menschen gehören. Das zeigt ja doch, daß ich sehr am Leben hänge und auch nichts Besseres weiß als leben. Und aus dieser Möglichkeit, bewußt zu leben – mit den Mitteln, die ich hab' –, auch etwas zu machen versuche. Mir kam es auch nicht darauf an, mit der ›Rättin‹ nun ein durchweg nur sinistres Untergangsbuch zu schreiben. Es sind – und ich glaube, daß sich das auch dem Leser mitteilt – sehr komische Passagen in diesem Buch. Weil die Komik, die verzweifelte Komik, oft der genaueste Ausdruck *auch* der Verzweiflung ist. Es gehört mit zu dem Buch. Und da sehe ich mich in Verwandtschaft zu Horst Janssen.

B. P.: In diesem Gedicht, das Sie zitiert haben, steht: »Mir träumte, ich müßte von jeder Idee, ob tot oder lebend geboren, vom Sinn, der den Sinn hinterm Sinn sucht, und von der Dauerläuferin Hoffnung auch mich verabschieden.« Abschied von der Hoffnung, das heißt auch: Abschied von der Zukunft. Läßt sich das überhaupt vereinbaren mit einer Existenz, die sich selbst als glückliche bezeichnet?

G. G.: Es ist ein konjunktivisch geschriebenes Gedicht, das diese Möglichkeit des Abschiednehmens als einen realen Zustand beschreibt. Und ich befinde mich in der Tat tagtäglich, vielleicht, weil ich mich auch so intensiv mit diesem Stoff seit Jahren befasse – »mit dem Stoff« heißt: mit der Wirklichkeit, in der wir leben –, in einer Situation des Abschiednehmens. Eines Hinblickens auf Dinge, als sähe ich sie zum letzten Mal, müßte sie besonders deutlich dann wahrnehmen. Und ich glaube, daß es mir nicht so allein geht.

B. P.: Hängt das mit dem Älterwerden zusammen? Sie werden im nächsten Jahr sechzig.

G. G.: Nein, ich bestreite das. Es hängt nicht mit dem Älterwerden zusammen, es hängt mit unserer Situation zusammen. Die eine tagtäglich abzuschließende ist. Ich muß jetzt, so leid es mir tut – denn wir reden ja von Literatur, und es läßt sich dennoch nicht vermeiden –, auf das hinweisen, was ja eigentlich bekannt ist. Ich sage nichts Neues: In der Bundesrepublik gibt es annähernd viertausend atomare Sprengköpfe. Wir können davon ausgehen, daß eine gleich hohe Zahl auf der anderen Seite gestapelt ist. Es gibt nirgendwo auf der Welt eine solche Häufung von mehrfachem Vernichtungsmaterial. Ich rede jetzt gar nicht von Gas und von biologischen, womöglich auch bakteriologischen Kampfmitteln, die im Pfälzer Wald und anderswo deponiert sind. Von den anderen Zerstörungstendenzen, Umweltverelendung etc., haben wir schon gesprochen. Deutlicher kann man ja eine Situation nicht wahrnehmen, wenn man bereit ist, sie wahrzunehmen, um in eine solche Abschieds-, ich sage nicht -stimmung, Abschiedssituation zu kommen, und sie dann auch zu beschreiben. Auch als eine Möglichkeit, womöglich letzte Möglichkeit, auf das Endgültige unserer Lage aufmerksam zu machen.

B. P.: Das heißt, der Schriftsteller hat die Rolle des Kassandra-Rufers und Katastrophenbeschwörers?

G. G.: Immer gehabt. Das hat immer zum Schriftsteller gehört. Auch das Nichtgehörtwerden gehört dazu.

B. P.: Im Roman finde ich eine Handlung sehr interessant, nämlich die, in der Sie die Geschichte des Rattenfängers von Hameln neu erzählen und mit Bezug auf die heutige Punk-Szene. Sehen Sie Parallelen zwischen den Endzeitängsten im Mittelalter und dem heutigen gesellschaftlichen Krisen- und Katastrophenbewußtsein?

G. G.: Von den Reaktionen her schon. Von den Ursachen nicht. Die Weltuntergangsstimmungen zu verschiedenen Zeiten im Mittelalter und eigentlich bis in die beginnende Renaissancezeit hinein gingen immer von großen Katastrophen, unerklärbaren Katastrophen aus. Und die Bilder, die gemalt wurden, entlehnten sich immer der Apokalypse des Johannes auf Patmos. Also etwas, was von außen verhängt war, unabwendbar. Und das andere, ich hab's schon mal gesagt, ist reines Menschenwerk, kein Buch der sieben Siegel, sondern nüchternes statistisches Material, Zahlen, Abschreibungen, die wir tagtäglich machen.

Im Gegensatz zum Mittelalter, da konnte man nichts gegen die schwarze Pest machen, die kam über die Menschen – wie ein Verhängnis. Aber gegen all das, was wir verursacht haben, können wir wohl eine Menge machen. Nur, wir machen das Gegenteil. Wir machen etwas, was es noch nie in der Geschichte der Menschheit gegeben hat. Wir fangen an, auf Grund des technischen Fortschritts ist das ja möglich, menschliche Verantwortung an Computer zu delegieren. Das ist im Gegensatz zum Prozeß der Aufklärung, wo der Mensch mündig werden sollte, freiwillige Entmündigung. Wir delegieren Verantwortung an Apparate, werden frei von Verantwortung, verantwortungslos. Ein schrecklicher Parallelprozeß zu all dem, was sonst schon an Katastrophengefälle da ist. Davon handelt das Buch auch. Es ist die Rättin, die darauf aufmerksam macht.

B. P.: Als Sie die Rättin zur Titelfigur des Buchs machten, haben Sie da auch auf die Faszination gesetzt, die durch Grauen, Entsetzen und Schrecken hervorgerufen wird? Die Ratte ist ja ein Urbild menschlicher Ängste.

G. G.: Ja, aber ich glaube, ich hoffe, daß es mir gelingt, mit der ›Rättin‹ die Ratten von diesem vorschnellen Bild zu befreien. Die Ratten leben im Rückblick auf die Menschen ...

B. P.: ... überleben sie ...

G. G.: Ja, sie überleben sie nicht nur. Der Rückblick der Ratten ist ja ein freundlicher, ein liebevoller. Sie haben oft den Kopf geschüttelt über die Unvernunft der Menschen, über die Unvernunft dieser vernunftbegabten Gattung, haben sie gewarnt. Das ist nicht gelungen.

B. P.: Als interessant habe ich empfunden, daß Sie im Buch unser herkömmliches Feindbild Ratte korrigieren. Die Ratte wird ja gemeinhin als Vorbote der Pest, von Seuchen gesehen. Bei Ihnen ist sie das genaue Gegenteil. Sie ist Freund und Lehrmeisterin des Erzählers, des letzten Menschen. Welche geschichtlichen Lektionen vermittelt ihm die Ratte im Rückblick – und damit auch den Lesern?

G. G.: Die Ratte ist nicht das einzige Titeltier, das ich im Verlauf meiner literarischen Arbeit verwendet habe. Es fing ja gleich mit meinem ersten Buch Mitte der fünfziger Jahre, ›Die Vorzüge der Windhühner‹, einem Gedichtband, an. Dort waren schon Tiere neben den Menschen als eine Art von Korrektur da. Mir ist das immer geläufig gewesen, daß wir nicht die einzigen Bewohner dieses Erdballs sind. Und wie katastrophal diese Weisung an die Menschen aus dem Alten Testament ist:

»Macht Euch die Erde untertan.« Eine schreckliche Weisung, die Umwelt zerstört, Arten ausgerottet, Mißachtung verbreitet hat gegen andere Lebewesen. Eine Einsicht, die uns mittlerweile mehr und mehr dämmert. Die war bei mir sehr früh da. Es gibt, um jetzt wieder auf die Ratte zu kommen, ein sehr frühes Theaterstück von mir, in den fünfziger Jahren geschrieben, ›Hochwasser‹, in dem schon zwei Ratten, Strich und Perle, auftreten und die wahren Realisten sind gegenüber den Menschen, die während der Naturkatastrophe Hochwasser nicht in der Lage sind, die Katastrophe zu begreifen. Wir reden schon immer von der Zeit nach der Katastrophe. Wir werden deshalb auch in die nächste Katastrophe hineinstolpern. Und diese Art von Rattenrealismus ist etwas, was sich vielleicht im Buch mitteilt und die Ratte auch rehabilitiert. Sie ist ein soziales Wesen im Vergleich zum Menschen.

B. P.: Deshalb könnte der Mensch ja von der Witterung und den Alarmsystemen, den frühen Alarmsystemen der Ratte, durchaus lernen. Nun gibt es im Buch diese Geschichte, daß Ratte und Mensch eins werden, miteinander geklont werden, und heraus kommt der Rattenmensch.

G. G.: Das ist eine menschliche Idee, das ist keine Rattenidee. Das ist fortgeschriebene Gentechnologie, Manipulation, aufbauend auf Mythen und Urgeschichten, die wir kennen. Solange es den Menschen gibt, hat er immer die Schimäre sich vorgestellt und zum Idol, zum Götterbild gemacht. In allen großen Religionen gibt es diese Mischung aus Mensch und Tier mit Hundekopf, mit Vogelkopf; Minotaurus etc. Oskar Matzerath zählt es an einer Stelle auf und sagt am Ende: »Wenn es das alles gegeben hat, warum am Ende nicht Rattenmenschen!« Hier tauchen sie dann nun auf als Produkt menschlichen Forschungs- und Fortschrittsverständnisses. Eine schreckliche Paarung in der Endphase des Buches, die dann auch scheitert. Aber was ich meine, ist natürlich nicht eine Manipulation von Fähigkeiten beider Gattungen, sondern eine, ja vielleicht Haltung der Demut, eine neue Art von Demut anderen Geschöpfen gegenüber, der Natur gegenüber, dem Leben gegenüber. Wenn diese Demut um sich greifen könnte, würde es all diesen Fortschrittsnarren und Sternkriegern zumindest schwer, vielleicht sogar unmöglich, ihren Wahnsinn als Fortschritt zu verkaufen und anzupreisen.

B. P.: Nun sind ja nicht nur die Menschenratten und Rattenmenschen grotesk-komische Figuren. Auch die Ratte und der Ich-Erzähler, der in seiner Raumkapsel entrückt ist und die Dinge von oben betrachtet, sind groteske Figuren. – Läßt sich dieser erzählerischen Konstruktion des Buches entnehmen, daß Sie der Auffassung sind, Aufklärung läßt sich, wenn überhaupt, heute nur noch mit Mitteln der Ironie und Satire betreiben?

G. G.: Ja, als Aufklärung, wenn sie nicht langweilen wollte. Das hat sie über lange Strecken getan. Denken Sie an ›Candide‹ von Voltaire. Das ist ein groteskes Buch, ein phantastisches Buch und dennoch ein aufklärendes Buch. Es ist ein Rückgriff auf Tugenden der Aufklärung, sich solcher Mittel zu bedienen. Auch ›Candide‹ ging von einer Katastrophe aus, vom Erdbeben in Lissabon.

B. P.: Nur ›Candide‹ erzählt *auch* eine Liebesgeschichte.

G. G.: Nebenbei erzählt er die auch noch, nebenbei. Aber er erzählt natürlich auch – in Voltaires Polemik gegen Leibniz und gegen die Spätscholastiker – den Kampf der Aufklärer gegen die Dunkelmänner des Mittelalters.

B. P.: Nun ist es, Herr Grass, wie Sie wissen, immer eine vertrackte Sache, den Autor in seinen Geschöpfen suchen zu wollen. Trotzdem die Frage: Welcher Ihrer Figuren fühlen Sie sich als Autor am nächsten?

G. G.: Das kann ich nicht beurteilen. Das Buch ist immer die Summe. Der Autor steckt in jedem Detail, also auch in Rumpelstilzchen, der in diesem Buch mit eine Rolle spielt. Also bis in die Nebenfiguren hinein.

B. P.: Mein Eindruck war, der Autor hat die größte Sympathie für eine derjenigen Frauen, die sich auf dem Forschungsschiff »Neue Ilsebill« in die Ostsee aufmachen, die Verquallung der Ostsee erkunden und das Frauenreich Vineta entdecken wollen; daß der Erzähler mit einer dieser Frauen, der Kapitänin Damroka, die hinterher als Menschenratte an Land geht, auf der Speicherinsel in Danzig, am meisten sympathisiert.

G. G.: Ja, ja; natürlich ist auch in diesem Buch eine Liebesgeschichte vergraben, und die ist intensiv berichtet, so daß sich – ohne daß der Leser und auch ohne daß Sie erfahren müssen, welche reale Person dahintersteckt – das mitteilt.

B. P.: Für mich ist eine der gelungensten Geschichten von den großen vier, die Sie erzählen – neben dem Dialog zwischen Rättin und Erzähler –, die Geschichte über das Waldsterben. Da machen sich die Brüder Grimm zusammen mit den alten Märchenfiguren auf nach Bonn, weil sie die sterbenden Wälder retten wollen. Können Sie nicht mal erzählen, was sich da in Bonn abspielt, als die Märchen, das heißt die Phantasie, die Macht ergreifen wollen?

G. G.: Es fängt ja damit an, daß bei einer Waldbesichtigung Kulissen aufgebaut werden, also ein heiler Wald, eine heile Welt vorgegaukelt wird in Gegenwart des Kanzlers. Die Kanzlerkinder sind dabei, und der Kanzlersohn fällt dem Vater in die Rede und widerspricht ihm. Die Kulissen fallen in sich zusammen, und der tote

Wald steht da, die Kanzlerkinder fliehen in den Wald, werden zu Hänsel und Gretel und finden dann in einem Märchenwald eine Pension, in dem – verwittert und alt geworden, pergamenten, aber immer noch am Leben – die uns bekannten Märchenfiguren: Schneewittchen und die böse Stiefmutter, Rotkäppchen, die Hexe etc. – Rumpelstilzchen als Kellner – wohnen und ein Pensionsleben führen. Die raffen sich auf zum Aufstand der Märchenfiguren gegen die Menschen, weil mit der Zerstörung des Waldes ja nicht nur ökologischer und ökonomischer Schaden vorliegt, sondern auch eine ganz andere Dimension – die des Märchens – zerstört wird. Die Märchenfiguren sind in dem Augenblick, in dem der Wald tot ist, ohne Hintergrund. Aus dieser Notlage heraus fahren sie nach Bonn, weil sie wissen – das wissen sie von den Kanzlerkindern –, daß dort die Brüder Jakob und Wilhelm Grimm als machtlose, ohnmächtige Minister für Umwelt eine Funktion haben. Und sie versuchen, sich mit denen zu verbünden. Die kommen da mit ihrem alten Ford, mit Hexenbenzin betrieben, nach Bonn in eine andere Welt, besuchen Jakob und Wilhelm Grimm und bereiten dann hinterher den Aufstand vor. Aber den kann ich jetzt in aller Kürze nicht erzählen, das ist ein Erzählstrang, der durch das ganze Buch geht und immer wieder aufgenommen wird, aber leider eben genauso katastrophal endet wie alle anderen Erzählstränge.

B. P.: Und er endet damit, daß alle Märchenfiguren von den Drachen, den Räumdrachen, niedergemacht werden. Das heißt, Märchen können unter Umständen politische, gesellschaftliche Realitäten wesentlich genauer kennzeichnen, als es Berichte tun können.

G. G.: Ja, die These ist: Wenn wir die Märchen zerstören, ist der Mensch ohne Märchen, und damit gibt er sich auf. Der Mensch ohne Märchen ist etwas Schreckliches.

B.P.: Alle Märchen enden normalerweise böse. Also muß dieses Märchen auch tödlich enden?

G.G.: Ja, das ist der Streit darum. Herr Matzerath, der ja diesen Film produzieren soll, rät zu einem versöhnlichen Schluß. Und so entkommen Hänsel und Gretel abermals. Aber sie fliehen nach rückwärts, sie fliehen in die Vergangenheit. Und dort tauchen dann auch wieder die Brüder Grimm auf, biedermeierlich gekleidet, sie fahren in einer Kutsche, rückwärts in die Vergangenheit. Ein, wenn man will, zynischer Schluß, der dieses Märchen im Sinne Oskar Matzeraths dann beendet.

B.P.: Für den Grass-Kenner und -Liebhaber ist es besonders schön, daß in diesem Roman viele der altbekannten Figuren aus Ihren früheren Büchern wieder auferstehen. Oskar Matzerath ist mittlerweile sechzigjährig und Videofilmproduzent, dessen Spezialität das Geschäft mit der Zukunft ist, die er in seinen Filmen vorproduziert.
Weshalb haben Sie Matzerath wieder auferstehen lassen? Weil er für Sie eine zeittypische Figur der achtziger Jahre ist? Oder vielleicht aus einer Art zwanghafter Neigung, an Ihre literarischen Anfänge zurückzukehren?

G.G.: Als ich mit der Arbeit an der ›Rättin‹ begann, war er gar nicht vorgesehen. Sowie aber das Feld abgeschritten war, hat er sich gemeldet. Er gehörte dazu. Das haben fiktive Figuren im Verhältnis zum Autor manchmal so an sich, daß sie auf einmal sich melden, wieder da sein wollen, dazwischenreden. Es war ein regelrechtes Dazwischenreden. Ich mußte ihn wahrnehmen. Und er hat mich dann auch geködert mit dem Angebot des hundertundsiebten Geburtstags der Großmutter Anna Koljaiczek. Und er bringt sich natürlich als jemand ein, der nur im Verhältnis zu einem Medium zu verstehen ist. Als er ein Kind war, war es die Trommel, das Glaszersingen. Diese Medien sind ihm verlorengegangen; er hat das herstellen müssen: Er ist Videoproduzent. Seine Firma Post Futurum ist in der Lage, und das wird ja auf dem Geburtstag – dem hundertundsiebten Geburtstag – gezeigt, diese ganze Geburtstagsfeier vorwegzunehmen. Der Hintergrund ist natürlich die Erkenntnis und Einsicht, die wir, wenn wir uns selbst beobachten, alle haben können: daß unsere Vorstellung von Wirklichkeit keine primäre mehr ist; oder keine ungetrübt primäre mehr. Vieles, was sich bei uns an Verhaltensweisen, an Redeweisen, an Wahrnehmungsweisen entwickelt hat, kommt schon übers Fernsehen, kommt aus zweiter Hand, ist vermittelt auf diese Art und Weise und setzt sich fort. Wie dann auch der Videofilm von Oskar Matzerath eine in sich unendliche Handlung der vorfabrizierten Zukunft bedeutet. Das liegt dem zugrunde. Daß er dann unter der Hand auch seinen sechzigsten Geburtstag in dem Buch feiern will, das ist etwas, was er gegen den Willen des Autors durchsetzt. Der Versuch, ihn abzuschreiben aus der Sicht des Autors, mißlingt. Er ist in gewissem Sinne überlebensfähig.

B. P.: Er gibt sogar eine Begründung dafür im Buch. Er sagt, der Autor Grass hat mich abschreiben wollen, weil er nicht immer wieder mit mir, Oskar Matzerath, identifiziert werden will.

G. G.: Mit etwas anderen Worten, aber so sagt er es etwa, ja.

B. P.: Nun ist Oskars zynische Devise die, daß der Mensch die Wirklichkeit satt habe. Daß keiner mehr an Tatsachen glaubt, daß die Wahrheit nur noch in den Geschichten von Donald Duck besteht und Micky Mouse ihr Prophet sei.

G. G.: Ja.

B. P.: Ist das Ihr Angriff auf die filmische Illusions- und Täuschungswelt?

G. G.: Sicher, das ist – Sie sagen es – eine zynische Einsicht von Oskar Matzerath im Umgang mit Tatsachen; aber sie ist nicht ganz von der Hand zu weisen. Und da diese zynische Position von ihm ernst genommen werden muß, beginnt das Gegenarbeiten. Das ist ja ein dauernder Streit, nicht nur zwischen Rättin und menschlichem Erzähler, sondern auch zwischen dem Autor und seiner Figur Oskar Matzerath, der dauernd dazwischenredet, auch in das Drehbuch hineinredet.

B. P.: Nun ist Oskar gleichzeitig Experte unserer jüngsten Geschichte, der Nachkriegsjahre. Er hält sie zusammen mit Malskat, dessen Verbündeter er in gewisser Weise ist, für die Epoche der »falschen Fuffziger«. Adenauer, Ulbricht, Malskat sind für ihn sozusagen die Inkarnation dieser Epoche der Fälschungen. Worin liegt für Sie der Schwindel und Betrug der ganzen Nachkriegsepoche?

G. G.: Ja, das ist eine zusätzliche Begründung, warum Oskar Matzerath in dem Buch drin ist. Er, ein typisches Produkt der fünfziger Jahre, sieht in den achtziger Jahren seine Stunde wiederkommen. Er war lange wie verdrängt, wie vergessen, auf einmal ist er wieder da. Erst jetzt in den achtziger Jahren sind wir mit den Konsequenzen der fünfziger Jahre, den Fehlentscheidungen, konfrontiert. Und das hab' ich in eine weitere Nebenhandlung, in einen weiteren Nebenbericht hineingearbeitet, indem ich – die Älteren werden sich daran noch erinnern – auf den Maler Lothar Malskat hinweise, der in Lübeck aus den Trümmern heraus gotische Fresken gezaubert hat. Aus eigener Hand, aus eigener Imagination. Er hat sie sogar versteckt signiert, hinter Übermalungen signiert. Aber im Gegensatz zu den politischen Großfälschern, die ich in Genossenschaft mit ihm sehe – den Westen betreffend Konrad Adenauer, den Osten betreffend Walter Ulbricht –, ist er von den drei Großfälschern derjenige, der seine Fälschung zugegeben hat. Er kam dann auch ins Gefängnis dafür. Die beiden anderen Großfälschungen, die beiden deutschen Staaten, dieses Sich-hinein-Schwindeln jeweils ins Siegerlager, dieses Nichteinlösen der Versprechungen eines anderen Deutschland: Das hat sich bis heute gehalten und steht waffenstarrend gegeneinander.

B. P.: Also eine Epoche, die weder politische noch moralische Glaubwürdigkeit hat in Ihren Augen?

G. G.: Die äußerst fragwürdig ist. Zwei Staaten auf Sand gebaut. Weil sie nicht die Konsequenz bewiesen haben, Lehren aus dem begonnenen und verlorenen Krieg zu ziehen. Allzu rasch hat man sich arrangiert. Sicher gibt es Gründe dafür, die Not war groß, die Angebote waren da mit Ausbruch des Kalten Krieges. Jeweils gerade besiegt, nach bedingungsloser Kapitulation, wollte man in kürzester Zeit zu den Siegern gehören, im einen wie im anderen Lager. Und so ist es geschehen. Bis heute.

B. P.: Fälschungen, die weiter wirken?

G. G.: Fälschungen, die weiter wirken und die ich in dieser – für manchen vielleicht ungewöhnlichen – Zusammenstellung deutlich machen möchte. Denn alle drei, Malskat in der Mitte, Ulbricht und Adenauer ihn flankierend, sind für mich dieses typische Fälschertriumvirat der fünfziger Jahre; wobei Malskat für mich der Ehrenwerte ist, der die Fälschung zugegeben hat: mit dem Ergebnis, daß man seine Malerei, die dennoch eine großartige war, im Chor der Marienkirche übertüncht hat.

B. P.: Von der nichts mehr erhalten ist?

G. G.: Von der es nur noch schmutzige Felder gibt. Man kann es in Augenschein nehmen. Nicht mal das Übertünchen ist gelungen.

B. P.: Auffallend ist, um zum Ende des Buches zu kommen, daß die vier großen Geschichten, die Sie erzählen, mit Verlusten, mit Scheitern und Abschieden enden. Ich hab' mich gefragt: Ist das der Beweis dafür, daß der Erzähler sich am Ende dem Verdikt der Rättin vom schrecklichen Ende, vom Ende aller Tage gebeugt hat?

G. G.: Es ist ein katastrophales Buch in einer katastrophalen Zeit. Es entspricht unserer Zeit, unserer Lage. Ich versuche, das Ganze nicht wehleidig vorzutragen, sondern mit den mir eigenen Mitteln. Auch mit aller Komik, die in einer solch verzweifelten Situation drinnen ist. Aber es ist kein Buch, das Hoffnung vortäuschen, sondern Einsicht vermitteln, Erschrecken vermitteln möchte. Denn wenn man wieder Anlaß zur Hoffnung haben will, sind Einsicht und Erschrecken über die Lage, in die wir uns gebracht haben, Voraussetzungen, auf die man nicht verzichten kann.

B. P.: Also ist dieses Buch eine Art literarischer Schocktherapie?

G. G.: Man kann es so nennen.

B. P.: Wie in Ihrem Roman ›Der Butt‹ gibt es erstmals auch in den zwölf Kapiteln der ›Rättin‹ immer wieder eingestreute Gedichte. Welche Rolle spielen diese Gedichte im Ganzen des Buches?

G. G.: Es sind bewußt gesetzte Unterbrechungen; auch hier wieder der deutschen Erzähltradition folgend. Bei den Romantikern gibt es das häufig, daß Gedichte zwischen den Prosakapiteln, aber auch im laufenden Prosatext, ihren Stellenwert haben. Es ist ein Aufbrechen der Handlung, eine neue Berichtebene, die dadurch hineinkommt. Mit den Möglichkeiten der Lyrik, mit der Verknappung, den Aussparungen, den Verdichtungen, die im Gedicht und seiner Technik liegen. Manchmal stehen Gedichte auch am Anfang eines Kapitels, wie ein Motiv, das angeschlagen wird und dann auch durch das ganze Kapitel hindurchgeht.

B. P.: 1982, als Sie den Feltrinelli-Preis bekommen haben, haben Sie vor der Angst gewarnt, und das scheint mir auch ein wichtiger Komplex im Buch zu sein. Weil es ja darum geht, Bedrohungen zu zeigen und Angst sichtbar zu machen. Aber damals haben Sie gesagt, Angst sei etwas sehr Gefährliches, weil sie zu irrationalem und unberechenbarem Verhalten verleite. In Ihrem Buch kommen Sie meines Erachtens zu einer völlig gegenteiligen Einsicht. Da sagt nämlich die Rättin: »Euch fehlte die Angst, die große Angst hatte sich verkümelt, der angstfreie Mensch ist besonders gefährlich.«

G. G.: Ja, das ist eine neuere Einsicht, die sich mir vermittelt hat. Weil ich immer wieder erlebt habe, wie Politiker – sicher aus einer Erfahrung heraus, die ich auch gemacht habe, daß Angst, wenn sie unartikuliert ist, zu irrationalem Handeln verführt – die Angst grundsätzlich diffamiert haben. Und dem mußte widersprochen werden. Das tut die Rättin. Wenn wir Angst verdrängen – und wir haben Anlaß, Angst und Furcht zu haben –, also zu feige sind, Angst zu zeigen, sie auszusprechen und Entscheidendes zu tun, damit kein Anlaß mehr für Angst besteht, wenn wir uns in falsche Sicherheitsversprechungen und Konzepte hineinretten und damit die Angst übertünchen, dann kommt es zu solchen Verhaltensweisen, wie ich sie beschrieben habe.

B. P.: Ich halte es dennoch für zweifelhaft, daß die Angst, beziehungsweise das Angstmachen, ein geeignetes Mittel der Aufklärung ist.

G. G.: Angstmachen sicher nicht. Aber darauf hinweisen, daß es Grund gibt, Angst zu haben. Und zu einer aufgeklärten Angst zu finden, die sich der Gründe bewußt wird, warum man Angst haben muß, warum es notwendig ist, diesen Mut zu beweisen, Angst zu zeigen, zu artikulieren. Es gilt ja als verwerflich, Angst zu haben. Das gehört sicher dazu. Das sich gegenseitig Muteinreden, »es wird schon nicht so schlimm kommen« und all die Sprüche, die wir tagtäglich hören. Es hat immer Gefahren für die Menschheit gegeben, wobei dann Unvergleichbares in einen Pott gerührt wird, zum Beispiel die Pest. Wir haben darüber gesprochen. Etwas, wogegen die Menschen in der Tat wehrlos waren. Das kam über sie. Das kann man nicht vergleichen mit den Dingen, die uns heute angst machen müssen. Und die wir selbst eingerührt haben, die wir also auch abstellen können. Aber Voraussetzung ist erst mal, daß wir uns zu unserer Angst bekennen, sie aufklären, also nicht zum kopflosen Reagieren kommen, aber dennoch die Angst als Grundlage anerkennen für weiteres Handeln.

B. P.: Deshalb keine Abschreckung betreiben, sondern abrüsten bis zur Nacktheit, wie Sie es einmal genannt haben?

G. G.: Ja, sicher.

B. P.: Als Sie das ›Tagebuch einer Schnecke‹ schrieben, haben Sie eine Art Bilanz gezogen und gesagt: »Nach all den Erfahrungen mit der Zeit und ihrem gegenläufigen Verlauf schrieb ich mir ein langsames Tier ins Wappen und sagte: Der Fortschritt ist eine Schnecke.« – Ist das neue Wappentier des Autors Günter Grass von jetzt an die Ratte, die als einzige das Prinzip Zukunft verkörpert?

G. G.: Ich habe es zum Zeitpunkt Ende der sechziger Jahre bis in die siebziger Jahre hinein geglaubt und hatte auch Anlaß dazu. Aus den Erfahrungen heraus, daß Fortschritt im weitesten, aufgeklärten Sinn – nicht etwa nur als technischer Fortschritt, sondern auch als sozialer Fortschritt, als Fortschritt verbunden mit Einsicht in die Natur – ein langsamer Vorgang sein muß, zum Menschen gehörend. Daß man solche Dinge nur mit ungeheuer viel Geduld im Sinne des Steinewälzers bewältigen kann. Und das ist nach wie vor so, daß wir Menschen offenbar nur in der Lage sind, in ganz verzögerten Vorgängen Verhaltensweisen – wenn überhaupt – zu verändern. Nur ist es mittlerweile so, und deswegen habe ich meine Position korrigieren müssen, daß uns die vom Menschen selbst eingerührten und ausgelösten Entwicklungen davonzulaufen beginnen. Sie sind schneller als wir. Und wir kommen im Schneckentempo dem nicht mehr hinterdrein. Hinzu kommt noch, daß wir dieses Schneckentempo schon nicht mehr haben. Es herrscht Stillstand, Rückschritt. In weiten Bereichen; zum Beispiel im sozialen Bereich, der dominiert und von Schneckentempo allenfalls träumen läßt. Selbst wenn wir zum Schneckentempo fähig wären, hätte ich Zweifel, ob das in der gegenwärtigen Situation und Lage, in der wir uns befinden, ausreichen könnte. Ich weiß da auch keinen Ausweg, denn alle raschen Konzepte, die dann sprunghaft revolutionär werden, machen gleichfalls skeptisch. Denn wir wissen, wie rigoros Revolutionen unentwickelte Phasen überspringen und dann prompt auch immer die Konterrevolution und den Rückfall in Uraltzustände zur Folge haben. Aber auf jeden Fall gehört bei mir die Einsicht dazu, daß mit dem herkömmlichen Schneckentempo, selbst wenn wir es hätten – und wir haben es nicht –, den von uns eingeleiteten Entwicklungen nicht mehr beizukommen ist.

B. P.: Also votieren Sie für die Ratten als Verkörperung von Zukunft?

G. G.: Wenn es so weitergeht, läuft es darauf hinaus. Und alles spricht dafür, daß es so weitergeht.

B. P.: Heißt das auch: Trotz der finsteren oder sehr ausweglosen Perspektiven dieses Buches ist ›Die Rättin‹ nicht das letzte Buch von Günter Grass?

G. G.: Ich bin von diesem Buch erschöpft. Und ich schreibe es in eine Zeit hinein – und jetzt hier am Ort, in der Bundesrepublik –, in der es zwar nach wie vor – und dafür bin ich dankbar – den Leser als Gegenüber gibt. Aber wir haben keine Literaturkritik mehr. Das, was ich bis jetzt so gelesen habe, sagt mehr aus über den Zustand der Literaturkritik als über das Buch. Es wird auch die Information über mein Buch unterschlagen. Es wird der Autor gemeint, es wird meine, wenn man so will, altmodische Haltung des Aufklärers lächerlich gemacht, weggewischt. Zumeist von Leuten, die so zwischen dreißig und vierzig sind, die ihre prägenden Jahre während der Achtundsechziger Zeit hatten, damals links standen, vielleicht sogar meinten, weit links von mir zu stehen. Die sich aber sehr rasch nach rechts verkrümelt haben und ihren Mißmut, auch ihr eigenes Ungenügen, an der Literatur auslassen. Das ist ein Verlust, auch für jeden Autor. Das kann man nicht einfach abschütteln. Was dort geschrieben wird, ist als Verletzung gemeint und trifft auch. Ein Autor, der dort Ihnen oder jemand anderem erzählt, das mache ihm nichts, er schüttle das ab, der mag das zur eigenen Selbstverteidigung sagen. Natürlich trifft das. Man kann nur hoffen, daß die Leser mündig genug sind, ihr eigenes Urteil zu bilden.

Jetzt komme ich erst zur Beantwortung Ihrer Frage. Daß man dann trotzdem – oder daß ich dann trotzdem weiterschreiben werde, trotz der Erschöpfung, trotz dieses Fehlens eines Gegenübers, ist wahrscheinlich. Weil ich nicht anders kann, auch nicht anders will. Aber was das wird, weiß ich nicht.

B. P.: Empfinden Sie den Erwartungsdruck, je mehr Sie schreiben, als zunehmend, als wachsend? Denn mit der ›Blechtrommel‹ sind Sie ja geradezu kometenhaft aufgestiegen. Danach war jede Erwartung an ein neues Buch von Ihnen größer und größer und größer. Nimmt das Einfluß auf Sie beim Schreiben?

G. G.: Es ist so, daß seit der ›Blechtrommel‹ – und dann im gesteigerten Maße – das Weiterschreiben schwieriger wird. Es ist eine zusätzliche Erschwerung. Besonders im Anfang. Wenn dann die Manuskriptarbeit begonnen wird, fällt das weg. Weil es nur möglich ist, ein neues Manuskript zu beginnen, wenn es dem Autor gelingt – in dem Fall mir gelingt –, neuerlich eine Unbefangenheit zu gewinnen. Und dann bekommt auch die Stoffmasse, die Schwierigkeiten des Schreibens bekommen dann ein solches Gewicht, daß die zusätzlichen Erschwernisse zur Seite geräumt sind.

B. P.: Mir scheint, daß Sie von einem Komplex nicht loskommen, seit Sie angefangen haben zu schreiben: vom Komplex Danzig. Das heißt auch: vom Komplex Ihrer Kindheit. Matzerath fährt nach Danzig zum hundertundsiebten Geburtstag seiner Großmutter, die wir ja aus der ›Blechtrommel‹ kennen.

G. G.: Ja, sicher ist das so. Es ist für mich mittlerweile nicht nur Danzig, weil ich von 1958 an, sooft ich konnte und sooft ich ein Visum bekam – im letzten Jahr hat man mir das Visum von polnischer Seite aus verweigert –, das heißt immer, wenn ich die Möglichkeit hatte, nach Danzig gefahren bin. Anfangs, um Danzig zu suchen und Reste, Spuren davon zu finden. Aber mittlerweile ist es Gdańsk, die Stadt auch der Arbeiteraufstände von 1970 an bis zu Solidarność. Ich habe Freunde dort, polnische Schriftsteller, die dort aufgewachsen sind. Ich bin in Korrespondenz rückblickend mit Danzig und gegenwärtig auch mit Gdańsk. Das ist ein Raum, der *da* ist oder den ich mir und vielleicht auch anderen, sicher auch anderen, den Lesern, mit Hilfe der Literatur wieder zurückerobert und erhalten habe. Auch das ist eine Möglichkeit der Literatur, Verlorenes, wenn man sich zu dem Verlust bekennt, mit literatureigenen Mitteln zurückzugewinnen. Ich habe mich kürzlich mal mit einem indischen Schriftsteller, Salman Rushdie, der aus Bombay und Pakistan kommt, auch dort Verluste erlitten hat und in London lebt, darüber unterhalten. Wir stimmten darin überein, daß Verluste haben – oder zur Verliererseite gehörend –, eine gute Voraussetzung für Literatur sind. Nur muß man sich zu dieser Verliererseite dann auch bekennen.

B. P.: Vielleicht ist es die einzig produktive Kraft, aus der Literatur entsteht.

G. G.: Ja, aus dieser Kraft, die im anerkannten Verlust liegt.

B. P.: Es ist ja, Herr Grass, bei Fernsehgesprächen eine alte Erfahrung: Der Befragte steht auf und denkt oft: Wichtige Fragen sind wieder mal nicht gestellt worden. An welche Frage werden Sie gleich denken?

G. G.: Mir hat eigentlich in diesem Gespräch, wie in den meisten Gesprächen, was nun ›Die Rättin‹ betrifft, die Frage nach literarischer Herkunft gefehlt. Es gibt ja Anspielungen. Wenn zum Beispiel gleich zu Anfang des Buches die Rättin vom Müllgebirge herab ihre Rede hält, so ist das eine deutliche Anspielung auf Jean Paul, auf die ›Rede des toten Christus vom Weltgebäude herab‹. Und da Literatur von Literatur herkommt, trifft das auf ›Die Rättin‹ auch zu. Wir haben in Deutschland mit soviel gebrochener Tradition zu tun; zum Beispiel die Phase der Emigrationsliteratur ist nach wie vor eine Phase von nicht-heimgekommener Literatur. Selbst Thomas Mann ist im Grunde noch außerhalb des Landes. Jean Paul, einer der größten Schriftsteller, wer liest ihn noch? Man kann von Glück reden, wenn das ›Schulmeisterlein Wuz‹ von irgendwelchen im guten Sinne närrischen Lehrern den Schülern noch zugemutet wird. Wir leben in zwei vulgärmaterialistischen Ländern. Überall gibt es natürlich die großen Zuwachsraten und Steigerungen, im Bibliotheksetat wird gestrichen; übers Jammern, es wird zuwenig gelesen, kommt man nicht hinaus. Die Analphabetisierung nimmt zu, und ich gehe einem altmodischen Beruf nach. Es ist alles durch Technik nicht zu beschleunigen. Auch eine computerisierte Schreibmaschine kann allenfalls den Spieltrieb des Autors befriedigen, läuft sogar Gefahr, wichtige Schreibvorgänge, Arbeitsvorgänge wegzurationalisieren. Deswegen beharre ich auf, wenn man so will: konservative Weise auf Tradition. Und das ist eine unzeitgemäße Erwartung. Und es wundert mich eigentlich nicht, wenn solche Fragen in Gesprächen kaum noch vorkommen. Aber als Antwort auf Ihre Frage könnte, wenn sie gestellt worden wäre – und jetzt habe ich sie mir selbst gestellt –, dem Leser oder dem Zuschauer hier einiges doch vermittelt werden über das Herkommen solcher Bücher. Literatur hat ja die Aufgabe – unter anderem die Aufgabe –, Lückenbüßer der Geschichte zu sein. Was wüßten wir vom Dreißigjährigen Krieg, wenn wir nicht Döblin hätten, den ›Wallenstein‹, aber auch den Zeitgenossen Grimmelshausen, der aus der Sicht der kleinen Leute, der Verlierer, diesen Krieg berichtet hat. Wir kennen nur die Staatsaktionen. Geschichte wird zumeist von den Siegern geschrieben.

Hier erfüllt Literatur Lückenbüßerdienste, wichtige, unverzichtbare. Und an diese Autoren erinnere ich mich gerne, wenn ich mit etwas Neuem beginne. Und ich glaube auch, daß Literatur wieder zugänglicher wäre, wenn es gelingen könnte, an diese großen Traditionen deutschsprachiger Literatur zu erinnern. Zumal in einer Zeit und in einem geteilten Land, das mittlerweile politisch aus zwei Staaten besteht – mit ihrer Eigenständigkeit: politisch, wirtschaftlich, ideologisch – und denen nicht mit Wiedervereinigung zu helfen ist. Dennoch, trotz des Teilungsprozesses und allen Prognosen zum Trotz, haben wir eine gemeinsame Literatur, eine gesamtdeutsche Literatur. Das sollte doch darauf aufmerksam machen, wieviel Kraft in diesen Bereichen liegt, wieviel Möglichkeiten auch für die junge Generation sich anböten, wenn man nur diesen menschlichen Vorzug des Lesenkönnens wieder mehr wahrnehmen würde. Diese Fähigkeit, mit sich und einem Buch allein zu sein, abgeschlossen zu sein, ohne Nebengeräusche, ohne »kleinen Mann im Ohr«, ein abstraktes Schriftbild zu imaginieren, mit eigener Einstellung. Nicht die Mattscheibe, was wir hier reden, bedient den Zuhörer. Wir haben das Glück, daß nicht aus falschem Aktionismus heraus immer wieder Zwischenschnitte gemacht werden, sondern daß der Zuhörer dem Gespräch folgen kann. Aber dennoch, es bedient den Zuschauer. Das Buch fordert den Leser heraus. Er muß etwas dazugeben. Ohne ihn existiert das Buch nicht. Er muß imaginieren, was dort geschrieben ist. Und diese Fähigkeit, eine hervorragende Fähigkeit, die wir mit den Ratten, den Leseratten, gemeinsam haben, ist unterentwickelt. Wenn ein solches Gespräch das fördern kann und diese mir selbst gestellte Frage dazu auch beitragen kann, bin ich froh.

B. P.: Nicht nur das Lesenkönnen ist eine wichtige Voraussetzung. Ebenso wichtig ist das Geschichtenerzählen. Ich denke, es gibt nicht genügend Geschichtenerzähler, die das, was sozusagen in Beschlag genommen worden ist durch die Fernseh- und Medienindustrie, ausgleichen können.

G. G.: Das Geschichtenerzählen wie das Lesen sind archaische menschliche Grundhaltungen.

B. P.: Nur, das Lesen läßt sich üben, aber das Geschichtenerzählen ist etwas, was zunehmend, wenn man auf die Literatur der letzten zehn, fünfzehn Jahre sieht – zumindest auf die deutschsprachige Literatur –, nicht mehr so überzeugend ist wie in den fünfziger und sechziger Jahren.

G. G.: Wieder ein Reflex auf den Zustand, ich will nicht sagen der Literaturkritik; ich will mich da gern korrigieren, will nicht jeden in diese Pfanne hauen. Es gibt ja die Ausnahmen, aber die Tendenz in der Literaturkritik ist eine erzählfeindliche. Das hat man auch jahrelang mit wechselnden Schlagworten von der sogenannten »authentischen« Literatur, der Literatur von Befindlichkeiten, gefördert. Und Autoren dazu gebracht, darunter begabte, es mit eigener Nabelschau genug sein zu lassen.

B. P.: Man hat sie doch angegriffen, diese ganze Innerlichkeitswoge, die überschwappte zu Beginn der siebziger Jahre. Die Literaturkritik stand ja nicht auf der Seite dieser Innerlichkeitsautoren, dieser Autoren der neuen Subjektivität. Die Literaturkritik hat sich doch relativ scharf dagegen zur Wehr gesetzt.

G. G.: Nach einer gewissen Zeit, als es zuviel wurde. Sie wurden eine ziemliche Zeit lang gefeiert. Dann war man der eigenen Zöglinge überdrüssig und warf sie weg.

B. P.: Sie haben etwas Interessantes gesagt: daß Literatur auch von Literatur herkommt. Ihr Lehrer ist Alfred Döblin. Über ihn haben Sie geschrieben, Sie hätten von ihm gelernt, Geschichte als einen absurden Prozeß zu begreifen. Sicher ein Moment, das in Ihr Konzept der ›Rättin‹ mit hineingespielt hat.

G. G.: Sicher, das ist etwas, was mit dem Schreiben zu tun hat und auch mit meiner politischen Einstellung. Ich glaube, daß die Hegelsche Geschichtsauffassung, die der Geschichte von vornherein einen Sinn suggeriert, ihr sogar den Weltgeist inthronisiert – als habe die Geschichte, nur weil sie Geschichte ist, in ihrem Verlauf immer das Recht auf ihrer Seite –, daß dies eine schreckliche These und Lehre ist, mit Folgen nach links und rechts. Denn in dem Augenblick, in dem wir den geschichtlichen Prozessen von vornherein recht geben, wird jedes Unrecht sanktioniert. Es ist dann zwar schlimm, subjektiv für die Opfer, aber objektiv vor der Geschichte beurteilt, ist es natürlich richtig, weil die Geschichte ja immer recht hat. Hier ist natürlich die Döblinsche Sicht des absurden Verlaufs der Geschichte im ›Wallenstein‹-Roman – aber auch in anderen Büchern – etwas, was sich in meiner Arbeit weiter bestätigt hat. Wohl auch in meiner Einsicht, so wie ich als Zeitgenosse Gegenwart erfahre.

Unter Hans Werner Richters Fuchtel

*Laudatio zum 80. Geburtstag von Hans Werner Richter
auf einem Empfang in der Villa Hammerschmidt in Bonn*

Lieber Hans Werner, liebe Toni,

zuerst einmal die Überraschung für mich: Ich habe unseren Kreis noch nie so schnieke gekleidet gesehen. Der Eindruck ist ein außergewöhnlicher, und vielen unter uns würgt am Hals die Krawatte und die Neigung, sich von ihr zu befreien.

Jetzt stehe ich vor der Frage: Wie danken?

Ich kenne die Gruppe genug, um nicht im Namen aller sprechen zu können. Was einem bleibt: das eigene Ich. Ich will es dennoch abwechselnd tun – mal aus dem Wir, mal aus dem Ich heraus.

Wenn ich mit dem Ich beginne, so glaube ich, einige meiner Generationsfreunde mit hineinnehmen zu können. 1945 war ich siebzehn Jahre alt, ein ausgemachter Dummkopf: dumm gehalten, borniert, uneinsichtig, verschreckt, mit diffusen Zielen. Mit fünfzehn hörte die Schule auf, und das ging eine ganze Zeit lang noch so, bis in die unmittelbare Nachkriegszeit. Im Rückblick stelle ich jetzt fest, daß meine Schule sich erst unter Hans Werner Richters Fuchtel fortgesetzt hat. Ich habe von ihm – und ich glaube, es ging einigen meiner Generationsgenossen vergleichbar – neuerliche Lektionen erfahren: nachdrückliche, geschickt beigebrachte, so wie nur er es konnte. Die Lektion, zuzuhören und anderes zu ertragen, diese direkt ausgeübte Toleranz, die zur Grundlage der Gruppe 47 gehörte. Die Vielzahl der Stile, die Sicht des Verschiedenen und des sich Ausschließenden, die Sicht literarischen Geschehens und literarischen Verständnisses – das war nur unter seiner toleranten Fuchtel möglich. Er, der aufgeklärte Despot, an der Spitze dieses verrückten Vereins, war doch der Tolerante – auch das ist ein Widerspruch in der Sache.

Zwanzig Jahre, Sie sagten es, Herr Bundespräsident, gibt es diese ungewöhnliche Erscheinung nicht mehr. Sie haben etwas herausgestellt, was wir als Teilnehmer an diesen Tagungen von uns nie hätten sagen können, nämlich wir seien quasi in der entstehenden Bundesrepublik das einzig Neue gewesen. Das kann nur, mit genauem Hinsehen, ein Politiker sagen. Wenn wir es gesagt hätten, man hätte uns das als Anmaßung um die Ohren geschlagen. Aber es ist wahrscheinlich so, wie Sie es festgestellt haben.

Das liegt auch daran, daß Hans Werner Richter das Kunststück gelungen ist, uns zusammenzuhalten. Vielleicht auch deswegen, weil wir kein Statut hatten, keine Geschäftsordnung und erst recht keine Geschäftsordnungsdebatten, keine festen Mitglieder. Es lag bei ihm, wer da war, wer nicht da war und wie die Sache ihren Verlauf nahm. Das einzige, was noch das Geschehen einer solchen Tagung mitbestimmen konnte, war die Qualität der Texte. Er wußte sie wohl einzuschätzen, auch die Reihenfolge der Lesenden zu bestimmen und von sich aus zu befinden, ob ein Preis vergeben wird oder nicht.

All das ist nun, wir wissen es, und wir haben es mehrmals gehört, seit zwanzig Jahren vorbei. Uns erstaunt nur noch, daß es einen solchen Nachhall hat, daß sich junge Menschen dafür interessieren. Bei jüngeren Kollegen, wenn man sich umhört, merkt man, wie ihnen diese Versammlung einmal im Jahr fehlt, die Möglichkeit, in einem Kreis von besten Freunden *und* Feinden sich kennenzulernen und mit ihnen zusammenzuleben, um zu diskutieren und zu streiten.

Ich danke Ihnen, Herr Bundespräsident, daß Sie sich und uns geehrt haben, indem Sie Hans Werner Richter zu sich geladen haben.

Artur Knoff

Friedenau, am 11. Juli 1989

Lieber Leslie Willson,

wie kam Artur Knoff zu seinen Geschichten und sogar zu einem Verleger?

Mitte der sechziger Jahre war es. Nachdem ich dem lesehungrigen Publikum zwei dicke Wälzer – ›Die Blechtrommel‹ und ›Hundejahre‹ – und zudem die Novelle ›Katz und Maus‹ vorgelegt hatte, schrieb ich entspannt und mit keinem Großprojekt belastet wie nebenbei eine Reihe von Geschichten. Doch der Gedanke, sie unter meinem Namen zu veröffentlichen, also all jenen Großkritikern zum Fraß vorzuwerfen, die sich von Berufs wegen eine Super-Blechtrommel erwarteten, dieser Gedanke kam mir abstrus vor. Also schützte ich meine Geschichten, indem ich mir einen Autor erfand. Artur Knoff bot sich an; so hieß einer der Brüder meiner Mutter, der Schriftsteller werden wollte, aber 1917 im Alter von zweiundzwanzig Jahren nach einem Bauchschuß krepierte. Ich erfand eine halbwegs glaubwürdige Vita dazu, und mein Freund Walter Höllerer, nebenbei Chef des Literarischen Colloquiums Berlin, war bereit und verschwiegen genug, Artur Knoffs ›Geschichten Geschichten‹ als schmales Bändchen zu verlegen. Da die Bände dieser Editionsreihe bis heutzutage auf der Titelseite ein Foto des Autors zeigen, war meine damals recht knäbisch wirkende Frau Anna bereit, mit angeklebtem Oberlippenbärtchen und schräg aufgesetzter Schlägermütze als Artur Knoff für ein Foto stillzuhalten. Das Buch erschien. In einigen wenigen Kritiken wurde dem jungen Autor Knoff Talent bestätigt. Ein

Kritiker bemerkte sogar eine gewisse Abhängigkeit von einem Romanschriftsteller namens Grass, und aus Mailand schrieb eine italienische Lektorin, der Autor solle doch nicht bei Kurzgeschichten bleiben, vielmehr hervorkehren, was in ihm stecke, das heißt Romane schreiben. So erfreute ich mich viele Jahre lang an den zwar spärlichen, aber rundweg freundlichen Äußerungen zum Erstlingswerk meines Artur Knoff, dem leider keine weiteren literarischen Werke folgten; er hatte sich wohl verausgabt. Anfang der achtziger Jahre plauderte ein Freund, den ich leichtfertig eingeweiht hatte, die Geschichte aus; die Legende verflüchtigte sich, und mir blieb nichts anderes übrig, als Artur Knoffs ›Geschichten Geschichten‹ in meine Werkausgabe aufzunehmen; dort sind sie unter der Rubrik ›Kurzprosa‹ zu finden.

Ihnen, lieber Leslie Willson, erteilen Artur Knoff und ich gerne die Erlaubnis, einige Geschichten, von Ihnen übersetzt, in ›Dimension‹ abzudrucken.

Freundlich grüßt Sie

Ihr *Günter Grass*

Hinsehen und Aufzeichnen

Die Frau auf der Totenbahre, deren Sterbeblick Blätter abdecken: im Laufschritt vorbeigetragen – festgehalten den Augenblick; oder, auf ihren Fersen sitzend, Hocker, die nichts außer Zeit haben; staunen, wie immer anders den Indern, in ihrer unübersehbaren Vielfalt, der Turban gelingt; Landschaft, die sich aus anfallendem Müll täglich neu schichtet; und Steinwüsten, nahe Hyderabad, die vor fünfzig Jahren noch Dschungel waren, in dem, zur Kurzweil schießwütiger Kolonialherren, Tiger umgingen; oder Kopflasten, als schwebten sie: weitausladende Bündel Brennholz, vom toten Baum gebrochen; und immer wieder die Schläfer, wie weggeworfen. – Keine Ideenskizzen liegen vor, sondern vor Ort entstandene Blätter, auf denen versucht wurde festzuhalten, was, bei andauerndem Andrang materieller Wirklichkeit, nicht verschüttgehen sollte.

Skizzieren heißt auswählen. Ich hielt fest, was mir querlag, mich anstieß oder mit Worten nicht zu benennen war. Die Wörter – verfügbare und nicht vorhandene – gehörten dem Tagebuch als Möglichkeit an, sich selbst in extrem veränderter Lebenssituation zu begreifen, das eigene Unverständnis aufzuschreiben und notfalls Distanz, Ausflucht zu suchen. Oft genug spielten sich Skizzen- und Tagebuch als vom Autor unabhängige Dialogpartner auf, die einander ins zu vage Wort fielen, dem Bild, weil es vorschnell Bild wurde, widersprachen. Schließlich sollten Zeichnen und Schreiben (und ihr Widerspruch als Gedicht) Grundlage sein für ein vorerst nur ausgedachtes Buch, das später unter dem Titel ›Zunge zeigen‹ erschien und Calcutta, die westbengalische Metropole, zum Zentrum hat.

Von Mitte August 86 bis Ende Januar 87 war ich dort. Deshalb sind die vorliegenden Skizzen überwiegend in Calcutta entstanden. Ob flüchtige Notate – wie im Vorbeigehen wahrgenommen – oder gründliche Bestandsaufnahme – als müßten alle Baumaterialien engstehender Slumhütten beim Namen genannt werden –, immer sind die Motive dem indischen, dem bengalischen Alltag abgewonnen; der verlangt dem Zeichner, außer Respekt vor immer neuen Wirklichkeiten, Geduld ab. Denn wo er seinen Skizzenblock auf die Knie nahm, war er von Zuschauern umgeben, die sehen, einsehen wollten, was da geschah; niemals hätten sie das Abfotografieren, dieses rasche, herrische, für sie undurchschaubare Belichten ihrer Notdürftigkeit, geduldet. Mir konnten sie auf die Finger schauen. Wohl deshalb fühlte ich mich, mitten im Gedränge Nordcalcuttas, als Zeichner wie angenommen und akzeptiert, und sei es auch nur für die Dauer einer Skizze.

Ich, das heißt der Schriftsteller, zwang den Zeichner zum Hinsehen, immer wieder – und alle Ausflüchte wie Kunstansprüche verlachend – zum Hinsehen: Denn jener Slum, dessen Hütten als Mittelpunkt eine aus Zeiten der Kolonialherrschaft überlebende Denkmalbüste respektieren, wollte wahrgenommen werden; auch die Kuh vor dem Leichenfeuer, bewohnte Betonröhren, Kochstellen unter Bäumen; und jene vor undurchlässigen Häuserwänden und Fabrikmauern wie zufällig Liegenden, die in Calcutta als Obdachlose (weil in keinem Slum zugelassen) Pavementdweller – Pflasterbewohner – genannt werden, wollten gesehen, aufgezeichnet sein. Wer sonst nimmt sie wahr – allenfalls die Statistik.

Nachtleben zwischen Fassaden und Rinnstein. Kühe

ragen ins Bild. Grüne Kokosnüsse, ausgetrunken und leergelöffelt, restliche Kohlestückchen aus der Asche geklaubt, denn überall sind Müllberge zugleich Fundgruben. Und im Müll Menschen, die als Unberührbare zum Abfall erklärt, also Müll einer Gesellschaft sind, deren Kastensystem sich geheimnisvoll gibt, doch nach längerem Hinsehen – und ich sah hin und zeichnete auf – nicht verdecken kann, daß es Unrecht und Ausbeutung zur Regel und deren Duldung zur Heilslehre macht.

Was auf Anhieb einzig Kunst im Kalkül hat, wäre hier zur Beschwichtigung verkommen. Ich versuchte mit meinen Filzstiften, Stahl- und Krähenfedern der Gefahr distanznehmender Abstraktion und den beliebten Mystifizierungen zu entgehen. In einer Zeit, deren oftberufener Geist sich hochdotiert im Wegsehen übt, diese Übung als Tugend ausgibt und als Zeitgeist den Künstlern rät, lieber nach innen zu schauen – als sei da, außer dem alten Ego, irgendwas von Belang –, ist Hinsehen vonnöten.

Kein Kinderbuch

Friedenau, am 25. Oktober 1989
Sehr geehrter Herr Peltsch,
 als Antwort auf Ihren Brief vom 10. Oktober schicke ich Ihnen die nachfolgende Überlegung.
 Kann sich ein Autor vornehmen, für Kinder schreiben zu wollen? Offenbar ist das möglich, denn einige meiner Kollegen haben, neben ihren ausgesprochen literarischen Werken, die als Erwachsenenliteratur zu gelten haben, Bücher dezidiert für Kinder geschrieben. Ich tue das nicht. Warum nicht? Weil ich mir beim Schreiben kein gesondertes Lesepublikum, also weder lesende Kinder, lesende Arbeiter oder auch lesende Rentner vorstellen kann. Wohl aber gehören oft genug Kinder als Haupt- oder Nebenfiguren zum Personal meiner Bücher. Vielleicht ist das so, weil ich Kinder als zu komplex begreife, als daß ich sie gesondert in sogenannten Kinderbüchern darstellen könnte. Wenn man bereit ist, Oskar Matzerath als kindliche Existenz zu akzeptieren, ist dieser Oskar von solch komplexer Natur. Gleiches gilt für Tulla Pokriefke in ›Katz und Maus‹ und weiterführend hier dem dicken Kind Jenny Brunies in ›Hundejahre‹.
 Ich meine schon, daß ›Katz und Maus‹ für Kinder ab zwölf Jahren verständlich ist, ohne daß ›Katz und Maus‹ dadurch zum Kinderbuch wird. Oder die Probleme des Schülers Scherbaum in ›örtlich betäubt‹ und seiner Freundin Vero Lewand. Hätte ich sein Problem – nämlich den Vorsatz, seinen Hund, einen Dackel, aus Protest gegen den Vietnamkrieg vor dem Café Kempinski auf dem Kurfürstendamm in Berlin verbrennen zu wollen – in einem

Kinderbuch gestalten sollen? Vielleicht liegt es auch daran, daß ich als Kind nie oder selten, jedenfalls nicht mit Nachwirkung Kinderbücher gelesen habe, vielmehr als Zwölf- oder Dreizehnjähriger, ohne recht zu begreifen, was ich las, über Dostojewskij mit roten Ohren hockte: ein Leseerlebnis, nachwirkend bis heute.

Ich bin Vater von sechs Kindern, und zwei kamen noch dazu, die meine Frau aus erster Ehe mitgebracht hat. Gelegentlich sagten sie: Schreib mal was für uns. Also schrieb ich ›Aus dem Tagebuch einer Schnecke‹, indem ich versuchte, ihnen zu erklären, warum ich vom Frühjahr bis zum Herbst 1969 mit Unterbrechungen auf Wahlreise sein mußte. Ich sprach sie und damit auch andere Kinder an, indem ich erklärte, warum dazumal ein ehemaliger Nazi, nämlich Kurt Georg Kiesinger, als Bundeskanzler unerträglich war. Ich erzählte ihnen die traurige Geschichte der Zerstörung der Danziger Synagogengemeinde. Ich versuchte, ihnen zu erklären, welches Unrecht den Tschechen und Slowaken zugefügt wurde, als im Jahr zuvor, nämlich im August 1968, die Armeen der fünf Warschauer-Pakt-Mächte, unter ihnen abermals deutsche Soldaten, ihr Land besetzten und ihren friedlichen Reformwillen unterdrückten. Beim Schreiben wurde mir deutlich, wie schwer vermittelbar das Schichtengemenge der Erwachsenenwelt ist. Die Fragen und Zwischenfragen der Kinder verlangten mir eine Genauigkeit ab, auf die sogenannte Erwachsene gelegentlich gerne verzichten. Aber auch ›Aus dem Tagebuch einer Schnecke‹ ist kein Kinderbuch. Und ›Der Butt‹ ganz gewiß nicht, obgleich diese epische Geröllhalde als ein langes, sogar überlanges Märchen angelegt ist.

Jetzt, zweiundsechzig Jahre alt, kann ich mir vorstellen, daß ich vielleicht als Siebzigjähriger, mittlerweile wieder kindlich werdend, versucht sein könnte, ein Kinderbuch zu schreiben. Ob es gelingt?

In der Hoffnung, daß meine kurze Überlegung Ihren Erwartungen entspricht, grüße ich Sie freundlich.

Ihr *Günter Grass*

Schreiben nach Auschwitz

Frankfurter Poetik-Vorlesung

Ein Schriftsteller, aufgefordert, von sich, also von seiner Arbeit, zu berichten, müßte sich in ironische, alles verkleinernde Distanz verflüchtigen, wollte er jenen Zeitraum meiden, der ihn belastet, geprägt, (bei allem Ortswechsel) zwischen Widersprüchen seßhaft, im Irrtum gefangengehalten und zum Zeugen gemacht hat. Indem ich diesen Vortrag unter den Titel ›Schreiben nach Auschwitz‹ gestellt habe und nun einen Anfang suche, weiß ich, daß mir das Ungenügen vorgeschrieben ist. Mein Thema überfordert. Dennoch sei der Versuch gewagt.

Da ich – eingeladen von einer Universität – besonders zu Studenten spreche, mich also der Aufmerksamkeit oder nur blanken Neugierde einer Generation konfrontiert sehe, die, im Vergleich zu meiner, unter extrem anderen Bedingungen aufgewachsen ist, will ich mich vorerst um Jahrzehnte zurücknehmen und meinen Zustand im Mai 1945 skizzieren.

Als ich siebzehn Jahre zählte und mit hunderttausend anderen in einem amerikanischen Kriegsgefangenenlager unter freiem Himmel in einem Erdloch hauste, war ich, weil ausgehungert, mit gieriger Schläue einzig aufs Überleben bedacht, doch sonst ohne Begriff. Mit Glaubenssätzen dummgehalten und entsprechend auf idealistische Zielsetzungen getrimmt, so hatte das Dritte Reich mich und viele meiner Generation aus seinen Treuegelöbnissen entlassen. »Die Fahne ist mehr als der Tod«, hieß eine dieser lebensfeindlichen Gewißheiten.

Soviel Dummheit resultierte nicht nur aus kriegsbedingt löcherigem Schulwissen – als ich fünfzehn zählte, begann für mich, als Freiheit von Schule mißverstanden, die Luftwaffenhelferzeit –, vielmehr war es eine allgemeine, Klassen- und Religionsunterschiede überwölbende Dummheit, die sich aus deutschem Selbstgefallen nährte. Dessen Glaubenssätze hoben etwa so an: Wir Deutschen sind ... Deutschsein heißt ... und schließlich: Niemals würde ein Deutscher...

Dieser zuletzt anzitierte Punktumsatz überdauerte sogar die Kapitulation des Großdeutschen Reiches und gewann die vertrotzte Stärke von Unbelehrbarkeit. Denn als ich mit vielen meiner Generation – von unseren Vätern und Müttern sei hier nicht die Rede – den Ergebnissen von Verbrechen konfrontiert wurde, die Deutsche zu verantworten hatten und die seitdem unter dem Begriff Auschwitz summiert sind, sagte ich: Niemals. Ich sagte mir und anderen, andere sagten sich und mir: Niemals würden Deutsche so etwas tun.

Dieses sich selbst bestätigende Niemals gefiel sich sogar: als standfest. Denn die erdrückende Vielzahl von Fotos, die hier gehäufte Schuhe, dort gehäufte Haare, immer wieder zuhauf liegende Leichen abbildeten und mit unfaßlichen Zahlen und fremdklingenden Ortsbezeichnungen – Treblinka, Sobibór, Auschwitz – untertitelt waren, hatten, sooft amerikanischer Erziehungswille uns Siebzehn-, Achtzehnjährige zur Ansicht dieser Bilddokumente zwang, nur eines, die ausgesprochene wie unausgesprochene, doch gleichermaßen unbeirrte Antwort zur Folge: Niemals hätten, nie haben Deutsche so etwas getan.

Auch als das Nie oder Niemals (spätestens mit dem Nürnberger Prozeß) zunichte wurde – der ehemalige Reichsjugendführer nannte uns, die Hitlerjugend, frei von Verantwortung –, brauchte es weitere Jahre, bis ich zu begreifen begann: Das wird nicht aufhören, gegenwärtig zu bleiben; unsere Schande wird sich weder verdrängen noch bewältigen lassen; die zwingende Gegenständlichkeit dieser Fotos – die Schuhe, die Brillen, Haare, die Leichen – verweigert sich der Abstraktion; Auschwitz wird, obgleich umdrängt von erklärenden Wörtern, nie zu begreifen sein.

Soviel Zeit seitdem vergangen ist, bei aller Beflissenheit einiger Historiker, Vergleichbares herbeizuzitieren, um einer, wie man sagt, unglücklichen Phase deutscher Geschichte historischen Stellenwert zu unterschieben, was immer auch eingestanden, beklagt, sonstwie aus Schuldbewußtsein gesagt wird – so in dieser Rede –, das Ungeheure, auf den Namen Auschwitz gebracht, ist, weil eben nicht vergleichbar, weil durch nichts historisch zu unterfüttern, weil keinem Schuldgeständnis zugänglich, unfaßbar geblieben und dergestalt zur Zäsur geworden, daß es naheliegt, die Menschheitsgeschichte und unseren Begriff von menschlicher Existenz mit Ereignissen zu datieren, die vor und nach Auschwitz geschehen sind.

Um so beharrlicher stellt sich dem Schriftsteller im Rückblick die Frage: Wie war es möglich, überhaupt möglich, dennoch möglich, nach Auschwitz zu schreiben? Wurde diese Frage nur gestellt, um dem Ritual der Betroffenheit zu genügen? Waren die quälenden Selbstbefragungen der fünfziger und frühen sechziger Jahre etwa nur rhetorische Übungen? Und: Kann diese Frage gegenwärtig von Gewicht sein, zu einer Zeit, in der Literatur allenfalls durch die neuen Medien grundsätzlich in Frage gestellt wird?

Zurück zum dummen, zum unbeirrbaren Halbwüchsigen. So dumm, so unbeirrbar war er nun auch wieder nicht. Schließlich hatte es, bei aller Kürze abgesessener Schulzeit, einige Lehrer gegeben, die, mehr verstohlen als offen, ästhetische Maßstäbe und weites Kunstverständnis erkennen ließen. Etwa jene als Lehrerin kriegsdienstverpflichtete Bildhauerin, die dem immerfort zeichnenden Schüler Ausstellungskataloge der zwanziger Jahre zuschob. Ein Risiko eingehend, hat sie mich mit dem Werk der Künstler Kirchner, Lehmbruck, Nolde, Beckmann entsetzt und gleichwohl infiziert.

Daran hielt ich mich. Oder das ließ mich nicht los. Angesichts dieser bildnerischen Provokationen hörte die Unbeirrbarkeit des Hitlerjungen auf; nein, sie hörte nicht auf, durchlässig wurde sie an einer einzigen Stelle, hinter der sich andere, egozentrische Unbeirrbarkeit auszuwachsen begann: die dumpfe und ungenaue, dennoch beharrlich zugespitzte Verstiegenheit, Künstler werden zu wollen.

Seit meinem zwölften Lebensjahr war ich davon nicht abzulenken, weder durch väterliche Berufsvorstellungen soliderer Art noch durch spätere Ungunst der Zeit: überall Trümmer und nichts zu essen. Diese jugendliche Besessenheit blieb vital, überlebte unbeschadet, das heißt wiederum unbeirrt, das Kriegsende, entsprechend die ersten Nachkriegsjahre und auch die ringsum alles verändernde Währungsreform.

Und so fiel die Berufsentscheidung aus. Nach der Steinmetz- und Steinbildhauerlehre wurde ich Bildhauerschüler zuerst der Kunstakademie Düsseldorf, später der Hochschule für Bildende Künste Berlin. Doch diese autobiographischen Daten sagen nur wenig, allenfalls, daß der Wunsch, Künstler werden zu wollen, eine, wenn man will, bewundernswerte, ich meine nachträglich, fragwürdige Geradlinigkeit verrät: gewiß nicht fragwürdig, weil sie so schnurstracks an den Bedenken der Eltern vorbei verlief, bewundernswert vielleicht, weil sie ohne materielle Absicherung einfach gewagt wurde; aber fragwürdig doch und am Ende gar nicht bewundernswert, weil sich meine künstlerische Entwicklung, die bald übers Gedicht zur Schriftstellerei führte, schon wieder unbeirrbar vollzog, unbeirrbar auch durch Auschwitz.

Nein, dieser Weg wurde nicht unwissend eingeschlagen, denn mittlerweile lag ja aller Schrecken offen zutage; dennoch führte er blindlings und dabei zielstrebig an Auschwitz vorbei. Schließlich gab es in Überfülle Orientierungen anderer Art. Nicht solche, die hemmten und den Schritt zögern ließen. Zuvor nie gehörte Autorennamen lockten, ergriffen Besitz: Döblin, Dos Passos, Trakl, Apollinaire. Die Kunstausstellungen jener Jahre waren keine durchgestylten Selbstinszenierungen berufsmäßiger Ausstellungsmacher, vielmehr eröffneten sie unverstellt neue Welten: Henry Moore oder Chagall in Düsseldorf, Picasso in Hamburg. Und Reisen wurden möglich: per Autostopp nach Italien, nicht nur, um die Etrusker, sondern auch karge, erdtonige Bilder von Morandi zu sehen.

Indem die Trümmer mehr und mehr aus dem Blickfeld gerieten, war es, obgleich ringsum schon wieder nach altem Muster gewebt wurde, eine Zeit des Aufbruchs und freilich auch der Illusion, man könne auf alten Fundamenten Neues gestalten.

Übergangslos las ich Buch für Buch in mich hinein. Bildsüchtig nahm ich Bilder und Bildfolgen auf, ohne Plan, einzig auf die Kunst und ihre Mittel fixiert. Als gebranntem Kind reichte es mir, mehr aus Instinkt als mit Argumenten, gegen den ersten Bundeskanzler Konrad Adenauer, gegen den neureichen Mumpitz des beginnenden Wirtschaftswunders, gegen die christlich verheuchelte Restauration, natürlich gegen die Wiederbewaffnung, selbstverständlich gegen Adenauers Staatssekretär Globke, seinen Stasispezialisten Gehlen und weitere Schweinereien des rheinischen Großpolitikers zu sein.

Ich erinnere Ostermärsche, bewegt vom Protest gegen

die Atombombe. Immer dabei und dagegen. Das vertrotzte Entsetzen des Siebzehnjährigen, der nicht glauben wollte, hatte sich verflüchtigt und einer prinzipiellen Antihaltung Platz gemacht. Zwar war das Ausmaß des Völkermordes mittlerweile in Dokumentationsbänden greifbar; zwar hatte sich der angelernte Antisemitismus zum angelernten Philosemitismus ummünzen lassen; zwar verstand man sich selbstredend und ohne Risiko als Antifaschist, aber für grundsätzliche Bedenken, diktiert in alttestamentarischer Strenge, Bedenken dieser Art: Kann man nach Auschwitz Kunst machen? Darf man nach Auschwitz Gedichte schreiben? – für eben dieses Bedenken nahmen sich viele meiner Generation, nahm ich mir keine Zeit.

Gewiß, es gab diesen Adorno-Satz: »...Nach Auschwitz ein Gedicht zu schreiben ist barbarisch, und das frißt auch die Erkenntnis an, warum es unmöglich ward, heute Gedichte zu schreiben«, und seit 1951 lag Adornos Buch ›Minima Moralia. Reflexionen aus dem beschädigten Leben‹ vor, in dem meines Wissens zum ersten Mal Auschwitz als Zäsur und unheilbarer Bruch der Zivilisationsgeschichte begriffen wird; doch wurde dieser neue kategorische Imperativ prompt als Verbotstafel mißverstanden. Stand doch solch strenges Diktum dem aufbruchlüsternen und wie unbeschädigten Zukunftsglauben im Wege, unbequem wie jeder kategorische Imperativ, abweisend durch abstrakte Strenge und leicht zu umgehen wie jede Verbotstafel.

Bevor man sich Zeit nahm, Adornos herausgepflückte Zuspitzungen im Umfeld ihrer vor- und nachgestellten Reflexionen zu entdecken, sie also nicht als Verbot, sondern als Maßstab zu begreifen, stand ausgesprochen wie unausgesprochen die Abwehr festgefügt. Dem verkürzten Adorno-Satz, demzufolge nach Auschwitz kein Gedicht mehr geschrieben werden dürfe, wurde genauso verkürzt und besinnungslos geantwortet, als hätte jemand Feinde zum Schlagabtausch aufgerufen: Barbarisch sei dieses Verbot, es überfordere den Menschen, sei im Grunde unmenschlich; schließlich gehe das Leben weiter, wie beschädigt auch immer.

Auch meine Reaktionen, die auf Unkenntnis fußten, das heißt auf bloßem Hörensagen, bestanden auf Abwehr. Da ich mich im Vollbesitz meiner Talente wähnte und mich entsprechend als Alleinbesitzer dieser Talente sah, wollte ich sie ausleben, unter Beweis stellen. Geradezu widernatürlich kam mir Adornos Gebot als Verbot vor; als hätte sich jemand gottväterlich angemaßt, den Vögeln das Singen zu verbieten.

War es abermals Trotz oder mittlerweile chronische Unbeirrbarkeit, die nach erstem flüchtigen Hinhören sogleich die Sperre ins Schloß fallen ließ? Wußte ich nicht aus eigener Erfahrung, was mich entsetzt hatte und als Entsetzen nun nicht aufhören wollte? Was hinderte mich – und sei es auf Zeit nur –, das Bildhauerwerkzeug beiseite zu legen und der lyrischen Phantasie, meinem gefräßigen Kostgänger, eine Fastenzeit aufzuerlegen?

Heute vermute ich: Die Irritation muß größer oder zeitverschoben nachhaltiger gewesen sein, als ich mir damals eingestehen konnte. Etwas war angestoßen und – wenn auch gegen Widerstände – in Zucht genommen worden; jene als grenzenlos empfundene Freiheit, die keine erkämpfte, die eine geschenkte war, stand unter Aufsicht.

Indem ich bei mir nachblättere, um dem offenbar einzig von Kunst besessenen Kunstschüler auf die Schliche zu kommen, finde ich ein in jenen Jahren entstandenes Gedicht, das in letzter Fassung 1960 in dem Band ›Gleisdreieck‹ veröffentlicht wurde, doch eigentlich in meinem ersten veröffentlichten Buch unter dem Titel ›Die Vorzüge der Windhühner‹ hätte stehen müssen. Es heißt ›Askese›, ist, wie auf Anhieb, ein programmatisches Gedicht und schlägt den für mich bis heute bestimmenden Grundwert Grau an:

Askese

Die Katze spricht.
Was spricht die Katze denn?
Du sollst mit einem spitzen Blei
die Bräute und den Schnee schattieren,
du sollst die graue Farbe lieben,
unter bewölktem Himmel sein.

Die Katze spricht.
Was spricht die Katze denn?
Du sollst dich mit dem Abendblatt,
in Sacktuch wie Kartoffeln kleiden
und diesen Anzug immer wieder wenden
und nie in neuem Anzug sein.

Die Katze spricht.
Was spricht die Katze denn?
Du solltest die Marine streichen,
die Kirschen, Mohn und Nasenbluten,
auch jene Fahne sollst du streichen
und Asche auf Geranien streun.

Du sollst, so spricht die Katze weiter,
nur noch von Nieren, Milz und Leber,
von atemloser saurer Lunge,
vom Seich der Nieren, ungewässert,
von alter Milz und zäher Leber,
aus grauem Topf: so sollst du leben.

Und an die Wand, wo früher pausenlos
das grüne Bild das Grüne wiederkäute,

sollst du mit deinem spitzen Blei
Askese schreiben, schreib: Askese.
So spricht die Katze: Schreib Askese.

Nun wurden Ihnen diese fünf Strophen nicht vorgetragen, um dem Hauptvergnügen der Germanisten, also der Interpretation Nahrung zu geben, doch glaube ich, daß, vor anderen Texten, das Gedicht ›Askese‹ eine indirekte Antwort auf Adornos Gebotstafel ausspricht, indem es als metaphorisch umschriebener Reflex in eigener Sache Grenzen setzt. Denn wenn ich auch mit vielen anderen Adornos Gebot als Verbot mißverstanden hatte, blieb dessen neue, die Zäsur markierende Gesetzestafel dennoch in jeder Blickrichtung sichtbar.

Wir alle, die damals jungen Lyriker der fünfziger Jahre – ich nenne Peter Rühmkorf, Hans Magnus Enzensberger, auch Ingeborg Bachmann –, waren uns deutlich bis verschwommen bewußt, daß wir zwar nicht als Täter, doch im Lager der Täter zur Auschwitz-Generation gehörten, daß also unserer Biographie, inmitten der üblichen Daten, das Datum der Wannsee-Konferenz eingeschrieben war; aber auch soviel war uns gewiß, daß das Adorno-Gebot – wenn überhaupt – nur schreibend zu widerlegen war.

Doch wie? Bei wem lernend: bei Brecht, Benn, bei den Frühexpressionisten? Auf welcher Tradition fußend und zwischen welche Kriterien gestellt? Sobald ich mich als lyrisches Jungtalent neben den Jungtalenten Enzensberger und Rühmkorf sehe, fällt mir auf, daß unsere Vorgaben – und Talent ist nichts als Vorgabe – spielerisch, artistisch, kunstverliebt bis ins Künstliche waren und sich wahrscheinlich kaum der Rede wert ausgelebt hätten, wären ihnen nicht rechtzeitig Bleigewichte verordnet worden. Eines dieser Gewichte, das auch dann noch lastete, wenn man es als Gepäck ausschlug, war Theodor W. Adornos Gebot. Seiner Gesetzestafel entlehnte ich meine Vorschrift. Und diese Vorschrift verlangte Verzicht auf reine Farbe; sie schrieb das Grau und dessen unendliche Abstufungen vor.

Es galt, den absoluten Größen, dem ideologischen Weiß oder Schwarz abzuschwören, dem Glauben Platzverweis zu erteilen und nur noch auf Zweifel zu setzen, der alles und selbst den Regenbogen graustichig werden ließ. Und obendrein verlangte dieses Gebot Reichtum neuer Art: Mit den Mitteln beschädigter Sprache sollte die erbärmliche Schönheit aller erkennbaren Graustufungen gefeiert werden. Das hieß, jene Fahne zu streichen und Asche auf Geranien zu streuen. Das hieß, mit spitzem Blei, der von Natur her für Grauwerte steht, quer über jene Wand, »wo früher pausenlos / das grüne Bild das Grüne wiederkäute«, als mein Gebot das Wort Askese zu schreiben.

Also raus aus der blaustichigen Innerlichkeit. Weg mit den sich blumig plusternden Genitivmetaphern, Verzicht auf angerilkte Irgendwie-Stimmungen und den gepflegten literarischen Kammerton. Askese, das hieß Mißtrauen allem Klingklang gegenüber, jenen lyrischen Zeitlosigkeiten der Naturmystiker, die in den fünfziger Jahren ihre Kleingärten bestellten und – gereimt wie ungereimt – den Schullesebüchern zu wertneutraler Sinngebung verhalfen. Askese hieß aber auch, seinen Standort zu bestimmen. Hier etwa datiert sich als Parteinahme, während des damals virulenten Streits zwischen Sartre und Camus, meine Entscheidung für Sisyphos, den glücklichen Steinewälzer. Anfang 1953 wechselte ich Ort und Lehrer. Keine große Sache: weg von Düsseldorf, der Hauptstadt des ausbrechenden Wirtschaftswunders, hin nach Berlin mit dem Interzonenzug. Ein Wust Gedichte, die Steinmetzeisen, das Hemd zum Wechseln, wenige Bücher und Schallplatten: mein Gepäck.

Berlin, dieser kaputte, schon wieder von Ideologien besetzte Ort, der von Krise zu Krise auflebte, erstreckte sich flach zwischen Trümmerbergen. Leergeräumte Plätze, auf denen der Wind ständig Tüten drehte. Immerfort Ziegelsplitt zwischen den Zähnen. Streit über alles. Streit zwischen gegenständlicher und gegenstandsloser Kunst: hier Hofer, dort Grohmann. Hüben und drüben: hier Benn, dort Brecht. Kalter Krieg mittels Lautsprecheranlagen. Und doch war das Berlin jener Jahre – bei allem Geschrei – ein totenstiller Ort. Hier hatte die Zeit sich nicht beschleunigen lassen. Noch war das »beschädigte Leben« offenkundige Realität und von keinen Billigangeboten verstellt. Hier fand sich kaum Platz für koketten Umgang mit dem Unsäglichen. In Berlin bekamen meine letzten epigonalen Fingerübungen einen harten Radiergummi zu spüren: Hier wollten die Dinge benannt werden.

In rascher Folge entstanden, abseits von Modellierbock und Zeichenbrett, die ersten selbständigen Gedichte, Verse, die sozusagen freihändig und ohne Netz turnten. Aber auch Dialoge, knappe Einakter schrieb ich, etwa jenen, der später das Schlußstück in einem Spiel in vier Akten unter dem Titel ›Onkel, Onkel‹ wurde und so beginnt:

Am Rande der Stadt. Eine verlassene Baustelle. Bollin steht zwischen Kieshaufen und Gerüstbrettern auf einem Mörteleimer. Er schaut wartend zur Stadt. (Zwei Kinder) Sprotte und Jannemann nähern sich langsam.

SPROTTE: Onkel?
JANNEMANN: Onkel, haste nich'n Ding?
SPROTTE: Ja, Onkel, geb ihm doch.
JANNEMANN: Haste nich, nur eins?
SPROTTE: Du, Onkel?

JANNEMANN: Hörste nich?
BOLLIN: Nein!
JANNEMANN: Nur eins, Onkel?
BOLLIN: Gibt nix!
SPROTTE: Guck doch mal nach, vleicht haste doch.
BOLLIN: Was denn, was denn!
SPROTTE: Na'n Ding!
BOLLIN: Was für'n Ding denn?
SPROTTE: Irgend so eins, ganz egal, was.
JANNEMANN: Weißte denn nicht, was'n Ding ist?
SPROTTE: Hat doch jeder.
JANNEMANN: Du auch, bestimmt...

Und drei Jahre später, im Frühjahr 1956 – noch bin ich Bildhauerschüler bei Karl Hartung –, erscheint mit Gedichten und Zeichnungen mein erstes Buch, in dem Vierzeiler wie dieser stehen:

Gasag

In unserer Vorstadt
sitzt eine Kröte auf dem Gasometer.
Sie atmet ein und aus,
damit wir kochen können.

Heute, vor mein Thema gestellt, frage ich mich: Ist das ein Gedicht, sind das Theaterdialoge, die nach Auschwitz geschrieben werden durften? Hat das Askesegebot zwangsläufig nur diese Ausformung von Magersucht zur Folge haben können? Achtundzwanzig Jahre war ich mittlerweile alt, aber mehr oder anderes war mir vorerst nicht möglich.
    Und Gedichte und Einakter dieser Art las ich auf den Tagungen der Gruppe 47 vor, die mich, den Anfänger, in Gestalt von Hans Werner Richter, ab Herbst 55 regel-

mäßig einlud. Viele Texte, die dort gelesen wurden, waren direkter als meine. Einige sprachen sich, wie im Nachholverfahren, eindeutig, das heißt mit Hilfe positiver Helden, gegen den Nationalsozialismus aus. Diese Eindeutigkeit machte mich mißtrauisch. Mutete solch nachgeholter Antifaschismus nicht wie Pflichtübung an, anpasserisch in einer Zeit, die auf Anpassung abonniert war, verlogen also und geradezu obszön, gemessen am zwar ohnmächtig geringen, aber in Spuren doch nachweisbaren Widerstand gegen den Nationalsozialismus?

Diese ersten Erfahrungen mit der Literatur und ihrem Betrieb warfen mich zurück. Ich war wieder siebzehn. Kriegsende. Die bedingungslose Kapitulation. Gefangenschaft in Erdlöchern. Fotos, die Brillen-, Schuh-, Knochenberge vorzeigten. Vertrotztes Nicht-glauben-Wollen. Und weiter zurückgezählt: fünfzehn, vierzehn, dreizehn Jahre alt. Lagerfeuer, Fahnenappelle, Kleinkaliberschießen. Von Ferien unterbrochenes Schulallerlei, während sich wirkliches Geschehen in Sondermeldungen aussprach. Gewiß: schülerhafte Aufsässigkeit. Langeweile beim HJ-Dienst. Blöde Witze über Parteibonzen, die sich vorm Frontdienst drückten und abfällig »Goldfasane« genannt wurden. – Aber Widerstand? Nicht die Spur, kein Ansatz, und sei es auch nur in Gedankenfetzen. Eher Bewunderung für militärische Helden und anhaltend dumpfe, durch nichts zu irritierende Gläubigkeit, beschämend bis heute.

Wie hätte ich zehn Jahre später Widerstand zu Papier bringen, mir Antifaschismus andichten können, wenn doch ›Schreiben nach Auschwitz‹ Scham, auf jedem weißen Blatt Scham zur Voraussetzung hatte? Eher stellte sich aus der Gegenwart der fünfziger Jahre die Frage nach Widerspruch gegen neuerdings falsche Töne, gegen die allerorts blühende Fassadenkunst, gegen die satte Versammlung zwinkernder Biedermänner: Hatten die einen nichts gewußt, nichts geahnt und spielten sich nun als von Dämonen verführte Kinder auf, waren die anderen schon immer, wenn nicht lauthals, dann doch insgeheim dagegen gewesen.

Ein Jahrzehnt, das auf Lügen fußte, die noch heute ihren Kurswert halten, aber auch ein Jahrzehnt der grundlegenden Entscheidungen. Wiederbewaffnung, Deutschlandvertrag heißen die Stichworte. Zwei deutsche Staaten entstanden Zug um Zug, jeder beflissen, Musterschüler des einen, des anderen Blocksystems zu sein, und glücklich über den günstigen Umstand, sich hier wie dort den Siegermächten dazuzählen zu dürfen. Zwar geteilt, doch geeint in der Übereinkunft, nochmal davongekommen zu sein.

Und doch gab es einen Störfaktor, der nicht ins Bild dieser feindseligen Zweisamkeit passen wollte. Am 16. und 17. Juni 1953 waren in Ostberlin und in Leipzig, in Halle, Bitterfeld und Magdeburg die Arbeiter unterwegs. Ihnen gehörte die Straße, bis die sowjetischen Panzer kamen. Ein Streik auf der Stalinallee – im März zuvor war Stalin gestorben – wuchs sich zum Aufstand aus, der traurig führungslos verlief und einzig von Arbeitern getragen wurde. Keine Intellektuellen, keine Studenten, keine Bürger und keine Kirchenoberen schlossen sich an, einzig wenige Volkspolizisten, die später standrechtlich erschossen wurden. Und dennoch ist dieser deutsche Arbeiteraufstand, dem Albert Camus von Paris aus Respekt erwies, drüben zur Konterrevolution, hier, mit des Lügners Adenauer Worten, zum Volksaufstand verfälscht und als Feiertag vernutzt worden.

Ich habe zugesehen. Vom Potsdamer Platz aus sah ich Panzer und Menschen gegeneinandergestellt. Ein Jahrzehnt später schrieb der Augenzeuge jener lapidar totalen

Konfrontation in komplexer Form ein deutsches Trauerspiel: ›Die Plebejer proben den Aufstand.‹ Komplex, weil dem Stück Shakespeares ›Coriolanus‹ und Brechts Coriolan-Bearbeitung sowie dessen Verhalten zum 17. Juni unterlegt sind. Komplex aber auch, weil die Realität der Straße – jener führungslose Arbeiteraufstand – der Realität einer Theaterprobe widerspricht, die sich die Verbesserung des revolutionären Bewußtseins, insbesondere der Arbeiterklasse, zur Aufgabe gemacht hat. Und obendrein komplex, weil der Chef dieses Theaters, auf dessen Bühne das Trauerspiel stattfindet, nie eindeutig ist oder sein kann. Denn als er sich gegen Ende des letzten Aktes doch noch entschließt, an den Ersten Sekretär des Zentralkomitees – dazumal Walter Ulbricht – einen Protestbrief zu schreiben, widersprechen ihm eine Schauspielerin, Volumnia genannt, und sein Chefdramaturg Erwin.

VOLUMNIA *nimmt ihm das Blatt ab:* Warum laut verlesen, was leisetreterisch daherkommt! In drei Absätzen hast du dich kurz gefaßt. Die beiden ersten geben sich kritisch und bezeichnen die Maßnahmen der Regierung und also der Partei als voreilig. Und im letzten ist es dir ein Bedürfnis, Verbundenheit mit allen zuvor Kritisierten auszudrücken. Warum nicht gleich mit (dem Parteidichter) Kosanke in einer Linie? Denn die kritischen Absätze wird man dir streichen, nur die Verbundenheit wird man ausposaunen und dich bis Ultimo beschämen.

CHEF: Hier, unter dem Original entstand die Kopie. Gesegnet sei das Kohlepapier.

ERWIN: So etwas lagert in Archiven, gerät unter Verschluß, wird dem unveröffentlichten Nachlaß zugeschlagen und kommt zu spät an den Tag.

VOLUMNIA: Und um dich werden Legenden sich bilden: Eigentlich war er dagegen. Vielmehr dafür, eigentlich.

Gesprochen hat er so, aber sein Herz war – wo eigentlich? Beliebig wird man dich deuten: Ein zynischer Opportunist; ein Idealist üblicher Machart; er dachte nur ans Theater; er schrieb und dachte fürs Volk. Für welches? Mache dich deutlich. Eck an oder paß dich an. Und schreibe verzahnt, daß jene, die kürzen wollen, den Ansatz nicht finden.

CHEF: Niemand wird wagen, Zensur zu üben.

VOLUMNIA: Sei nicht kindisch. Ich weiß, du rechnest mit Strichen.

ERWIN: Ja, selbst ungekürzt liest sich das dürftig. Bist wirklich du der Verfasser? Dürftig und peinlich zugleich.

CHEF: Und dem Gegenstand angemessen. Soll ich schreiben: Glückwünsche ihnen, den verdienten Mördern des Volkes? Oder Glückwünsche ihnen, den unwissenden Überlebenden eines dürftigen Aufstandes? Und welcher Glückwunsch erreicht die Toten? – Ich, nur kleiner, verlegener Worte mächtig, schaute dem zu. Maurer, Eisenbahner, Schweißer und Kabelwickler blieben allein. Hausfrauen wollten nicht abseits stehen. Sogar Volkspolizisten schnallten die Koppel ab. Das Standgericht ist ihnen gewiß. Aufstocken wird man die Zuchthäuser in unserem Lager. – Aber auch drüben wird sich die Lüge amtlich geben. Der Heuchelei Gesicht wird Trauerfalten üben. Mein voreiliges Auge sieht nationale Lappen auf Halbmast fallen. Der Redner Chor, ich höre, wird solange aus dem Wort »Freiheit« schöpfen, bis es leergelöffelt ist. Jahre am Schnürchen stolpern dahin. Und nachdem man es zehn-, elfmal gezupft haben wird, das feierliche Kalenderblatt, wird man im Suff begehen den Siebzehnten, wie in meiner Jugend den Sedanstag. Satt ins Grüne ziehen seh ich im Westen ein Volk. Was übrigbleibt: Leergefeierte Flaschen, Butterbrotpapier, Bierleichen und richtige Leichen; denn an

Feiertagen fordert der Verkehr ein Übersoll an Opfern. – Hier jedoch werden die Zuchthäuser nach elf, zwölf Jahren die Wrackteile dieses Aufstandes ausspeien. Die Anklage wird umhergehen. Viele Pakete Schuld wird sie adressieren und abschicken. Unser Paket ist schon da. *Er übergibt Original und Kopie an seine Assistenten Litthenner und Podulla.* Seid so gut und spielt mir die Boten. Das Original zum Sitz des Zentralkomitees; die Kopie sollte bei Freunden im Westen sicher liegen.

PODULLA: Chef, man wird höhnen, wir tragen auf beiden Schultern.

CHEF: Antwortet: Da wir zwei haben, nutzen wir jede.

Dieses deutsche Trauerspiel – ›Die Plebejer proben den Aufstand‹ – lag, als es im Januar 1966 im Berliner Schillertheater uraufgeführt wurde, der Kritik in Ost und West quer. Dort als »konterrevolutionär«, hier als »Anti-Brecht-Stück« abgefertigt, war es bald von den Bühnen verschwunden. Durch die gegenwärtige revolutionäre Entwicklung bestätigt, nimmt sich der Autor das Recht, auf die Langlebigkeit seiner ›Plebejer‹ zu setzen.

Doch habe ich vorgegriffen. Der fünfundzwanzigjährige Augenzeuge des 17. Juni 1953 war noch nicht soweit, direkt schreibend zu reagieren; Vergangenes, Verluste, seine Herkunft, Scham hingen ihm an. Und erst drei Jahre später, als ich von Berlin nach Paris zog, fanden sich – aus Distanz zu Deutschland – Sprache und Atem, um auf tausendfünfhundert Seiten in Prosa das zu schreiben, was mir trotz und nach Auschwitz notwendig war. Angetrieben von berufsspezifischer Vermessenheit, befördert durch anhaltende Schreibwut, ohne Unterbrechung, wenn auch in mehreren Fassungen, so entstanden in Paris, dann, nach meiner Rückkehr ab 1960 in Berlin, die Bücher ›Die Blechtrommel‹, ›Katz und Maus‹ und ›Hundejahre‹.

Kein Schriftsteller, behaupte ich, kann ganz allein aus sich einen epischen Entwurf wagen, ohne angestoßen, provoziert, von außen in solch unübersehbare Geröllhalden verlockt zu werden. In Köln, auf der Durchreise, war es Paul Schallück, der mich anstieß, Prosa zu schreiben; provoziert hat mich die damals gängige, ja, regierungsamtliche Dämonisierung der Zeit des Nationalsozialismus – hell ausleuchten, ans Tageslicht bringen wollte ich das Verbrechen –; und verlockt, nach Rückfällen dennoch weiterzumachen, hat mich ein schwieriger, kaum zugänglicher Freund: Paul Celan, der eher als ich begriff, daß es mit dem ersten Buch und seinen siebenhundertdreißig galoppierenden Seiten nicht getan sein könne, daß vielmehr der profanen epischen Zwiebel Haut nach Haut abgezogen werden müsse und daß ich von solchem Unterfangen nicht Urlaub nehmen dürfe. Er machte mir Mut, fiktive Gestalten wie Fajngold, Sigismund Markus und Eddi Amsel, keine edlen, sondern gewöhnliche und exzentrische Juden in meine kleinbürgerliche Romanwelt zu fügen.

Wieso Paul Celan, dem gegen Ende der fünfziger Jahre die Wörter immer knapper wurden und dessen Sprache und Existenz auf Engführung hinausliefen? Ich weiß es nicht. Heute meine ich zu wissen, daß er, der Überlebende, sein Überleben nach Auschwitz kaum noch tragen, schließlich nicht mehr ertragen konnte.

Ich verdanke Paul Celan viel: Anregung, Widerspruch, den Begriff von Einsamkeit, aber auch die Erkenntnis, daß Auschwitz kein Ende hat. Seine Hilfe kam nie direkt, sondern verschenkte sich in Nebensätzen, etwa auf Spaziergängen in Parkanlagen. Mehr als auf die ›Blechtrommel‹ hat sich Paul Celans Zuspruch und Dreinreden auf den Roman ›Hundejahre‹ ausgewirkt, etwa zu Beginn des Schlußmärchens vor Ende des zweiten Teils, sobald sich neben der Flakbatterie Kaiserhafen ein Knochenberg türmt, den das bei Danzig gelegene Konzentrationslager Stutthof speist:

Es war einmal ein Mädchen, das hieß Tulla und hatte eine reine Kinderstirn. Aber nichts ist rein. Auch der Schnee ist nicht rein. Keine Jungfrau ist rein. Selbst das Schwein ist nicht rein. Der Teufel nie ganz rein. Kein Tönchen steigt rein. Jede Geige weiß es. Jeder Stern klirrt es. Jedes Messer schält es: Auch die Kartoffel ist nicht rein: Sie hat Augen, die müssen gestochen werden.

Aber das Salz? Salz ist rein! Nichts, auch das Salz ist nicht rein. Nur auf Tüten steht: Salz ist rein. Lagert doch ab. Was lagert mit? Wird doch gewaschen. Nichts wäscht sich rein. Doch die Grundstoffe: rein? Sind steril, doch nicht rein. Die Idee, die bleibt rein? Selbst anfangs nicht rein. Jesus Christus nicht rein. Marx Engels nicht rein. Die Asche nicht rein. Und die Hostie nicht rein. Kein Gedanke hält rein. Auch die Kunst blüht nicht rein. Und die Sonne hat Flecken. Alle Genien menstruieren. Auf dem Schmerz schwimmt Gelächter. Tief im Brüllen hockt Schweigen. In den Ecken lehnen Zirkel. – Doch der Kreis, der ist rein!

Kein Kreis schließt sich rein. Denn wenn der Kreis rein ist, dann ist auch der Schnee rein, ist die Jungfrau, sind die Schweine, Jesus Christus, Marx und Engels, leichte Asche, alle Schmerzen, das Gelächter, links das Brüllen, rechts das Schweigen, die Gedanken makellose, die Oblaten nicht mehr Bluter und die Genien ohne Ausfluß, alle Ekken reine Ecken, gläubig Zirkel schlügen Kreise: rein und menschlich, schweinisch, salzig, teuflisch, christlich und marxistisch, lachend, brüllend, wiederkäuend, schweigend, heilig, rund rein eckig. Und die Knochen, weiße Berge, die geschichtet wurden neulich, wüchsen reinlich ohne Krähen: Pyramidenherrlichkeit. Doch die Krähen, die nicht rein sind, knarrten ungeölt schon gestern: Nichts ist rein, kein Kreis, kein Knochen. Und die Berge, hergestellte, um die Reinlichkeit zu türmen, werden schmelzen kochen sieden, damit Seife, rein und billig; doch selbst Seife wäscht nicht rein.

Mit dem Roman ›Hundejahre‹, der – ich weiß nicht, warum – im Schatten der ›Blechtrommel‹ seine Sperrigkeit beweisen muß und nicht nur deshalb dem Autor nahgeblieben ist, war vorläufig meine Prosaarbeit beendet. Nicht daß ich erschöpft war, doch glaubte ich voreilig, mich von etwas freigeschrieben zu haben, das nun hinter mir zu liegen hatte, zwar nicht abgetan, aber doch zu Ende gebracht.

Als mir im Sommer des letzten Jahres ein Auftrag des Hessischen Rundfunks Gelegenheit gab, in Göttingen vor Publikum die gesamte ›Blechtrommel‹ an zwölf Abenden zu lesen, bot sich, neben der freiwilligen Anstrengung, wiederlesend das Vergnügen, mir als jungem Schriftsteller über die Schulter zu schauen: wie er den Grundgedanken eines nie geschriebenen Theaterstücks zum Epilog der Polnischen Post, zum Kartenhauskapitel abwandelte; wann zum ersten Mal das Wort Brausepulver erinnert werden wollte; welchen Parisbesuchern er Blechtrommel-Kapitel in erster Fassung vorgelesen hat: immer wieder Walter Höllerer; und wie wenig ihn die periodischen Totsagungen des Romans kümmerten.

Dreißig Jahre später läßt sich leicht sagen: Danach wurde alles schwieriger. Durch sich selbst gelangweilt, stand der Ruhm im Wege. Freundschaften wurden brüchig. Immer erwartungsträchtige Kritiker bestanden darauf, daß Danzig, einzig Danzig samt flachem und gehügeltem Umland mein Thema sein dürfe. Sobald ich mich, sei es mit dem Theaterstück ›Die Plebejer proben den Aufstand‹, sei es abermals mit Prosa – ›örtlich betäubt‹ und ›Aus dem Tagebuch einer Schnecke‹ – der Gegenwart, gar einem bundesdeutschen Wahlkampf bis ins provinzielle Detail zuwendete und mich überdies als Bürger politisch engagierte, war das Urteil fixfertig: Er sollte lieber bei Danzig und seinen Kaschuben bleiben. Die Politik hat bisher jedem Autor nur Schaden gebracht. Das wußte schon Goethe. Und weitere Ermahnungen schulmeisterlicher Art.

Doch dem Schreiben nach Auschwitz war und ist so fürsorglich nicht beizukommen. Die Vergangenheit wirft ihren Schlagschatten auf gegenwärtiges und zukünftiges Gelände. »Vergegenkunft« nannte ich später meinen Zeitbegriff, der im ›Tagebuch einer Schnecke‹ zu erproben war. Angeregt durch Heines Fragment ›Der Rabbi von Bacherach‹, sollte einerseits die Geschichte der Danziger Synagogengemeinde bis zu ihrer Vernichtung beschrieben, also wiederum Vergangenheit eingeholt werden, andererseits war ich gegenwärtig unterwegs: Den Wahlkampf 1969 belastete eine Übereinkunft, nach der ein ehemaliger Nationalsozialist als Bundeskanzler der Großen Koalition erträglich sein sollte; und auf dritter Erzählebene mußten Bausteine für einen Essay über Albrecht Dürers Kupferstich ›Melencolia I‹ gesucht werden: ›Vom Stillstand im Fortschritt‹. Die Form dieses in allen drei Zeiten gegenwärtigen Tagebuchs wurde durch die Fragen meiner Kinder bestimmt:

»Und wohin willste morgen schon wieder?«
  »Nach Castrop-Rauxel.«
  »Und was machste denn da?«
  »Redenreden.«
  »Immer noch Espede?«
  »Fängt ja erst an.«

»Und was bringste mit diesmal?«

»Teilweise mich...«

...und die Frage, warum die Tapete nicht dichthalten wollte. (Was mit den Kutteln hochkommt und den Gaumen mit Talg belegt.)

Denn manchmal, Kinder, beim Essen, oder wenn das Fernsehen ein Wort (über Biafra) abwirft, höre ich Franz oder Raoul nach den Juden fragen:

»Was war denn los mit denen?«

Ihr merkt, daß ich stocke, sobald ich verkürze. Ich finde das Nadelöhr nicht und beginne zu plaudern: Weil das und zuvor das, während gleichzeitig das, nachdem auch noch das...

Schneller, als sie nachwachsen, versuche ich Faktenwälder zu lichten. Löcher ins Eis schlagen und offenhalten. Den Riß nicht vernähen. Keine Sprünge dulden, mit deren Hilfe die Geschichte, ein schneckenbewohntes Gelände, leichthin verlassen werden soll...

»Wie viele waren das denn genau?«

»Und wie hat man die gezählt?«

Es war falsch, euch das Ergebnis, die vielstellige Zahl zu nennen. Es war falsch, den Mechanismus zu beziffern; denn das perfekte Töten macht hungrig nach technischen Details und löst Fragen nach Pannen aus.

»Hat das denn immer geklappt?«

»Und was war das für Gas?«

Bildbände und Dokumente. Antifaschistische Mahnmale, gebaut in stalinistischem Stil. Sühnezeichen und Wochen der Brüderlichkeit. Gleitfähige Worte der Versöhnung. Putzmittel und Gebrauchslyrik: »Als es Nacht wurde über Deutschland...«

Jetzt erzähle ich euch (solange der Wahlkampf dauert und Kiesinger Kanzler ist), wie es bei mir zu Hause langsam und umständlich am hellen Tag dazu kam. Die Vorbereitung des allgemeinen Verbrechens begann an vielen Orten gleichzeitig, wenn auch nicht gleichmäßig schnell; in Danzig, das vor Kriegsbeginn nicht zum Deutschen Reich gehörte, verzögerten sich die Vorgänge: zum Mitschreiben für später...

In diesem Buch, das 1972 erschien, steht, weil die Definition meines Berufes erfragt wird, die Antwort: »Ein Schriftsteller, Kinder, ist jemand, der gegen die verstreichende Zeit schreibt.« – Eine so akzeptierte Schreibhaltung setzt voraus, daß sich der Autor nicht als abgehoben oder in Zeitlosigkeit verkapselt, sondern als Zeitgenosse sieht, mehr noch, daß er sich den Wechselfällen verstreichender Zeit aussetzt, sich einmischt und Partei ergreift. Die Gefahren solcher Einmischung und Parteinahme sind bekannt: Die dem Schriftsteller gemäße Distanz droht verlorenzugehen; seine Sprache sieht sich versucht, von der Hand in den Mund zu leben; die Enge jeweils gegenwärtiger Verhältnisse kann auch ihn und seine auf Freilauf trainierte Vorstellungskraft einengen, er läuft Gefahr, in Kurzatmigkeit zu geraten.

Wohl deshalb, weil mir die Risiken meiner erklärten Zeitgenossenschaft bewußt waren, entwarf ich schon während der ersten Niederschrift des Schneckentagebuches, noch unterwegs auf Wahlkampfreise, beim Redenreden – und während ich mir beim Reden zuhörte – wie insgeheim, oder hinter dem eigenen Rücken, ein anderes Buch, ein Buch, das erlaubte, Geschichte rückläufig abzuspulen und die Sprache in die Schule des Märchens zu schicken. Es sollte wieder einmal ums Ganze gehen. Als hätte ich mich von der Schnecke und von der programmatischen Langsamkeit meiner Schneckenpartei erholen wollen, begann ich, kaum war das Tagebuch erschienen und abermals ein Wahlkampf bis zur ersten Hochrechnung ausgekostet, mit den Vorarbeiten für einen epischen Wälzer: ›Der Butt‹.

Hat dieses Buch mit meinem Thema ›Schreiben nach Auschwitz‹ zu tun? Es geht um Nahrung: vom Hirsebrei bis zum Sülzkotelett. Es geht um Überfluß und Mangel, um das große Fressen und den anhaltenden Hunger. Um neun und mehr Köchinnen geht es und um die andere Wahrheit des Märchens ›Von dem Fischer un syner Fru‹: wie des Mannes Herrschaft immer mehr haben, immer schneller sein, immer höher hinaus will, wie der Mann sich Endziele setzt, die Endlösung beschließt, ›Am Ende‹ ist; so heißt eines der Gedichte, die im ›Butt‹ den Prosaablauf hemmen, kurzfassen oder auf ein anderes Gleis bringen:

Am Ende

Männer, die mit bekanntem Ausdruck
zu Ende denken,
schon immer zu Ende gedacht haben;
Männer, denen nicht Ziele – womöglich mögliche –
sondern das Endziel – die entsorgte Gesellschaft –
hinter Massengräbern den Pflock gesteckt hat;
Männer, die aus der Summe datierter Niederlagen
nur einen Schluß ziehen: den rauchverhangenen
               Endsieg
auf gründlich verbrannter Erde;
Männer, wie sie auf einer der täglichen Konferenzen,
nachdem sich das Gröbste als technisch machbar
               erwies,
die Endlösung beschließen,
sachlich männlich beschlossen haben;
Männer mit Überblick,
denen Bedeutung nachläuft,

> große verstiegene Männer,
> die niemand, kein warmer Pantoffel
> hat halten können,
> Männer mit steiler Idee, der Taten platt folgten,
> sind endlich – fragen wir uns – am Ende?

Spätestens hier merke ich, daß mich das Thema meines Vortrags immer wieder und auch dann zur Rechenschaft zwingen will, wenn eine Erzählung, wie etwa ›Das Treffen in Telgte‹, für sich spricht. Die Rückdatierung der Gruppe 47, jenes literarischen Nichtvereins, dem ich viel verdanke, ließ sich zwanglos bis spielerisch ins Werk setzen; anders verhielt es sich mit einem Buch, das Orwells Jahrzehnt, die achtziger Jahre, einläuten sollte: ›Kopfgeburten oder Die Deutschen sterben aus‹. Wie schon beim ›Butt‹, im Kapitel ›Vasco kehrt wieder‹, ist nicht mehr Europa, auch nicht das doppelte Deutschland und ganz gewiß nicht Danzig-Gdańsk das Maß aller Dinge, vielmehr sind es die immer schneller wachsende und in wachsendem Elend verkümmernde Bevölkerung Asiens und das sogenannte Nord-Süd-Gefälle, die Druck machen und den erzählenden Text zu utopischen Sprüngen nötigen. Denn von China, Indonesien und Indien aus gesehen, schrumpft der alte Kontinent auf Spielzeuggröße, gibt die »deutsche Frage« endlich ihre Drittrangigkeit preis und wird das ertrotzte Schreiben nach Auschwitz abermals oder zusätzlich fragwürdig.

Wo noch kann Literatur ihren Auslauf finden, wenn die Zukunft schon vordatiert und von statistischen Schreckensbilanzen besetzt ist? Was ist noch zu erzählen, wenn die Fähigkeit des Menschengeschlechts, sich selbst und alles andere Leben auf vielfältige Weise zu vernichten, täglich unter Beweis gestellt werden könnte oder in Planspielen geübt wird? Sonst nichts, doch die atomare, stündlich mögliche Selbstvernichtung verhält sich zu Auschwitz und erweitert die Endlösung auf globales Maß.

Wer als Schriftsteller zu diesem Schluß kommt – und ab Anfang der achtziger Jahre bestätigte neuerlich Wettrüsten diese Folgerung –, der wird entweder das Schweigen zur Schreibtischdisziplin erheben müssen oder aber – und ich begann nach drei Jahren Enthaltsamkeit wieder an einem Manuskript zu arbeiten – auch dieses Menschenmögliche, die Selbstvernichtung, zu benennen versuchen.

›Die Rättin‹, ein Buch, in dem »mir träumte, ich müßte Abschied nehmen...«, war ein Versuch, das beschädigte Projekt der Aufklärung erzählend fortzuschreiben. Doch der Zeitgeist und mit ihm das hochdotierte Geplapper eines Kulturbetriebs, der an sich selbst Genüge findet, war nicht zu irritieren. Einander vom Markt drängende Kunstmessen, überinszeniertes Regietheater und die Gigantomanie neuerdings kunstbeflissener Landesfürsten sind Kennzeichen der achtziger Jahre. Die unterhaltsame Geschäftigkeit des Mittelmaßes und deren Talkmaster, die sich den Freibrief »Alles ist möglich« ausstellten, doch die Pause, als Wagnis erschreckten Innehaltens, nicht mehr zuließen, diese dynamische Besinnungslosigkeit geriet erst dann ins Stolpern, als sich jenseits der zweifach gesicherten Wohlstandsgrenze die Völker Ost- und Mitteleuropas nacheinander erhoben und altmodischen Wörtern wie Solidarität und Freiheit neuen Sinn gaben.

Seitdem ist etwas geschehen. Gemessen an dieser Anstrengung, steht der Westen nackt da. Der Ruf drüben »Wir sind das Volk!« fand hier keine Entsprechung. Wir sind schon frei, hieß es. Wir haben schon alles, nur noch die Einheit fehlt. – Und schon schlägt, was gestern Hoffnung machte und Europa erkennen ließ, in deutsches Begehren um. Wieder einmal soll es das »ganze Deutschland« sein.

Indem ich meinen Vortrag unter die lastende Überschrift ›Schreiben nach Auschwitz‹ stellte, sodann literarische Bilanz zog, will ich zum Schluß die Zäsur, den Zivilisationsbruch Auschwitz dem deutschen Verlangen nach Wiedervereinigung konfrontieren. Gegen jeden aus Stimmung, durch Stimmungsmache forcierten Trend, gegen die Kaufkraft der westdeutschen Wirtschaft – für harte D-Mark ist sogar Einheit zu haben –, ja, auch gegen ein Selbstbestimmungsrecht, das anderen Völkern ungeteilt zusteht, gegen all das spricht Auschwitz, weil eine der Voraussetzungen für das Ungeheure, neben anderen älteren Triebkräften, ein starkes, das geeinte Deutschland gewesen ist.

Nicht Preußen, nicht Bayern, selbst Österreich nicht, hätten, einzig aus sich heraus, die Methode und den Willen des organisierten Völkermordes entwickeln und vollstrecken können; das ganze Deutschland mußte es sein. Allen Grund haben wir, uns vor uns als handlungsfähige Einheit zu fürchten. Nichts, kein noch so idyllisch koloriertes Nationalgefühl, auch keine Beteuerung nachgeborener Gutwilligkeit können diese Erfahrung, die wir als Täter, die Opfer mit uns als geeinte Deutsche gemacht haben, relativieren oder gar leichtfertig aufheben. Wir kommen an Auschwitz nicht vorbei. Wir sollten, sosehr es uns drängt, einen solchen Gewaltakt auch nicht versuchen, weil Auschwitz zu uns gehört, bleibendes Brandmal unserer Geschichte ist und – als Gewinn! – eine Einsicht möglich gemacht hat, die heißen könnte: Jetzt endlich kennen wir uns.

Auch das Nachdenken über Deutschland ist Teil meiner literarischen Arbeit. Seit Mitte der sechziger Jahre bis in die gegenwärtig anhaltende Unruhe hinein gab es Anlässe für Reden und Aufsätze. Oft waren diese notwendig deutlichen Hinweise meinen Zeitgenossen zuviel der Einmischung, der, wie sie meinten, außerliterarischen Dreinrede. Das sind nicht meine Besorgnisse. Eher bleibt Ungenügen nach fünfunddreißig Jahren Bilanz. Etwas, das noch nicht zu Wort kam, muß gesagt werden. Eine alte Geschichte will ganz anders erzählt werden. Vielleicht gelingen noch die zwei Zeilen. So wird meine Rede zwar ihren Punkt finden müssen, doch dem Schreiben nach Auschwitz kann kein Ende versprochen werden, es sei denn, das Menschengeschlecht gäbe sich auf.

Die Wolke als Faust überm Wald. Ein Nachruf

Vom Sommer achtundachtzig bis in den Winter neunundachtzig hinein zeichnete ich, unterbrochen nur von den Tatsachenbehauptungen des Zeitgeschehens, totes Holz. Ein Jahrzehnt ging zu Ende, an dessen Anfang ich mit ›Kopfgeburten oder Die Deutschen sterben aus‹ mein Menetekel gesetzt hatte; doch was nun, Bilanz ziehend, unterm Strich stand, war keine Kopfgeburt mehr: Anschaulich lagen Buchen, Kiefern, denen das Strammstehen vergangen war, Birken, um ihr Ansehen gebracht, vordatiert die Hinfälligkeit der Eichen. Und bemüht, diesen Ausdruck von Forstarbeit zu steigern, traten zu Beginn des neuen Jahrzehnts kurz nacheinander Orkane auf, fünf an der Zahl, gewillt, mit aufrechtem Baumbestand Mikado zu spielen.

Es war wie Leichenfleddern. Hinsehen und festhalten. Oft fotografiert und farbig oder schwarzweiß zur Ansicht gebracht, blieb dennoch unglaubhaft, was Statistiken und amtliche Waldzustandsberichte bebildern sollten. Fotos kann jeder machen. Wer traut schon Fotos!

Also zeichnete ich vor Ort: in einem dänischen Mischwald, im Oberharz, im Erzgebirge, gleich hinterm Haus, wo Wald dicht ansteht und das Nadelholz aufgegeben hat. Anfangs wollte ich mich mit Skizzen begnügen und den feingesiebten Rest, was man nicht sieht, was in Ausschüssen vertagt, in Gutachten und Gegengutachten zerredet oder im allgemeinen Gequassel beschwiegen wird, aufschreiben, wie ich anderes, zuletzt den Alltag in Calcutta, aufgeschrieben hatte.

Aber über den Wald, wie er stirbt, steht alles geschrieben. Über Ursachen und Verursacher. Woran und wie schnell oder langsam er auf Kammlagen oder im Flachland krepiert. Was ihn retten, überhaupt oder teilweise retten könnte. Neue Wörter wie Panikblüte und Angsttrieb sind geläufig. Naßkernfäule. Gähnenswert und akzeptiert (wie der Graf mit dem Stock) ist die alltägliche Korruption. Und immer wenn die Waldschadenserhebung pünktlich im Herbst vorliegt, schweben Leitartikel und Kommentare ein, die zutiefst besorgt beginnen und jeweils vorm Schlußpunkt zu hoffen wagen. Alles – auch daß es gleichbleibend fünf vor zwölf ist – wird gesagt. Nichts muß verschwiegen werden. Wir leben in einem Land, dessen Freiheit geräumig ist; weshalb allen Bürgern (von Kindheit an) »freie Fahrt« zugesichert bleibt.

Maulfaul zeichnete ich vor Ort. Allenfalls Untertitel, mehr kürzere als längere, fielen ab. Bäume, die ihre Wurzeln zeigen, machen sprachlos. Was noch außer amen sagen? Grimms Wälder und wie sich Hänsel und Gretel im toten Wald verlaufen, waren schon zu Buch geschlagen. Allenfalls hätten sich im Oberharz Goethe und Heine herbeizitieren lassen, etwa am Dreieckigen Pfahl, der vormals Herzogtümern und Grafschaften Grenzstein gewesen ist. Wir kamen auch ins Geplauder, doch blieben die beiden – bei allem Witz – ihren zeitgenössischen Sorgen untertan. Sie ließen mich mit dem toten Holz allein. Oder vergraulte ich sie, indem ich allzu ausführlich gegenwärtige Schadstoffstatistiken wörtlich nahm? Mortalitätsmuster der Weißtanne. Feinwurzelfäulnis der Buchen. Was alles den Regen sauer macht: Die Wolke als Faust überm Wald.

Stur konzentrierte ich mich aufs Hinsehen. Indem es lag, fiel dem toten Holz mehr ein, als sich in Skizzen festhalten ließ. Weiterführende Zeichnungen hatten Zeichnungen zur Folge, die keine ablenkende Stimmung duldeten und Schwärze bei Gegenlicht beschworen. Ich zeichnete mit sibirischer Reißkohle, einem Holzprodukt. Für Pinsel- und Rohrfederzeichnungen benutzte ich natürlichen Sud, gewonnen aus frischer Tintenfischtinte. Während ich zeichnete, rauchte ich: wie immer zuviel.

Hinsehen, wieder die Skizzen befragen. Nur nicht abstrakt werden. Dinglich bleiben. Du bist Augenzeuge. Sonst ist hier niemand. Was knackt, lebt nicht mehr. Allenfalls Borkenkäfer, die sich wie du vom toten Holz nähren. Was von den Birken blieb: Scham. Fichten, die auswandern wollten, kamen nicht weit. Diese Buchen, wie sie leibhaftig überkreuz liegen, hätten deinem Großvater, dem Tischlermeister, das kalkulierende Herz gebrochen. Was fällt dir noch ein lauthals gegen die Stille? Tannhäuser. Die Waldheimaffäre. Buchenwald. Im toten Wald »Waldeslust! Waldeslust!« rufen.

Oder das Vertraute spiegelverkehrt sehen. Wie sich der Zeichner seinen Motiven nähert. Oft geht er ihnen tagelang aus dem Weg. Indem er sie meidet, spart er sie auf. Er blinzelt vorbei. Er hofft, sie könnten verschwinden, ihm gestohlen bleiben. Etwa diese Fichten am Waldrand, zur Heide hin, deren Wurzeln weggefault sind und deshalb beim letzten Nordwest... Windbruch sagen dazu die Förster. Nun liegen sie, von hier aus gesehen, im Hochformat. Wie um das Wort radikal ans Licht zu bringen: Wurzeln, die himmelwärts zeugen. Was ihm die Sprache verschlägt, wertet der Zeichner aus: Ein auf Befehl erstarrtes Birkenwäldchen. Mehrmals (im Querformat) die Stämme auf halber Höhe gekappt. Jetzt ist der Zeichner vorübergehend zufrieden.

Kahlschlag in unseren Köpfen. Was bringt Menschen dazu, Wälder sterben zu lassen? Unter Bedauern, gewiß, aber doch achselzuckend, als habe der Wald sich ohnehin überlebt, ein Fossil. Jemand, der vorgibt, in großen Zeiträumen zu denken, sagt: Die Natur wird sich schon zu helfen wissen. Außerdem hat sich der Wald in unserer Kultur konserviert: in Gedichten ungezählt, im deutschen Lied, in Gemälden, die in klimatisierten Museen hängen, in unseren Märchen... Hier, genau hier (im Erzgebirge) hat sich Rumpelstilzchen sein Bein ausgerissen.

Als ich dort, zwischen Zinnwald und Gottgetreu, zeichnete, bestand die DDR noch in ihrer selbstgewissen Machtfülle, doch ließen die Zwänge schon nach: Materialermüdung. Wir kamen, wie einst der Maler Caspar David Friedrich, wenn er fromme Fichten skizzieren wollte, von Rügen her und fuhren über Dresden. Von dort führt diese strategisch wichtig gewordene Straße übers Erzgebirge direkt nach Prag. Zweimal folgten ihr in diesem Jahrhundert deutsche Soldaten mit klarem Auftrag; die Tschechen erinnern sich.

Dann zerfiel von Tag zu Tag die Staatsmacht der Deutschen Demokratischen Republik, während ich zwangsläufig Blatt nach Blatt totes Holz zeichnete. Das färbte auf Untertitel ab. Wenn man im Oberharz von Deutschland nach Deutschland schaut, sind die Waldschäden verwandt und ist die Wiedervereinigung schon vollzogen. Mit Glasnost in den Wäldern beginnen!

Als das Volk in Leipzig, Dresden, Berlin rief: »Wir sind das Volk!«, stand auf einem der Transparente: »Sägt die Bonzen ab, schützt die Bäume!« – Auch wenn nur die Bonzen des einen Staates gemeint waren, wüßte ich Bonzen des anderen Staates genug und überall schutzbedürftige Bäume; nur fehlt es am Volk, das riefe: »Wir sind das Volk!«

Schon lange vor Leipzig: Von Montag zu Montag knikken sie ein, stürzen, zeigen schamlos die Wurzeln vor, abgestorben seit langem. Jeder Baum besteht fallend darauf, anders zu liegen. Der Zeichner ist dankbar für soviel Hinfälligkeit. Auch die noch stehen, weil sie von oben herab absterben, sind, oft zu Stummeln verkürzt, verschiedener Gesten mächtig: Dieser Baum klagt an, dieser vergeht vor Scham, ein anderer verrät noch als Torso seine einst weitausladende Schönheit, und der hier läßt sich Mitleid aufschwatzen. Alle, behauptet der Zeichner, rufen Erbarmen.

Doch dafür ist es zu spät. Wir haben keine Zeit, uns Sentimentalitäten zu leisten. Voranmachen müssen wir, sonst laufen uns die Japaner, die Koreaner, überhaupt die Asiaten davon. Allenfalls sinngebende Trostpflaster: Stirb und werde. Zeilenschindende Innenschau. Von Lehrstühlen herab das Erhabene feiern. Oder den Dichter Handke um heilende Wörter bitten.

Als ich Anfang April im Oberharz, Ende Juli im Erzgebirge zeichnete, war das Wetter veränderlich. Nach kurzem Aufklaren – lang genug für eine Skizze – fiel im Harz Schneeregen, überraschten im Erzgebirge, wo wir in Göschels von Mäusen bewohnter Zuflucht hausten, heftige Regenschauer. Tiefziehende, geballte, an keiner Staatsgrenze zögernde Wolken kamen aus westlicher, nordwestlicher Richtung, hatten sich unterwegs angereichert, waren gesättigt, brachten mit sich zollfrei. Letzte Ausschüttung: Dividende. Die Wolke als Faust überm Wald.

Es heißt: Mit den Wäldern sterben die Menschen aus. Ich glaube das nicht. Die sind zäher und können mehr einstecken, als sie sich zufügen. Nach längerem, nach kurzem Erschrecken (zuletzt nach Tschernobyl) gingen sie unverändert – es war ihnen wirklich nichts anzusehen – zur Tages-, zur Geschäftsordnung über, erfreut, weil die altbekannten Sachzwänge handlich geblieben waren. Nur als das Robbensterben in der Nordsee wochenlang leicht lesbare Zeitungen stimulierte, war die neueste Stimmung im Westen annähernd vorrevolutionär. Später, als andere Schrecken Saison hatten, hieß es: Sie seien nicht umweltvergiftet verreckt, vielmehr habe eine Art Grippe die niedlichen Heuler erwischt.

Der Zeichner wählt aus. Hier ist es beginnende Nadelbräune, die allenfalls Spezialisten auffällt: ein Krankheitssymptom, das, nach Prozenten berechnet, Statistiken sättigt. Auch hier sieht es, trotz der zu Storchennestern verflachten Gipfel einst gotisch entworfener Fichten, noch relativ aus, verglichen mit Kammlagen, die sprachlos machen und auf den Zeichner warten. Er will es deutlich, augenfällig haben. Ihn zieht, sobald die Sieger abgezogen sind, das Schlachtfeld an. Wo es wüst aussieht, ist sein Ort. Das macht ihn auf wütige Weise glücklich, wenn er mit seinem knirschenden Holzprodukt Verluste melden kann. Hier, zum Beispiel, auf dem Sonnenberg, der kahl mehr Aussicht bietet.

Dann lag zu Hause die Eule im Kamin. Wir hatten versäumt, den Schornstein mit einem Dohlengitter abzudecken. Äußerlich heilgeblieben, ohne besonderen Geruch, den Eulenblick zu Schlitzen verengt, die Greifkrallen im hellen Flaum der Unterseite gebettet, so bot sie sich letztlich an. Ich zeichnete sie allseits mit Blei, stinkender Tintenfischtinte, mit Kohle. Dann legte der Zeichner die tote Eule zwischen und vor totes Holz. Er ließ sie zur Wolke werden, die über starren Baumstümpfen (zwischen Zinnwald und Gottgetreu) abregnet. Die Eule als Faust geballt überm Wald.

Und überall Silbenschwund, Lautverfall, weil auch uns dieser Regen trifft, den wir sauer nennen. Verluste abschreiben. Bilanz ziehen. Im vergangenen Jahr – reich an Ereignissen – zählte Rumänien plus Panama gleich Weihnachten. Es ist zum Heulen. Doch weil es zu oft zum Heulen ist, gewinnt zusehends das kleine tapfere Durchhaltelächeln. Immerhin rüsten sie an den Rändern ab. Wirtschaftlich geht es uns bestens. Und auch sonst ist, seitdem die Mauer fällt, alles offen. Die drüben müssen uns das nur nachmachen, dann geht es auch ihnen bald bestens wie uns. Und weg von ihrer Braunkohle müssen die. Und endlich begreifen, daß Leistung nur zählt. Und keine Berührungsangst haben; wir beißen ja nicht. Und gäbe es nicht diesen Spielverderber, Ozonloch genannt, dem wir immerhin einen Sommer verdanken, der nicht enden konnte; und wenn die da unten am Amazonas endlich aufhören wollten, mit ihren Kettensägen, von denen viele deutsche Produkte von Qualität sind, ihren Urwald, der schließlich auch unserer ist, abzuholzen, einfach abzuholzen; und wenn man in Indien (und sonst wo noch) endlich begreifen würde, daß man sich nicht wie die Kaninchen, dazu viel zu viele Kühe, nein, nicht nur Milliarden Spraydosen und Kühltruhen, sondern Kühe, die Kühe auch, die unser aller Ozonloch immer größer und größer machen; und wenn nicht endlich ein Wunder geschieht...

Der Zeichner zögert. So durchsichtig, bald gläsern, spröde zerbrechlich (dem nächsten Wind übers Knie) gelingen Wälder auf weißem Papier. Immer aufrecht, gut erzogen. Sachlage nun, wegräumen!

Brief aus Altdöbern

Meine uralten Vögel sind wieder da. Diesmal in neuer Landschaft zwischen Hoyerswerda und Senftenberg, wo die Braunkohle zutage tritt.

Zum 1. Juli einen Brief aus Altdöbern schreiben. Das liegt in der sandigen Lausitz. Gleich hinter der Frauenklinik bricht die Erdkruste ab. Ausverkauf im Industrieladen. (Zwei Wochen bevor die D-Mark die Macht ergriff, kaufte ich mir in Altdöbern einen Bleistiftanspitzer.)

Förderbänder, die ausgedient haben. Wessen Gedärm liegt zuhauf? Warten auf das versprochene Wunder. Draufzahlen! ruft jemand über Lautsprecher wiederholt: Draufzahlen!

Als ich aus Altdöbern schrieb und die Landschaft aufgeschlagen lag, schaute mir – wer alles – über die Schulter; und der Butt aus dem Märchen »Es war einmal« sagte...

Schwarz, in sich vergafft: schwarz. Schwärze auf Lager. Unterhalb Pritzen kegelig schwarz. – Hau ab! Nichts zu scharren, picken, treten hier. Nichts mehr zu holen. (Da kräht doch kein Hahn nach.)

Als ich, bevor Altdöbern im Kalender stand, auf Kammlagen im Oberharz, wo Deutschland an Deutschland grenzt, die Vorboten der Vereinigung sah: kopflos, auf halber Höhe gekappt... Silbenschwund. Lautverfall. Die Wörter fielen mir aus. Allenfalls Ortschaften sind noch zu benennen: Das war im Erzgebirge nahe Zinnwald, Hemmschuh, Gottgetreu...

Und als ich zurückkam, maulfaul inzwischen, und genug hatte vom toten Holz, lag im Kamin tot die Eule; dann, zwanghaft schon, wollte ein Birkenpilz allseits von sich, nur noch von sich reden. Das war im Jahr vier der Normalisierung nach Tschernobyl, als es uns wirtschaftlich besser und besser ging.

Doch immer noch wandern Ratten von rechts nach links, nun vor Landschaft in sandiger Lausitz, wo der VEB »Schwarze Pumpe« gen Himmel, doch nun gesamtdeutsch...

Zwischen Hoyerswerda und Senftenberg, nahe Altdöbern: Sie hat uns überrundet, die Schnecke auf ihrer Kriechsohle, uns, die Weltmeister im Hoch- wie Weitsprung, überrundet. (Jetzt hecheln wir ihrer Spur hinterdrein.)

Vom Überspringen der Grenzen

*Rede zur Verleihung des Ehrendoktortitels der
Universität Gdańsk*

Heute ist ein besonderer Tag. Mir kommt eine ungewöhnliche Ehrung zu: jener Titel, dem zwei lateinische Wörtchen anhängen. Also gilt es, danke zu sagen. Doch wie bedankt sich ein deutscher Schriftsteller in einer polnischen Stadt, die von Geburt her, bis sie ihm verlorenging, seine Heimatstadt gewesen ist, für den Doctor honoris causa, zumal es ihm weder hier noch später, im Westen Deutschlands, zum gehobenen Schulabschluß, zum Abitur gereicht hat? Mit der erwiesenen Ehre können nur seine Bücher gemeint sein; die, allerdings, handeln immer wieder, ja, zwanghaft von dieser Stadt, die einst Danzig hieß und in Trümmern unterging – und von Gdańsk bis in die Gegenwart.

Was aber hat den Schriftsteller, also mich, so besessen werden lassen? Gewiß der Verlust, diese Lücke, die aufgefüllt werden mußte mit Wortkaskaden und bildhaften Beschwörungen. Aber auch der Fortgang der Geschichte einer Stadt, deren deutsche Bevölkerung ausgewiesen und ersetzt wurde durch polnische Bevölkerung, die zum Großteil, gleichfalls ausgewiesen, heimatlos geworden war; diese schmerzhaften Verschiebungen haben mich beredt gemacht. Unrecht geschah wiederholt. Doch ausgelöst wurde das Unrecht von Deutschland, mithin von Deutschen, die zuerst gegen Polen, dann gegen andere Nachbarn einen Krieg entfesselt hatten, dessen verbrecherische Dimensionen bis heute folgenreich sind. Am Ende schlug das von Deutschen begangene Unrecht auf diese zurück: Als unwiederbringlich mußte Verlust akzeptiert werden.

Aber die Geschichte der Stadt Danzig und Gdańsk ist länger und reicher, als mit der üblichen nationalen Meßlatte errechnet werden kann. Während Jahrhunderten verlief sie, wenngleich der polnischen Krone verbunden, hanseatisch weltoffen. Erst als die Stadt mit letzter polnischer Teilung an Preußen fiel, wurde sie provinziell, begann ihr Niedergang, verkümmerte sie zur Garnisonsstadt, weshalb – um ein Beispiel zu nennen – die Familie Schopenhauer fortzog; weil antipreußisch republikanisch gesonnen, war für sie kein Bleiben mehr. Deutschnationale Enge war zukünftig vorgeschrieben.

Doch bevor nationaler Wahn die Völker Europas ergriff und unduldsam machte, stand diese Stadt immer neuen Schüben von Flüchtlingen offen: Holländische Mennoniten, Schotten und französische Calvinisten fanden hier Zuflucht. Während in Deutschland der Dreißigjährige Krieg tobte, galt Danzig schlesischen Schriftstellern als friedlicher Ort. Hier starb Martin Opitz. Hier schrieb der junge Andreas Gryphius seine ersten, bis heute gültigen Sonette. Hier begegneten Kultur und Sprache einander. Welch ein Reichtum besonderer Art! Wie viele Zeugnisse europäischer Aufklärung: Beispielhaft sei Daniel Chodowiecki genannt.

Wir leben gegenwärtig in einer Zeit, in der nach kurzem Hoffen – kaum war mit dem Zerfall diktatorischer Herrschaft der »Eiserne Vorhang« zu Schrott geworden – abermals nationale Enge und Ausschließlichkeit das politische Handeln bestimmen. Ich sehe mit Sorge, wie sich, von Westeuropa ausgehend, Festungsmentalität breitmacht. Erst jüngst wieder unabhängig und souverän geworden, läuft Polen Gefahr, zur östlichen Grenzmark des Westens degradiert zu werden. Mein später, vielleicht zu spät geäußerter Wunsch kann nur heißen: Möge sich die Republik Polen nicht zum Büttel einer falschen Politik machen, die fordernd und zahlend von der Bundesrepublik Deutschland ausgeht.

Um am Ort zu bleiben: Danzig und Gdańsk wurde als weltoffene Hafenstadt wiederholt durch Ab- und Aussperrungen geschädigt. Von Napoleons Kontinentalsperre über preußische, großdeutsche, sowjetrussische Zwänge bis hin zur gegenwärtigen Furcht vor Asylsuchenden verlängert sich die Geschichte der geschlossenen Grenze. Deshalb kann meine Danksagung für die mir heute erwiesene Ehre nur in den Wunsch münden, daß diese Stadt zukünftig für Flüchtlinge offenbleiben und sich bereichern möge am Angebot fremder Kulturen.

Von hier gingen Zeichen aus, unheilvolle und solche, die Hoffnung machten, so im September 1939, so im Dezember 1970. Meine Bücher erzählen davon. In den Romanen ›Die Blechtrommel‹ und ›Der Butt‹ sind die Verteidigung der Polnischen Post und der Streik der Arbeiter auf der Leninwerft eingebettet in jenen epischen Vorgang, der sich absurderweise Geschichte nennt.

Mein Verständnis von Literatur ist an viele miteinander streitende Wirklichkeiten gebunden; das bloße ästhetische Vergnügen konnte mir nicht genügen. Und weil meine Bücher offenbar grenzüberwindend sind, konnte ihnen auf Dauer – und jeglicher Zensur zum Trotz – keine Grenze gesetzt werden; Grund genug, nicht nur der Universität Gdańsk zu danken, sondern auch meinen Übersetzern. Ohne sie bliebe Literatur sprachlich gefesselt. Dank ihrer einfühlsamen Zuneigung wissen wir voneinander. Mit ihnen, den Übersetzern, teile ich die Ehrung vom heutigen Tag. Sie machen den Büchern Beine. Und mit ihrem Autor wissen sie aus Erfahrung, daß Grenzen nur da sind, um übersprungen zu werden.

Orientierungsmarken

Lieber Walter,

wenn ich in den fünfziger und sechziger Jahren, so wie es üblich war, Gedichtbände veröffentlicht habe, in denen meine Produktion – »Gelegenheitsgedichte« – ohne gemeinsamen thematischen Zwang versammelt wurde, änderte sich mein Verhältnis zur Lyrik im Verlauf der siebziger Jahre: Schon im ›Tagebuch einer Schnecke‹, deutlicher dann im Roman ›Der Butt‹ standen Gedichte inmitten der erzählenden Prosa dem jeweiligen epischen Konzept zugeordnet. Dieses die Trennung von Prosa und Poesie aufhebende Verständnis von Gedichten habe ich im Roman ›Die Rättin‹ weiterentwickelt; alle genannten Bücher wären für mich ohne diese lyrische Dimension nicht vorstellbar gewesen. Vielmehr war es so, daß zu Beginn des Schreibprozesses und angesichts der noch amorphen Stoffmasse zuallererst etliche Gedichte entstanden sind, die sozusagen das Gelände absteckten, gleich Orientierungsmarken. Die Gedichte im ›Butt‹ und in der ›Rättin‹ sind also nicht Zutat zu diesen Büchern, sondern Bestandteil des jeweiligen epischen Entwurfs. (Vielleicht kam es mir nebenbei auch darauf an, das Gedicht oder besser: meine Gedichte aus der vorgegebenen Form, dem Lyrikbändchen, zu befreien.)

Die Sonette zum Thema ›Novemberland‹ hingegen wurden ausschließlich durch die Wiederkehr des Rassismus provoziert. Das Aufbrechen von Gewalt und das landesweite Schweigen, die ohnmächtigen Proteste, die politische Ausbeutung des »gesunden Volksempfindens« und die durch Gesetzesänderung eingeleitete erste Bauphase für die »Festung Europa«, diese insgesamt unübersichtliche Befindlichkeit verlangte nach einer strengen Form; das Sonett mit seinen Zwängen bot sich an.

Ich weiß, daß diese literarische Antwort auf den politischen Zustand des Landes, in dem ich lebe, gegenwärtig gerne als »Gesinnungsästhetik« abgetan wird. Dieser handfeste Begriff, der mich unangenehm an einst gängige Begriffe wie »Asphaltliteratur« erinnert, mag dem Zeitgeist entsprechen, für mich jedoch war es lustvoll, das alte Sonett den neuen Wirklichkeiten zu konfrontieren.

Freundlich grüßt Dich, Dein Günter

Blindstellen auf der Spur

Rückblick auf »Poet in Residence« in Essen

Einige Tage in Essen. Ich erinnere mich an den vollen Hörsaal und ein studentisches Publikum, das sich aus distanzierter Neugierde mit literarischen Texten bedienen ließ und nur selten bereit war, diese mir allzu bequem vorkommende Distanz aufzugeben. Mein Versuch, das Schreiben von seinen Bedingungen her erklärbar zu machen und den Schriftsteller als Zeitgenossen zu verdeutlichen, scheiterte bei anschließend versuchter Diskussion zumeist an vorgefaßter Meinung; diese war aus sekundären Futtertrögen gemästet. Selten ist mir so deutlich geworden, wie sehr und verbildend die Sekundärliteratur in all ihrer Breite den Blick auf das Originalwerk und dessen Urheber verstellt. Eigentlich wollte ich Handwerkliches vermitteln; aber gefragt waren Deutungen. Eigentlich wollte ich dem Schriftsteller die Aura nehmen und ihn sozusagen säkularisieren; doch erwünscht war der Schriftsteller als Seher und Wegweiser. Selbst die mit optischen Beispielen demonstrierte Zusammenarbeit zwischen meinem Verleger Steidl und dem Autor – es ging um die Bücher ›Zunge zeigen‹ und ›Totes Holz‹, in denen Zeichnungen und Text korrespondieren – fand nur zerstreutes Interesse, dabei hatte ich geglaubt, mit einem praxisorientierten Lehrgang zusammenarbeiten zu können.

Mittlerweile weiß ich, daß im gesamten Kulturbetrieb das Sekundäre gesiegt hat. Meine Essener Erfahrungen waren nur Vorgeschmack. Nicht mehr das Buch ist wichtig, sondern dessen feuilletonistische Aufbereitung, die sich Kritik nennt. Nicht mehr das Theaterstück zählt, sondern die Verwurstung eines Textes mittels Inszenierung; Shakespeare kann sich nicht wehren. Eine Vielzahl von germanistischen Seminararbeiten und Dissertationen, die mir auf den Tisch kommen, beruft sich auf sekundär Vergleichbares, benutzt das Original nur noch als Stichwortregister und ist – in Fußnoten kenntlich – wie für Kollegen im Sekundärbereich geschrieben. Entsprechendes Mißvergnügen bereitet ein Studium, das sich auf das Abenteuer Literatur nicht mehr einlassen will, vielmehr deren originale Zeugnisse ausspart und sich auf gesicherte Lehrmeinungen verläßt.

Übertreibe ich? Es hat mir trotzdem in Essen gefallen. Warum – weiß ich nicht mehr so genau. Vielleicht weil Essen im Ruhrgebiet liegt und diese gebrochene Landschaft so primär nach Literatur schreit.

Begegnung in Paris

Lieber François,
 so bringst Du mich, den Siebenundsechzigjährigen, mit Deiner runden Achtzig in gehörige und bewundernde Distanz. Doch die will ich aus dem Stand überhüpfen, weil unsere ersten Begegnungen in Paris sogleich freundschaftlich direkt und wie ohne Umstände gewesen sind. Es war in den Jahren 1956/57. Du befandest Dich, aus meiner Sicht, in gefestigter Position, ich, ein Anfänger, steckte in der ersten Fassung der ›Blechtrommel‹; und als ich auf etwa Seite 500 war, brachte Anna Zwillinge zur Welt, was meinen Schreibzwang nicht minderte. Du bist mir von Anfang an mit fragender Neugierde begegnet. Ich spürte Interesse und ausgesprochene wie unausgesprochene Ermunterung, sobald mir Durststrecken bevorstanden, mehr noch, Du gabst mir Gelegenheit, im Nutz- und Ziergarten Deiner literarischen und politischen Kenntnisse zu räubern und zu wildern: Dir verdanke ich folgenreiche Hinweise auf Orwells ›Mein Katalonien‹ (ich kannte bis dahin nur die Romane) und die Vermittlung eines ersten Gespräches mit Czesław Miłosz, der am Rand von Paris die polnische Exil-Kulturzeitschrift ›Kultura‹ herausgab.
 Sicher, es ging um Kultur und Politik, um Mendès-France und den Aufstand in Ungarn, Du warst weltkundig, ob weit weg oder nahbei, und so wird Dir vielleicht entgangen sein, daß wir uns, auf Besuch bei Euch, während die großen Namen fielen und die globalen Konflikte Gesprächsstoff waren, wie auf Vorrat sattgegessen haben; so überschüssig reich war Eure Küche.
 Ich erinnere mich an eine bürgerliche Wohnung, in der

das Mobiliar und unübersichtlich viele Bücher nach größeren Räumen verlangten. Da wir eher provisorisch lebten, führte mich Eure Adresse in eine andere, offenbar gesicherte Welt; doch bald wurde mir deutlich, daß Euch plötzliche Aufbrüche wie antrainiert waren und irgendwo versteckt das Chaos als Untermieter wohnte; auch deshalb war es so wohnlich bei Euch.

Es wird Dich vielleicht überraschen, lieber François, zu hören, daß ich bei Dir ansatzweise das Argumentieren gelernt habe. (Später hatte ich Gelegenheit, Dich viele Male bei Podiumsdiskussionen als Meister der Argumentation zu erleben und gleichfalls zu bewundern, wie kunstvoll es Dir gelang, bei sich hinschleppender Debatte den Eindruck zu vermitteln, Du seist der Schlafende, der dennoch alles hört, gelegentlich den Schlaf unterbricht und die sich verläppernde Diskussion wieder auf den Punkt bringt.)

Und dann gab es noch Paul Celan, den schwierigen Freund. Auf andere Weise als Du hat er mir, wenn ich durchhing, auf die Sprünge geholfen; doch so sicher ich mir heute, nach vielen Jahrzehnten, seiner Hilfe bin, so peinigend ist mir bewußt geblieben, wie wenig ihm zu helfen war. Paul Celan kann ich nicht mehr danken, doch Dir, lieber François, soll dieser verspätete Schülerbrief eine Erinnerung wachrufen, die für mich mit Dankbarkeit verbunden ist.

Dein *Günter*

Schwarzweiße Kinoträume

Kino war für mich von Kindheit an Kintopp. Diese naive Sicht erlaubt mir noch heute, sogar mittelmäßige Filme, wenn sie nur Kintopp genug sind, zu genießen; selbst die noch leere Leinwand lädt zur Projektion beweglicher Vorstellungen ein.

Schon als Acht- oder Neunjähriger war ich ein passionierter Kinogänger und das im wörtlichen Sinn, weil ich von der Vorstadt aus sämtliche Kinos meiner Heimatstadt Danzig zu Fuß erreichen mußte: Mein Taschengeld war mit mindestens zwei Kinobesuchen pro Woche dahin, jedenfalls reichte es nicht für Straßenbahnfahrten. Mit billigstem Eintrittsticket saß ich in der ersten Reihe auf einem sogenannten »Rasiersitz« und blickte zur Leinwand auf, die mir alles bedeutete, gleich, ob ich einen Tom-Mix-Film sah oder sich Harold Lloyd als Fassadenkletterer bewies. Mein größtes Problem war eine Hürde, die die Tugendwächter jener Zeit aufgebaut hatten, indem sie Filme, nach denen ich süchtig war, für »nicht jugendfrei« oder »jugendfrei ab 14 Jahre« erklärten.

Dieser Notzustand fand ein Ende, als mein Onkel Walther im neueröffneten Tobis-Palast Kinovorführer wurde; seine isolierte Berufsstellung machte ihn zum Gott. Bei ihm war mir durch ein viereckiges Guckloch der Einblick in alle Himmelreiche eröffnet und also auch in jene himmlischen Separées, die nur für Erwachsene reserviert waren. So sah ich eine nackte Frau in einem hölzernen Badezuber Schaum schlagen – der Film hieß ›Das Bad auf der Tenne‹ –, und da ich mich an knallige Farben, aber auch braunstichige Tönungen erinnere, muß es einer der ersten in Deutschland gedrehten Farbfilme gewesen sein, für die mein Onkel Walther mich reif genug hielt: Alles, auch das rubenshaft sündige Fleisch, ersoff in Farbe.

Doch im Grunde meines zelluloidsüchtigen Herzens bin ich schwarzweißimprägniert. Kino ist für mich eine in unendlich vielen Grautönen abgestufte Offenbarung. Nichts hat meiner Phantasie mehr Auslauf erlaubt als dieses immer leicht verregnete Geflimmer; und wenn ich mir in späteren Jahren die mal grell ausgeleuchtete, dann wieder verschattete Augenweide meiner Kindheit zurückrufen wollte, mußte ich mich nur – ob in Berlin oder Paris – in eines der kleinen Studentenkinos flüchten, wo in ›Bestie Mensch‹ niemand trauriger war als der junge Lokomotivführer Jean Gabin; oder wenn in ›Hotel du Nord‹ die Arletty ihr Reißverschlußkleid öffnete und Louis Jouvet seine elegant kostümierte Melancholie über eine zierlich verschnörkelte Eisenbrücke spazierenführte und so den Kanal Saint Martin überquerte. Oh, Simone Signoret, du Mädchen mit dem Goldhelm in Schwarzweiß. Oh, kämen sie doch wieder, diese mit strengen Kontrasten und sanft gefiltertem Licht prunkenden Träume von neunzig Minuten Spieldauer. Alle Farbenpracht von Technicolor gäbe ich her für einen neuen, ganz der Askese verpflichteten Schwarzweißfilm.

Ja, mehr noch, könnte ich verfügen, hieße mein Gesetz: Ab morgen wird auf Farbe verzichtet. Ab morgen besinnt sich der Film seiner flimmernden Anfänge. Ab morgen gibt nur noch Schwarzweiß den Ton an. Doch als geeichter Realist müßte ich meine Verfügungsgewalt sogleich einschränken und sagen: Ein Jahr Askese könnte genug sein, um die Filmüberproduktion zur Besinnung zu bringen. Der Verzicht auf Farbe führt ja nicht zur Verarmung, vielmehr eröffnet er Wege in Rumpelkammern, in denen die Reichtümer unserer Jugend immer noch Schatten werfen. Ich weiß, die Farbe hat gesiegt. Schon mein Onkel Walther, der Kinovorführer im Tobis-Palast, war vom Farbfilm begeistert. Doch da Siegen dumm macht und ich gern zu den Verlierern gehöre, zappeln meine Kintoppträume noch immer schwarzweiß.

Nach zwanzig Seiten waren alle Helden tot

In die Jahre gekommene Flüchtlingskinder können ihre Jugendzeit selten mit papierenen Überbleibseln belegen. Gewiß, das Familienfotoalbum und meine Briefmarkensammlung befanden sich im Gepäck meiner Eltern, die ich erst zwei Jahre nach Kriegsende im Kölner Umland bei Bauern einquartiert fand. Aber keine meiner Zeichnungen wurde »gerettet«, und auch die Peinlichkeiten allerfrühester Schülerlyrik und was sonst noch schriftlich hätte vorliegen können, sind mir erspart worden. Nur die Erinnerung blieb; sie verführt, so löchrig sie ist, zu Lügengeschichten nach Lust und Laune. Dennoch sei der Versuch gewagt, bei der unattraktiven Wahrheit zu bleiben.

Ich mag dreizehn Jahre alt gewesen sein, als ich mit der Niederschrift meines ersten Romans begann. Da meine Mutter ein Lebensmittelgeschäft betrieb, konnte ich ihr ein leeres Kontobuch abschwatzen, in das ich, ohne auf die Rubriken Soll und Haben zu achten, kühn die Überschrift setzte – ›Die Kaschuben‹ – und darunter kleiner, doch nicht weniger anspruchsvoll: ›Ein Epos‹.

Bevor ich zum eigentlichen Romangeschehen komme, muß eingeräumt werden, daß mich eine in großer Auflage erscheinende NS-Jugendzeitschrift unter dem Titel ›Hilf mit!‹ zu diesem ersten schriftstellerischen Großversuch angestoßen hatte. Ein Wettbewerb stand ausgeschrieben, Prosa sollte prämiert werden. Mehr ist dazu nicht zu sagen, weil ich mich aus noch zu schildernden Gründen nicht an dem Preissingen beteiligt habe. Wie kam ich auf dieses Thema? Die Kaschuben, eine urslawische Minderheit von etwa dreihunderttausend Seelen, haben ihr Siedlungsgebiet, ungeachtet diverser Völkerwanderungen, nie verlassen. Von der pommerschen Ostseeküste und Danziger Bucht blieben sie bis zur Tucheler Heide hin seßhaft und hatten ihre großpommerellische Geschichte längst hinter sich, als ich mich um sie literarisch zu kümmern begann. Weil mütterlicherseits kaschubischer Herkunft, waren mir die Gewohnheiten dieses Restvölkchens einigermaßen vertraut. Nachdem man sie vor Kriegsbeginn mehr oder weniger erfolgreich polonisiert hatte, sollten sie jetzt, unter deutscher Herrschaft, wieder einmal germanisiert werden; kein Wunder, daß sie kaschubischer auftraten, als sie waren.

Wäre ich doch bei diesen erdigen Mischtönen geblieben! Aber nein, es sollte ein Epos werden, Geschichte, möglichst entlegene, mußte herhalten, und also entschied ich mich, den Anfang meiner romanhaften Handlung in der Mitte des dreizehnten Jahrhunderts ihren Verlauf nehmen zu lassen, und zwar während der Zeit des Interregnums, die in Geschichtsbüchern »die kaiserlose, die schreckliche Zeit« genannt wurde. Ganz so abwegig war das nicht, schließlich haben die Kaschuben die häufig wechselnde Herrschaft deutscher Ordensmeister oder polnischer Könige und Gegenkönige ertragen müssen; für sie war ein endloses »Interregnum« angesagt.

Gleich zu Beginn der Niederschrift unterlief mir ein folgenschwerer Fehler. Nicht das geduldige Beharrungsvermögen der Kaschuben bestimmte mein Schreibtempo, vielmehr waren es ritterlicher Totschlag, Femegerichte und die dieser Gerichtsbarkeit entsprechenden Fememorde. Blut floß im Übermaß. Mit anderen Worten: Nach zwanzig Seiten Sütterlinprosa im Kontobuch meiner Mutter waren alle Helden tot, war die Geschichte aus, entging der NS-Jugendzeitschrift ›Hilf mit!‹ ein Preisträger, sparte ich mir ein Thema auf, das noch immer nicht vergangen sein will, und wurde mir eine kaschubische Lehre erteilt.

Seitdem gehe ich behutsam mit meinem fiktiven Personal um. Wenn gestorben wird, dann allenfalls gegen Schluß. Natürlich habe ich damals als Dreizehnjähriger mit dem Gedanken gespielt, alle bis zur Seite 20 Erschlagenen als Geister auftreten und weiterhin – sei es in Moor und Heide, sei es auf Wolkenbänken – agieren zu lassen; aber diese Geschmacklosigkeit konnte ich mir verkneifen. Eine weitere Lektion.

Geblieben sind die Kaschuben und ihr heidnisch-katholisches Unterfutter. Geblieben ist die Geschichte, die über sie hinwegging, ohne sie kleiner als klein machen zu können. Geblieben ist: Stoff genug.

Der Autor und sein verdeckter Ermittler

Claus-Ulrich Bielefeld: Schon der Titel, ›Ein weites Feld‹, verweist auf Fontane, und in der Tat ist die Hauptfigur, Theo Wuttke, Fonty genannt, eine Art Wiedergänger von Fontane. Er hat – vereinfacht gesagt – den Tick, seine Biographie in der Biographie Fontanes zu spiegeln, er parallelisiert sie...
Günter Grass: ...er lebt sie aber auch weiter.
C.-U. B.: Er lebt sie weiter, und zudem ist dieser Tick eine Art Trick des Erzählers. Der Erzähler überschaut damit einen großen Zeitraum, von dem er berichten kann: 1819 ist Fontane geboren, Wuttke/Fonty 1919. Sie können also über hundertsiebzig Jahre deutscher Geschichte erzählen. Darüber hinaus spielen zwei Institutionen eine große Rolle in dem Roman: einmal das Theodor-Fontane-Archiv in Potsdam, wo Fonty/Wuttke häufig Gast ist und wo er oft auch korrigierend eingreifen kann. Die andere Institution ist die Treuhand, wo Fonty nach seiner Arbeit als Redner für den Kulturbund in der DDR als Bürobote und später als eine Art Stadtführer tätig ist.
Nun haben Sie mir erzählt, daß Sie Recherchen zum Fontane-Archiv und zur Treuhandanstalt haben anstellen lassen. Der verdeckte Ermittler, der »undercoveragent«, war Dieter Stolz, der Germanist, der jetzt Assistent am Fachbereich 1 der TU Berlin ist. Er hat eine Doktorarbeit mit dem Titel ›Vom privaten Motivkomplex zum poetischen Weltentwurf. Konstanten und Entwicklungen im literarischen Werk von Günter Grass‹ geschrieben. Dieser Titel klingt ganz literaturwissen-

schaftlich, als Ermittler hatten Sie aber doch sicher ganz andere, viel konkretere Aufgaben. Wie sah das aus, wie lange hat das gedauert, was haben Sie da alles erlebt?

DIETER STOLZ: Ja, das ist eine lange Geschichte, wo soll man anfangen? Vielleicht da, wo die ganze Geschichte für mich begann, mit der persönlichen Kontaktaufnahme zu Günter Grass. Das war am 20. Februar 1992. Damals ging es mir darum, kurz vor Abschluß der Dissertation, Kontakt mit dem Autor aufzunehmen. Bewußt erst zu diesem Zeitpunkt, um während der Arbeit nicht in Kollision zu kommen, das heißt möglichst keine persönlichen Sympathien oder Aversionen mit der Analyse von literarischen Werken zu verquicken. Es war gar nicht so leicht, einen Termin zu bekommen. Frau Hönisch, die damalige Sekretärin von Herrn Grass, hat freundlicherweise vermittelt. Eva Hönisch hatte ich schon zuvor durch einige Besuche hier in der Niedstraße kennengelernt. Die Probleme lagen einerseits im überfüllten Terminkalender des Autors begründet, zum andern bei den Vorbehalten des Schriftstellers gegen Germanisten, denn man kann als Autor natürlich aus guten Gründen Vorbehalte gegen Germanisten haben; der Titel meiner Arbeit deutet das vielleicht an. Dann wurde aber doch noch eine Möglichkeit gefunden. Frau Hönisch hatte einen sehr ungewöhnlichen Treffpunkt arrangiert: Ich saß plötzlich neben Herrn Grass auf der Rückbank eines von Frau Grass gesteuerten Autos. Wir fuhren von Berlin nach Dresden zu einer Ausstellungseröffnung. Günter Grass und ich wollten dort auf der Rückbank, so war es verabredet, eigentlich über die Gliederung meiner Arbeit sprechen. Das hat sich aber im Grunde schnell erledigt. Ja, wir haben während dieser Fahrt nur sehr wenig über die Dissertation geredet, aber sehr viel gelacht. Gelacht vor allen Dingen über meine Wissenslücken in bezug auf geografische Verhältnisse in Ostdeutschland – »Stadt, Land, Fluß« und so weiter; damit nahm die Geschichte ihren Anfang. Während dieser Autofahrt haben wir uns persönlich kennen und wohl auch schätzen gelernt, obwohl wir beide diesem Termin im Vorfeld sicher eher skeptisch gegenüberstanden. Bei mir war's jedenfalls so, daß ich dachte – das war damals die Hochzeit der Vereinigungsdiskussion, Günter Grass ständig im Fernsehen, oft sehr verbittert über die Entwicklungen, die ja wirklich nicht immer positiv zu beurteilen waren –, kurzum, auch ich dachte, es könnte Probleme geben, wenn Herr Grass privat ebenfalls so traurig ist, wie er bei einigen öffentlichen Auftritten erscheint. Dem war glücklicherweise ganz und gar nicht so. Im Gegenteil, wir haben uns, wie gesagt, köstlich amüsiert. Es ging dann so weiter, daß ich auf der Rückfahrt ankündigte, sobald meine Dissertation fertig sei, ihm das Manuskript zuzuschicken. Er hat das dicke Ding offenbar dann auch gelesen und mich daraufhin eingeladen, nach Behlendorf zu kommen, um ihn dort zu besuchen. Das war im Januar 1993. Bei diesem Besuch in Behlendorf kam's dann dazu, daß er mich überraschend fragte, ob ich bereit wäre, Recherchen für einen Roman, der schon lange in Arbeit sei, zu übernehmen. Und zwar Recherchen aufgrund einer Liste, die er erstellt hatte, einer Liste mit Arbeits- und Nachforschungsprojekten. Ich sagte natürlich sofort geschmeichelt und geehrt zu. Zumal ich derzeit noch versuchte, mich als freier Autor beziehungsweise mit unbezahlten Lehraufträgen durchzuschlagen. Und schließlich war es natürlich für den Germanisten in mir eine Herausforderung, so ein Projekt anzunehmen. Doch nun zurück zu Ihrer eigentlichen Frage, den Stationen, die dann für mich zu bearbeiten waren. Da wäre als erstes und zentral das Fontane-Archiv in Potsdam zu nennen. Denn es gab schon auf der ersten Liste Stichworte zu Problemen der Biographie Fontanes, die durch die Forschung noch nicht eindeutig geklärt waren; Lücken in bezug auf die Zeit Fontanes in England, Fragen zu seinen zwei unehelichen Kindern, auch zur Phase Fontanes als Akademiesekretär oder zu seiner französischen Gefangenschaft. All diese Probleme sollten erforscht werden, unter anderem durch Besuche im Fontane-Archiv, allerdings ohne kenntlich zu machen, daß es im Auftrag von Günter Grass geschah, damit sein Projekt nicht gleich an die große Glocke gehängt würde. Ich bin dort auf sehr viel Wohlwollen gestoßen. Meine wichtigste Kontaktperson, im Grunde über die ganze Zeit hinweg, war der Leiter des Archivs, Herr Dr. Manfred Horlitz, der mir auch in vielen Briefen und Telefonaten immer wieder bereitwillig und sehr zuvorkommend Auskunft über die Projekte gegeben hat, die zu bearbeiten waren. Darüber hinaus versuchte ich bei meinen Archivbesuchen, etwas über die Institution als solche herauszubekommen, gewissermaßen Hintergrundwissen zur Arbeit des Fontane-Archivs, und ich habe alle noch greifbaren ›Fontane-Blätter‹ erstanden, die eine unerschöpfliche Fundgrube für Anregungen und weitergehende Informationen darstellen. Das nicht nur im Fontane-Archiv zusammengetragene Material, weitere Stationen vielleicht später, habe ich Günter Grass dann zur Verfügung gestellt, und er hat aus dem verstaubten Archivmaterial seine Art von erzählender Prosa gemacht.

C.-U. B.: Herr Grass, hat sich das spontan ergeben auf der Autofahrt von Berlin nach Dresden, oder haben Sie schon vorher überlegt, daß Sie eine Art Rechercheur brauchen?

G. G.: Ich habe ja einige Romane geschrieben, die einer langen Recherchierarbeit bedurften, einer Vorarbeit, auch während des Schreibvorganges. Bis jetzt habe ich das immer alleine machen können. Bei diesem Projekt, das vom Arbeitstitel anfangs ›Treuhand‹ hieß, stellte sich bald heraus, nach einem ersten Besuch in der Treuhand, wo ich mich angemeldet hatte, daß das nicht fortzusetzen war. Nach kürzester Zeit kam der Leiter der Public-Relations-Abteilung, sehr freundlich, sehr zuvorkommend, auf mich zu; aber die unmittelbar folgende Frage war: »Sie schreiben wohl über uns?« Und damit war alles belastet und bedeckt und lief auch Gefahr, ins Gerede zu kommen. Ich mußte das also einstellen und war sehr froh, daß Dieter Stolz bereit war, nicht nur in dem ihm vertrauten Bereich, Fontane-Archiv, also germanistisch orientierte Nachforschungen anzustellen, sondern auch im Treuhandgebäude und in Pressearchiven das eine oder andere noch zusätzlich zu erfragen. Und so haben wir in mehreren Arbeitsstufen die noch fehlenden Informationen zusammengetragen. Zudem stellte sich immer wieder heraus, daß sich neue Lücken ergaben, Fragen gestellt werden mußten. Ich bin, beispielsweise, in meinem Romanmanuskript – von erster bis zweiter Fassung – davon ausgegangen, daß die berühmte Adresse Potsdamer Straße 134c für Fonty eine große Rolle spielen müßte. Nun war aber bald festzustellen, daß das nach neuer Zählung geschah, daß das alte Fontanehaus vermutlich seit den zwanziger, dreißiger Jahren nicht mehr existiert. Aber es war zunächst nicht mehr genau herauszubekommen, wo es nach alter Zählung zu finden gewesen wäre. Und da hat mir Herr Stolz mit Lageplänen, mit Meßtischblättern kann man beinah sagen, geholfen. So haben wir dann herausklamüsert, da ist heute freies Gelände, diese Straße gibt's gar nicht mehr, da ist jetzt eine Hundelaufanlage für Züchter entstanden, die ihre Hunde dort scharf machen lassen; alles in der Nähe der Philharmonie und hat mit dem jetzigen Verlauf der Potsdamer Straße beziehungsweise mit der Nummer 134c nichts zu tun. Dennoch habe ich's bei dieser Fiktion belassen. Es war für mich reizvoll, Fonty – kraft seiner Einbildungskraft – diese Fiktion beschwören zu lassen, an einem Ort, wo es die Potsdamer Straße 134c in der Vergangenheit nie gegeben hat und jetzt etwas grauenhaft Architektonisches steht, neben Meierei Bolle, was durch die sechziger, siebziger Jahre geprägt wurde. Um so deutlicher wird dadurch seine Möglichkeit, etwas für die Enkeltochter, mit der er dann im Roman dort steht, zu imaginieren, was einmal Mittelpunkt seiner Arbeitswelt gewesen ist.

D. S.: Es gab aber doch diese schöne, vom Zufall arrangierte Konstellation, daß die jetzige 134er Nummer der Potsdamer Straße eingekesselt war von einer Apotheke und einem Antiquariat. Das paßte doch auch wie die Faust auf Fontys Auge; jedenfalls besser als die Hundelaufanstalt, die man sonst hätte beschwören müssen.

G. G.: Übrigens bin ich in diesem Antiquitätenladen mal dringewesen und habe den Mann vorsichtig gefragt, wie das so ist. Der war sich über diese Lage durchaus bewußt. Er sagte, es sei ihm schon einige Male passiert, daß Leute gefragt hätten: »Ist hier das Fontanehaus?« Denn die Stadt Berlin geht mit solchen Stätten sehr gedankenlos um. Es gibt kein Schild, wo das alte Haus mal gewesen ist, nichts dergleichen. Man hätte ja, zum Beispiel, die Staatsbibliothek, die in unmittelbarer Nähe steht, mit diesem Namen ehren können.

C.-U. B.: Zum Beispiel.

D. S.: Um solche Dinge herauszubekommen, ist übrigens das Landesarchiv sehr zu empfehlen, eine hervorragende Recherchestation, die mir bis zu diesem Zeitpunkt völlig unbekannt war. Zumindest als Besucher war ich nie dort und schon gar nicht als Rechercheur. Dort stieß ich nicht nur auf so kuriose Begriffe wie »Abräumakten«, sondern vor allem auf ständig neue Stadt- und Lagepläne aus verschiedenen Zeitepochen, die chronologisch aufzeigen, wie sich das Stadtbild, die Straßennamen und die Hausnumerierungen verändern, sehr aufschlußreich. Da war Herr Matschenz übrigens jemand, den ich erwähnen möchte, da er sehr viel für mich getan hat, was diese großen »Meßtischblätter« angeht.

G. G.: Es gab natürlich auch Dinge, Fragen von mir, denen Dieter Stolz nachging, und es gab keine Antwort darauf. Es gibt nach wie vor, was die beiden unehelichen Kinder betrifft, nur den Brief an Lepel, den Jugendfreund Fontanes. In diesem Brief spricht er von dem zweiten unehelichen Kind und weist abermals Dresden als den »Tatort« aus. Von dort bekommt er die Alimenteeinklagung. Da wird sich wahrscheinlich auch in Zukunft nichts finden lassen, weil die Familie durch das Vernichten der Verlobungsbriefe, der Emilie-Briefe überhaupt, auf ihren Wunsch sind die nach ihrem Tode vernichtet worden, alle Zugänge versperrt hat. Allenfalls da hätten sich, was die Spätphase betrifft, einige Hinweise ergeben können. Denn das zweite uneheliche Kind ging in die Verlobungszeit hinein. Aber um so verführerischer war es, nun von der Tatsache zweier Kinder in Dresden ausgehend, eine Figur zu erfinden und sie mit der Lene Nimptsch in ›Irrungen, Wirrungen‹ in Zusammenhang zu bringen, deren Herkunft ja auch ungeklärt ist. Man weiß nicht, warum sie bei der alten Frau wohnt, wer sie dort abgegeben hat. Man weiß nur, da ist sie aufgewachsen. Alles andere liegt ganz im dunkeln.

Und so habe ich dann versucht, mit den Mitteln der Literatur, mit den Mitteln der Erzählung, diese Zusammenhänge so zu konstruieren, daß sie glaubhaft sind, daß sie möglich sind, daß sie vorstellbar bleiben. Gleichzeitig habe ich mir dadurch die Möglichkeit eröffnet, Fontys Leben – als Theo Wuttke – auf dieser Schiene fortzusetzen, und zwar mit der unehelichen Tochter aus der Kriegszeit des letzten Weltkrieges, mit der französischen Enkeltochter, die dann – auf der Suche nach dem verschollenen Großvater – nach Deutschland kommt.

D. S.: Auch diese Geschichte bietet demnach ein anschauliches Beispiel für die Zusammenarbeit von Rechercheur und Autor: Der Rechercheur kommt mit vielen offenen Fragen, die nicht zu klären sind, zurück, und der Autor nutzt diese offenen Fragen als Spielraum für die Fiktion. So war es natürlich in vielen Fällen.

C.-U. B.: Ja, aber das Buch ist auch beeinflußt worden von den Recherchen, nehme ich an. In welcher Hinsicht, wenn es der Fall ist?

G. G.: Also, in manchen Dingen haben die Recherchen den guten Instinkt, den aber noch nicht belegten Instinkt des Autors bestätigt. Bei anderen gab es Akzentverschiebungen. Diese Verniedlichung und Verharmlosung Fontanes, die leider auch von der Germanistik betrieben wurde – es hat sich in den letzten Jahren gebessert –, das heißt die Tendenz, ihn als den heiter Darüberstehenden darzustellen, hat mich immer erbost. Wenn es ihm gelungen wäre, diesen Wunsch, den er ein-, zweimal in Briefen äußert, wenn es ihm gelungen wäre, heiter darüberzustehen, wären Romane wie ›Frau Jenny Treibel‹ und ›Der Stechlin‹ nie geschrieben worden. Denn sie sind die besten Belege dafür, wie er, parallel zur Zeit, eben nicht heiter darübersteht, wohl aber mit großem literarischen Verstand, sich erzählerisch Distanz schaffend, diese heißen Themen behandelt hat. Die Reaktion auf diese Bücher war ja auch entsprechend. Das war zu belegen; natürlich in erster Linie auch durch meine Fontane-Lektüre. Alles, was ich aus der Zeit bekommen konnte, habe ich gelesen und an einigen Stellen mit dem Zitat verarbeitet. Und dann diese Ambivalenz, trotz einer bis zum Schluß bleibenden, bis zur Revolutionsforderung gehenden Sympathie zum Vierten Stand, bleibt er der Konservative, gibt das nicht auf. Es ist eine merkwürdige und doch einleuchtende Mischung, die er gelebt und vorgelebt hat. Und dann, zu meiner Verblüffung, einige hellsichtige Texte: zum Beispiel dieser Aufsatz, den er unter dem Pseudonym »Torquato« veröffentlicht hat; ein Essay über die Situation der Schriftsteller zur Zeit Wilhelms II. und Bismarcks, der damals, in den neunziger Jahren des letzten Jahrhunderts, einigen Staub aufgewirbelt hat. Fontane beklagt sich, er fordert, erwartet und wünscht, daß der Staat zu diesen »catilinarischen Existenzen« ein besseres Verhältnis gewinnt, daß der Staat sagt: »Auch sie sind die von mir geliebten Kinder, wenn sie auch manchmal unartig sind, ich nehme sie schützend an die Brust.« Mit anderen Worten: Er verlangt eine Alimentierung der Literatur durch den Staat. Doch kaum hat er das ausgesprochen, steht bei ihm auch schon die Befürchtung, daß das Heilmittel gegen die jetzigen Verhältnisse schlimmer sein könnte als der jetzige böse Zustand. Damit hat er im Grunde die Entwicklung der DDR vorweggenommen, zumindest diese Art der Alimentierung. Und so paßt natürlich diese Rede – Fonty hält sie bei dem Besuch mit Hoftaller in Neuruppin, als Hoftaller ihn zwingt, aufs Denkmal zu steigen –, diese Rede paßt wunderbar in unsere Zeit hinein. Ich habe an dem ursprünglichen Text so gut wie nichts verändern müssen. Ein paar überleitende Worte, zum Beispiel zum Schluß, wenn er anrät, das beste Heilmittel für uns alle sei größere Achtung vor uns selber. Ich werfe dieses Wort dann in die heftige und diffamierende Intellektuellenhatz der Gegenwart hinein, an der sich auch viele Intellektuelle beteiligt haben. Dadurch bekommt dieser Text noch eine ganz andere Zündkraft.

C.-U. B.: Sie sind ja wahrscheinlich lange vor der sogenannten Wiedervereinigung auf Fontane als Romanfigur gestoßen. Nun spielt, wie Sie gerade beschrieben haben, Fontane die Rolle des zivilen Bürgers, der sich also nicht in Fanatismus, in Haß, in Eindeutigkeiten verliert, sondern differenzieren kann. Wie hat sich denn die Figur geändert, vielleicht auch durch die Forschungsergebnisse?

G. G.: Ja, das ist immer Fontanes Bemühen gewesen, seine Einsicht, daß man differenzieren muß. Daß jede Seite eine andere Sicht hat, jede Sache mehrere Sichten zuläßt, und das ist ihm dann insbesondere in den Romanen, natürlich in übersetzter Form, auch weitgehend gelungen. Dennoch bin ich froh, daß ihm das – abgesehen von den Briefen, wo er durchaus ungerecht und einseitig urteilen kann – selbst in den Romanen gelegentlich unterläuft. Sie wären sonst nach meinem Geschmack viel zu abgesichert in sich. Auch da bricht es durch, auch da ist sein Temperament zu spüren und zum Schluß sein Haß auf dieses heruntergekommene Preußentum, das er so heiß geliebt hatte. Das führt dann zu Urteilen, die keine andere Sicht mehr zulassen, und das gibt es gelegentlich auch bei Fonty in seiner Arbeit bei der Treuhand, wo er zugleich mit Verständnis, wo er mit größtem Verständnis dem Chef der Treuhand gegenübertritt, den er sogar als seinen Freund empfindet, der dann jedoch einem Attentat zum Opfer fällt. Aber Fonty sieht auch gleichzeitig die Ursachen für den wachsenden Haß, und aus dieser Erkenntnis resultiert seine Befürchtung, das könnte schlimm enden. Diese Gabe hat sich dann doch bei ihm entwickelt. Auch das ist nicht aus der Luft gegriffen, insbesondere, wenn man Fontanes späte Briefe an einen englischen Arzt namens Morris liest, die zumeist politischen Inhaltes sind. Was er dort an Prognosen über die Zukunft des britischen Empire aufstellt und wen er als kommende Weltmacht sieht, da ist vieles richtig gesehen; auch seine Einschätzung des kapitalistischen Systems, ohne daß er je Marx erwähnt hat. Ich bezweifle, daß er irgendeine Zeile von ihm gelesen hat, obgleich beide gleichzeitig in London gewesen sind. Seine Prognose, daß die Zukunft aus der damaligen Sicht beim Vierten Stand liegen wird, war eine warnende und vorwarnende. Sie kam ja auch nur aus einer schmerzhaft gewachsenen Einsicht. Er ist nie ein Proletarier gewesen, hat nie das Bedürfnis gehabt, zu diesem Stand zu gehören. Aber gemessen an dem heruntergekommenen Stand – a) des Adels, b) des parvenühaften Bürgertums und der leergepredigten Kirche – lag für ihn die Hoffnung ganz beim Vierten Stand. Das ist auch uns beiden in den Recherchen aufgefallen. Denn das war nicht einfach nur ein Materialabliefern. Wir haben ja über das, was fehlte, und das, was Aufschluß gab, auch gesprochen.

D. S.: Um das vielleicht kurz zu ergänzen: Ich habe mich bei der Lektüre hauptsächlich auf die Briefe gestürzt und weniger auf die Romane, die Günter Grass ohnehin vorher schon rezipiert und verarbeitet hatte. Und da ist es mir persönlich auch so gegangen, daß die Brüche dieser »verkrachten Existenz«, wie er dann schon im Romaneinleitungskapitel genannt wird, daß die gerade in den Briefen besonders deutlich werden. Darüber konnten wir uns schnell austauschen. Denn das, was von vielen Biographen geglättet wird, um eine durchgehende Linie zu haben, auf die man den Autor bringen möchte, kann insbesondere durch die Briefe Fontanes durcheinandergebracht werden. Gerade dort werden ambivalent stimmende Episoden beschrieben, da werden Stimmungen geschildert, die nicht zu dieser geraden Linie passen. Sei's nun der Antisemitismus, der durchschlägt, am Ende vielleicht wieder nachläßt – aus Gründen, die allerdings auch nicht so edel sein mögen, wie man es sich wünschen würde –, oder sei's im politischen Bereich. Also diese Brüche und Widersprüche waren auch eines meiner zentralen Ergebnisse nach der Brieflektüre. Und über die konnte man sich schnell verständigen.

C.-U. B.: Kann es denn das Problem geben, daß der Autor irgendwann zuviel Material hat? Daß er sagt, also eigentlich könnte ich jetzt auch eine Fontane-Biographie schreiben. Was ich jetzt alles herausbekommen habe, das muß doch alles vermittelt und dargestellt werden.

G. G.: Da ist ohnehin nur ein Bruchteil – zudem in verarbeiteter Form – zum Zuge gekommen. Aber es war natürlich auch schon mein Ehrgeiz, unterschwellig eine Fontane-Biographie zu schreiben, die sich nicht chronologisch liest, die aus verschiedenen Momenten und Gewichtungen – sicher bei Vernachlässigung einiger Lebensperioden, die bei anderen Biographen mehr Bedeutung haben – zusammengesetzt ist. In den ›Kriegsbüchern‹ zum Beispiel, die dem Umfang nach größer sind als das gesamte Prosaerzählwerk, habe ich nicht sehr viel Inspirierendes gefunden. Ich muß auch zugeben, daß ich sie nicht ganz gelesen habe.

C.-U. B.: Nun kommt es ja zu einer interessanten Konfrontation. Fonty/Fontane, also diese Doppelfigur oder diese eine Figur, die viele Seiten hat, prallt mit der Treuhand zusammen, einem ganz neuen Instrument nach der Einheit, einer Behörde, die von Ihnen selbst – zurückhaltend ausgedrückt – doch sehr skeptisch gesehen wurde. Sie haben die Treuhand, um es deutlicher zu sagen, stets für ein Unglück gehalten. Was ist denn da passiert? Wie ist dieser Fonty nun mit der Treuhand zusammengekommen?

G. G.: Zum einen hat mich natürlich folgende Konstellation gereizt: ein in Berlin zentral stehendes Gebäude – immer schon Regierungsviertel in preußischen Zeiten, dort wird 1935 das Reichsluftfahrtministerium gebaut –, dieses Haus überlebt den Krieg nahezu unbeschädigt; dort wird die DDR als Staat ausgerufen, dort befindet sich dann über Jahrzehnte hinweg das Haus der Ministerien. Dann geht es weiter in deutscher Tradition, kaum ist der Einigungsvertrag unterschrieben, zieht die Treuhand, die es schon gibt zu dem Zeitpunkt, vom Alexanderplatz nach Renovierungsarbeiten in dieses Gebäude um. Und Fonty ist mit diesen Phasen verbunden. Vom Reichsluftfahrtministerium, wo er als junger Soldat, Frontberichterstatter, aus Frankreich zurückkehrend, seine Berichte abliefert, neue Weisungen erhält und im Paternoster seine spätere Verlobte und Ehefrau kennenlernt. Dann kommt nach seiner sehr langen Phase in der DDR – als Kulturbundreisender macht er sich mehrmals unbeliebt –, Hoftaller, sein Agent, sein Spitzel, ins Spiel. Er schützt ihn, bis er ihn nicht mehr schützen kann. Fonty kann keine Vorträge mehr halten, aber Hoftaller sorgt dafür, daß er im Haus der Ministerien untergebracht wird, als Aktenbote. Und nun in der dritten Phase wird er übernommen, quasi für den »Public-Relations«-Bericht. Er soll eine Denkschrift über das Treuhandgebäude verfassen und erlebt in diesem Zusammenhang zum ersten Mal westliche Zensur; die östliche kannte er schon. Denn so ging man ja auch mit seinen Kulturbundvorträgen um; immer, wenn er die Verbote überschritten hatte, bekam er Ärger mit den SED-Behörden. Hier wird ihm nun auf sehr elegante Art und Weise deutlich gemacht, daß jetzt, nach dem Sieg des freiheitlichen Westens, eine ganz neue Phase beginnt, die man nicht in Relation zu den zurückliegenden setzen kann. So wird auch hier das Ganze abgelehnt und darf nicht verwendet werden. Zum Schluß wird ihm sogar noch ein – aus seiner Sicht – unsittlicher Antrag gemacht: Weil er als großer Kenner gilt, auf Grund seiner Wanderungen durch die Mark Brandenburg, soll er interessierten Käufern die heruntergekommenen Schlösser in Brandenburg, Mecklenburg und in seinem geliebten Ruppiner Land vorzeigen, damit sie rasch neue Besitzer finden. Das lehnt er ab. Ein Grund mehr, sich dann schließlich auf die Flucht zu begeben. Aber Ihre Frage zielte ja daraufhin, wie Fontane/Fonty in diesen ganzen Bereich hineinkommt. Nun, Fontane ist ein sehr aufmerksamer Zeuge, Mitläufer und Kritiker des Entwicklungsprozesses in Preußen-Deutschland seit den drei Einigungskriegen gewesen. Dann die ganze Gründerzeit hindurch, inklusive der Bankkräche, die es gegeben hat; ein Kritiker des neuen Typs, der aufkam, wunderbar beschrieben in ›Frau Jenny Treibel‹. Und so war es für mich überhaupt nichts Krampfhaftes, von ›Frau Jenny Treibel‹ auf die heutigen Treibels zu kommen, von den Raffkes und Schofelinskis von damals auf die jetzigen Schofelinskis. Da ist eine gewiß verteufelte, aber auch komische und tragikomische Kontinuität zu beobachten.

C.-U. B.: Herr Stolz, Sie haben erzählt, als Sie mit Günter Grass im Auto von Berlin nach Dresden gefahren sind, waren Sie ein eher wohlwollender Betrachter oder ein milder Kritiker des Vereinigungsprozesses. Hat es denn Reibungen gegeben zwischen Ihnen und Herrn Grass, als Sie dann, immerhin anderthalb Jahre, zusammengearbeitet haben? Sie haben ihm Material geliefert, er hat daran gearbeitet. Wie war denn das Verhältnis von Autor und Rechercheur oder Vermittler?

D. S.: Es gab erschreckend wenig Reibung. Die damals – Anfang der neunziger Jahre – nicht nur von mir skeptisch beurteilte Argumentation von Herrn Grass zum Einheitsprozeß hat natürlich verschiedene Ebenen. Nur soviel, ich habe aus meiner Perspektive versucht, die wohl alle überraschenden Realitäten ins Auge zu fassen, zu sehen, was da ist, um aus der Bestandsaufnahme Schlußfolgerungen zu ziehen. Für mich kam es so, wie es – unter den damaligen Voraussetzungen – kommen mußte. Während Grass in seiner Argumentation von geschichtlichen Erfahrungen und einem wünschbaren Idealzustand ausgegangen ist. Er klagte ein, wie es sich damals hätte entwickeln können, eine Entwicklung, die nicht eintrat. Meine Beurteilung hatte übrigens nicht zuletzt ganz persönliche Gründe, denn wenn die Mauer nicht gefallen wäre, wäre ich nicht mit der Frau zusammen, mit der ich noch immer zusammen bin. Sie kommt aus Sachsen, und damals lernte ich sie gerade kennen; ein sehr wichtiger Aspekt. Kurzum: Es gab in diesen Fragen – trotz gewisser Differenzen – keine Reibereien zwischen dem Autor und seinem »Spitzel«.

G. G.: Darüber, daß die Mauer gefallen war, darüber waren wir ja beide froh...

D. S.: ...ja, darüber waren wir beide froh; das klang am Anfang allerdings nicht ganz so...

G. G.: ...weil dann doch sehr rasch eine Mentalität aufkam, die ich nur mit Grausen betrachten konnte.

D. S.: Man muß aus heutiger Sicht auch sicher noch dazu sagen, daß das, was viele damals als Schwarzsehertum abgestempelt haben, im Grunde vielleicht doch eher ein Hellsehertum war, jedenfalls dann, wenn man auf einige anhaltend aktuelle Entwicklungen schaut; hier würde ich also auch Abstriche von meiner damaligen Position machen. Ansonsten, was die Zusammenarbeit angeht, jetzt in bezug auf die Recherchen, da könnte ich vielleicht noch ein bißchen weiter ausholen, da die Recherchen ja ein zentrales Thema des Gesprächs sein sollen. Diese Arbeit hat mindestens auf drei Ebenen Bedeutung für mich gehabt. Unabhängig davon, daß ich natürlich eine Menge über die deutsche Geschichte und über Fontane gelernt habe, der vorher nicht zu meinen Lieblingsautoren zählte, es vielleicht immer noch nicht tut, aber jetzt weiß ich zumindest, warum. Den ersten Aspekt möchte ich im Hinblick auf meine Recherchen in der Treuhandanstalt erläutern. Das bedarf einer kurzen Einführung, denn wie kommt man überhaupt als Germanist in die Treuhandanstalt, und was bekommt man zu sehen, wenn man schließlich eingelassen wird. Ich mußte dazu kleine Rollenspielchen machen. Also, ich bin nicht als Germanist in das Gebäude an der Leipziger Straße gegangen, sondern als Promotionsstudent, der beabsichtigt, eine Dissertation mit wirtschaftspolitischem Schwerpunkt im Bereich der Geschichtswissenschaft zu schreiben. Auch bei mir ging es natürlich nicht ohne Voranmeldung. Es gab damals so eine schöne Erfindung, das »Treuhand-Bürgertelefon«, man wollte sich offenbar beliebt machen. Über dieses Bürgertelefon bekam ich schließlich einen Termin bei der Pressereferentin, die mich dann auch sehr hilfsbereit mit all dem Material, das dort zu sichten ist, versorgt hat. Ich konnte mir in Ruhe ausführliche Exzerpte machen und sogar kostenlose Kopien aus den vielen Ordnern anfertigen lassen, eben als jemand, der eine Doktorarbeit über diesen Bereich – Geschichte und Wirtschaft – schreiben möchte; vielleicht schreibe ich die ja noch, wer weiß. Das wäre also der eine Aspekt. Diese amüsanten Rollenspielchen waren für mich eine neu belebte Erfahrung, die mir aus anderen Lebenszusammenhängen bereits vertraut war. Ich weiß nicht, ob das in diesen Rahmen gehört, aber Sie kennen das vielleicht: Früher habe nicht nur ich – wie viele andere Jugendliche meiner Generation – Trampreisen kreuz und quer durch Europa gemacht. Wir haben viel Zeit damit verbracht, von einem Auto ins andere zu steigen, und sobald man saß, wurde man gefragt: »Was machst du denn so, was willst du in Zukunft machen?« Und da ich nicht immer die gleichen Geschichten erzählen wollte, habe ich mich irgendwann in Rollenspielen versucht, das heißt ständig neue Lebensläufe erfunden, die ich dann den jeweiligen Fahrern, die mich mitnahmen, zum Teil, um gut unterhalten zu werden, erzählen konnte. Solche Versuche im Vorfeld haben mir sicher geholfen, nicht nur in der Leipziger Straße Geschichten zu erzählen, die ja gar nicht so weit weg waren von der Realität.

C.-U. B.: Aber was genau haben Sie da recherchiert? Die Architektur, die langen Gänge, der berühmte Paternoster, mit dem Fonty immer hoch und runter fährt?

D. S.: Klar, ich bin mit dem Paternoster gefahren, das wollte ich mir nicht entgehen lassen. Es gab allerdings eigentlich drei andere Schwerpunkte. Der eine war die Geschichte des Gebäudes, die in diesem Gespräch schon als Ideologiegeschichte herbeizitiert wurde, zum anderen ging es um alles, was an Gebäudeplänen, an

Zimmerplänen und an Kellerraumplänen zu erhalten war.

C.-U. B.: Das hätte Sie aber doch sehr verdächtig machen können.

D. S.: Stimmt, aber vieles habe ich dann auch nicht in den Aktenordnern der Treuhand gefunden, sondern in den hervorragenden fachwissenschaftlichen Bibliotheken – beispielsweise der Geschichtswissenschaft und der Germanistik an der Freien Universität Berlin – sowie in der Amerika-Gedenk-Bibliothek und verschiedenen Pressearchiven der Stadt.

G. G.: Da ging es auch um die Architektur im Dritten reich, um Bauphasen...

D. S.: Ja. Das war also der zweite Bereich, die Gebäudestruktur als solche, denn dort, im Treuhandgebäude, spielt sich ja im Roman einiges ab. Und der dritte waren dann neuere Skandalfälle der Treuhand, über die akribisch Buch geführt wird, natürlich auch in den Ordnern der Institution selbst...

G. G.: ...auch in Zeitungsspiegeln.

D. S.: Genau, bei dieser Gelegenheit muß unbedingt noch das sehr gut sortierte Zeitungsarchiv des SFB erwähnt werden. Es hat mir viel Freude gemacht, da zu forschen; damals als ›Wochenpost‹-Redakteur, glaube ich, obwohl man dort wahrscheinlich selbst als Germanist hereingekommen wäre; aber die kleinen Versteckspielchen machen eben Spaß. In diesem Pressearchiv ging es mir unter anderem um den Fall Rohwedder. Ja, das waren im wesentlichen die Bereiche, die im Rahmen des Schwerpunktthemas »Treuhand« von mir zu durchleuchten waren. Daß sich daraus dann andere Dinge ergeben, ein Blick auf die langen Flure und ein Blick auf die Fußböden oder, wie gesagt, die Fahrt im Paternoster, versteht sich von selbst.

G. G.: Es gab noch zwei kleine Nebenaspekte. Vor diesem Gebäude, damals noch Haus der Ministerien, haben am 17. Juni 53 oder, genauer gesagt, am 16. Juni, die Arbeiter von der Stalinallee haltgemacht. Der andere Aspekt war ein Widerstandskreis um die sogenannte Rote Kapelle, die wurde von der Gestapo beim Prozeß so genannt. Merkwürdigerweise haben wir den Gestapobegriff für diese Widerstandsgruppe übernommen. Diese Widerstandsgruppe hatte eine Zweigstelle dort, und das hat sich bei mir im Buch auch niedergeschlagen.

C.-U. B.: Noch mal zur Frage der Recherche. Also, Herr Stolz hat ja sehr viel für Sie herausgefunden, Sie selbst haben sich aber offensichtlich nach der Maueröffnung die Stadt ebenfalls sehr intensiv angeschaut und auch eine genaue Topographie für das Buch entworfen. Man erfährt – beispielsweise – bis zur Hausnummer, daß Fonty in der Kollwitzstraße 75 wohnt, und zwar rechts, wenn man von der Dimitroffstraße kommt, die jetzt Danziger Straße heißt. Wieviel Genauigkeit braucht denn so ein Roman für Sie?

G. G.: Natürlich kann man sagen, ich bin oft auf Seen gerudert. Aber als ich diesen Roman schrieb, war es dann doch noch notwendig, daß ich mit meiner Frau eine Ruderpartie auf dem Neuen See gemacht habe, weil ich etwa diesen mehrmals geschilderten Seitenarm in Augenschein nehmen wollte. Da mußte eine Erinnerung aufgefrischt werden, da kommt eine bestimmte Atmosphäre zustande, die nur durch Augenschein zu gewinnen ist, und dann natürlich die Orte, die ich ab 89 zum ersten Mal wirklich frei besuchen konnte. Das hängt dann zusammen mit der Reise in die Lausitz hinein, dieses Braunkohleabbaugebiet im Kapitel ›Am Abgrund‹, oder aber mit mehrmaligen Besuchen von Neuruppin...

C.-U. B.: ... oder Hiddensee.

G. G.: Ja, Hiddensee auch, um vorhandene Kenntnisse zu vertiefen, zu erweitern, zu überprüfen.

D. S.: Wenn ich das vielleicht aus meiner Sicht auch noch ergänzen darf. Das entspräche dann zugleich der zweiten Ebene, die für mich im Zuge der Recherchen aufschlußreich war: Daß Herr Grass am liebsten gedruckt lügt, weiß die Welt schon lange, aber daß er möglichst genau lügen möchte, das ist mir in dieser Zeit besonders klar geworden. Diese unglaubliche Detailliebe, die Faszination für den Teufel, der in diesen Details steckt...

C.-U. B.: ... sogar der BigMäc hat den korrekten Aktionspreis von 7,95 DM!

G. G.: Es stimmt, das habe ich alles notiert. Ich bin mit einem meiner Söhne zweimal bei McDonald's gewesen, fand das Essen scheußlich, aber das muß man auf sich nehmen.

D. S.: Sie waren aber auch in den Offenbach-Stuben, da war das Essen sicher besser.

G. G.: Ja, in die Offenbach-Stuben gehe ich nach wie vor. Die Offenbach-Stuben sind sehr zu empfehlen. Wunderbare Atmosphäre mit leichter Offenbach-Musik im Hintergrund. Und es gibt immer noch »Popolanis Zauberei« und die »Schöne Helena« und als Dessert »Pariser Leben«, Eisvariationen, wie ich sie in den beiden Kapiteln ›Marthas Hochzeit‹ geschildert habe.

D. S.: Da hätte er mich als Ermittler hinschicken sollen...

C.-U. B.: ... oder in das Keglerheim in der Lychener Straße?

G. G.: Ja, das gibt's auch noch.

C.-U. B.: Da gehen Sie aber im Moment nicht hin?

G. G.: Da war ich während einer Wahlkampfphase, als ich den Thierse unterstützt habe am Prenzlauer Berg; die

Wählerinitiative zu seinen Gunsten hat sich immer im Keglerheim getroffen.

C.-U. B.: Was mir aufgefallen ist, daß am Anfang die sogenannten Prenzlbergautoren vorkommen, mit Fonty in Verbindung treten, daß sie aber im Laufe des Romans dann kaum noch in Erscheinung treten und schließlich gar nicht mehr da sind.

G. G.: Sie werden zum Schluß nochmal kurz erwähnt – bei der Lesung in der Kulturbrauerei, mittlerweile untereinander zerstritten.

C.-U. B.: Woran liegt das?

G. G.: Gut, ich könnte es mir einfach machen und behaupten, sie gaben nicht mehr her.

C.-U. B.: Das stimmt ja vielleicht.

G. G.: Das ist sicher mit ein ganz wichtiger Grund gewesen. Aber es hängt natürlich auch damit zusammen, daß Fonty nach seiner Erkrankung und dem ersten mißglückten Fluchtversuch sich von solchen Sachen freimacht. Es geht ja alles auf den zweiten Fluchtversuch zu, der auch mißglückt.

D. S.: Vielleicht noch eine kleine Ergänzung aus Germanistensicht und zu ihrer Frage, in der es um die sperrigen Realitäten ging, die offenbar immer wieder den Widerstand für die phantastischen Höhenflüge bieten, die der Autor dann zu Papier bringt. Das ist ja von Anfang an ein Charakteristikum Ihrer Schreibweise gewesen, Herr Grass, die die Literaturwissenschaftler »phantastischen Realismus« genannt haben; diese Kombination aus Widerständen, die der Schriftsteller braucht, zeitgeschichtliche Fakten und unübersehbare Gegenstände, die sich in den Weg stellen. Wirklichkeiten, die der Autor benutzt, um die Einbildungskraft, die sich sonst selbständig beziehungsweise flügge machen würde, immer wieder auf den Boden der Tatsachen zurückzubringen.

Das heißt also, ein Künstler hat in der Regel Phantasie genug, er braucht aber, um sich nicht in den Lüften zu verflüchtigen, in Nichts aufzulösen, auch den Widerstand...

G. G.: ... eine Bleieinlage.

D. S.: Ja, Bleigewichte. Dieser Aspekt rückte für mich im Zuge der Recherchen erneut und stärker als zuvor ins Bewußtsein. Denn da existiert nicht nur ein Grass-Essay mit dem Titel ›Der Inhalt als Widerstand‹ aus dem Jahre 1957, sondern auch heute arbeitet der Autor tatsächlich noch mit diesen Realitäten, die er als Grundlage braucht, um auf seinem Spielplatz die Phantasie schweben zu lassen.

C.-U. B.: Wir kommen ja jetzt zu Fragen der Ästhetik; was heißt das eigentlich, was ist Wirklichkeit, wie spiegelt sie sich im Roman? Mir fällt ein, daß Kafka, wenn ich mich nicht täusche, gesagt hat, man muß nur in seiner Stube sitzen und warten, bis die Wirklichkeit zu einem kommt. Trotzdem erfährt man über Prag und auch sehr wohl über Kafka einiges. Wo sehen Sie da einen grundsätzlichen Unterschied, oder sehen Sie überhaupt eine Differenz zwischen dieser auf Details und Realität verzichtenden Darstellungsweise und dieser genauen Darstellungsweise, die Sie gewählt haben?

G. G.: Es wird immer einen Unterschied zwischen den Autoren geben und natürlich auch zwischen den Ansätzen, dem Verhalten der Autoren. Es gibt – Gott sei Dank – Schriftsteller, wenn es auch nur wenige sind, die wie Kafka, in einer Stube sitzend, eine Welt in sich haben und ihr Ausdruck geben. Autoren, die ein Amerika-Buch schreiben können, ohne je in Amerika gewesen zu sein. Und dann gibt es einen Zola, der monatelang auf der französischen Eisenbahn mit Lokomotiven herumfährt, um ›La Bête humaine‹ schreiben zu können, da dort Eisenbahnen eine die Handlung beherrschende Rolle spielen. Bei mir kommt sicher hinzu, daß ich von der bildenden Kunst herkomme und schon immer einen heillosen Respekt vor der Natur und im erweiterten Sinn auch vor der Realität hatte, der im Zweifelsfalle immer noch mehr einfällt als dem phantasiereichsten Autor. Aber ich kenne auch die Situation, in der sich ein Bild, eine Atmosphäre, bei mir angesammelt hat – als bildhafte und atmosphärische Vorstellung –, etwa die vereiste Ostsee, so daß ich sie in einer völlig entgegengesetzten Gegend – zum Beispiel im Süden, in praller Sonne oder halbwegs im Schatten sitzend, unter einer Pergola, mit der Schreibmaschine, der Schweiß läuft mir runter – schreibend beschwören kann. Das ist auch ein Lustmoment, eine Art literarischer Perversion, die man sich leistet, die dazugehört. Aber das schließt nicht aus, daß ich dann doch nachgeguckt habe: Wann war die Ostsee so vereist, und wie sah der Brösener Seesteg oder wie sah der Zoppoter Seesteg aus? Haben die Eisschollen die Wellenbrecher zerstört, ja oder nein? Dann fängt nochmal nachträglich oder im Vorfeld schon ein Recherchieren an, natürlich in Ergänzung zu dem, was mir als Vision vorschwebte. Meistens stimmt es, was die Vision betrifft, aber die Überprüfung kann nicht schaden.

D. S.: Apropos, ich bin übrigens nochmal zur Kollwitzstraße gefahren und habe mir angeschaut, ob die zitierten Inschriften, die jene Fassade zieren sollen, wirklich stimmten; sie stimmten alle.

C.-U. B.: Dieses Verfahren erinnert mich an Uwe Johnson, der ja ebenfalls in Ihrem Buch vorkommt, in einer Art kleinem Epitaph, Johnson, der auch alles genauestens recherchiert, die Mondstellungen nachgerechnet und trotzdem ein visionäres Buch, wenn man das so nennen kann, geschrieben hat.

G. G.: Ich habe ja mit Johnson – in unseren glücklichsten Zeiten – wunderbare Werkstattgespräche in Berliner Kneipen führen können. Und da waren wir uns, so unterschiedlich wir sonst waren, was das Handwerkliche betraf, sehr nah. Es war ein handwerkliches Verständnis von Literatur, das – so befürchte ich – bei jüngeren Autoren mehr und mehr verlorengeht. Es kommt wieder so eine Art Geniehandel auf den Markt, und das Wechselspiel von Imagination und Genauigkeit wird vernachlässigt; auch das Provozieren der Imagination durch Genauigkeit, die überraschende Feststellung, daß irgendeine Zeitungsnotiz, eine Heirats- oder eine Suchanzeige – jemand sucht einen Mann oder eine Frau, die Art und Weise, wie der Mann oder die Frau beschrieben wird –, mehr Phantasien auslösen kann als das, was nur eigens im Kopf entsteht.

D. S.: Da muß ich natürlich sofort einhaken, weil ein ganz wichtiges Stichwort für die dritte der von mir angesprochenen Ebenen meiner Rechercheerfahrungen gefallen ist, der Werkstattcharakter. Denn das war für mich natürlich ein wunderbares Erlebnis, nicht nur für den Germanisten, in die Werkstatt des Autors hineinschauen zu dürfen, am Produktionsprozeß eines Romans – zumindest am Rande – beteiligt zu werden. Vor allem dadurch, daß ich ja nicht nur meine Materialstapel auf den Tisch geknallt habe, sondern daß Herr Grass mir zwei-, dreimal aus dem noch im Entstehen begriffenen Manuskript vorgelesen hat; in privaten Sitzungen sozusagen. Es ist ohnehin immer wieder ein Genuß, Günter Grass seine eigenen Texte lesen zu hören; das ist schon fast ein Bestechungsversuch, wenn man ihn lesen hört. Der zweite Aspekt, der für mich dahintersteht, war selbstverständlich der direktere Einblick in die Verarbeitung des Materials, und gerade das stieß bei mir auf ganz, ganz große Ohren. Erneut eine kurze Vorgeschichte: Meine ursprüngliche Begeisterung für sein literarisches Werk geht bereits auf die achtziger Jahre zurück. Damals entdeckte ich im Kontext der Auseinandersetzung mit der von mir besonders geschätzten ›Blechtrommel‹, gewissermaßen auf die Spur gesetzt von meinem »Doktorvater«, Walter Höllerer, dem ich sehr viel zu verdanken habe, der mich im Grunde erst auf diesen Weg gebracht hat – jetzt bin ich übrigens Assistent von Professor Zimmermann, ebenfalls ein ehemaliger Schüler Höllerers –, also, ich entdeckte damals in Sulzbach-Rosenberg ein von Walter Höllerer gegründetes Literaturarchiv, in dem unter anderem ein Konvolut aus Kapitelentwürfen zur ›Blechtrommel‹ liegt...

G. G.: ... das wird gelegentlich die ›Urtrommel‹ genannt, albernerweise.

D. S.: Ja, die Goethe-Reminiszenzen müssen wohl sein. Jedenfalls habe ich im Zuge der Quellenstudien für meine erste größere Grass-Arbeit einige Blicke in dieses Kapitelkonvolut geworfen. Das war für mich ein ganz wichtiges Erlebnis. Gerade in dem Kontext, den Herr Grass zuvor umrissen hat: Also weg von der »Genie«-Ästhetik, der Autor sitzt da und schüttelt sich alles aus dem Ärmel. In Sulzbach-Rosenberg wurde ich eines Besseren belehrt. Dort bekam man ein handwerkliches Verständnis von Kunst vor Augen geführt. Denn da wurden offensichtlich drei, vier, fünf Manuskriptfassungen geschrieben, die in der Regel von Stufe zu Stufe besser werden. Mit anderen Worten, da passiert noch etwas im Schaffensprozeß, da werden Motivnetze entwickelt und neue Assoziationen geknüpft, da wird Form immer mehr zum bestimmenden Moment auch innerhalb des Romanganzen. Also, nicht nur der Inhalt, an dem man sich reibt, sondern das Formprinzip wird immer stärker betont, im besten Falle vielleicht so, daß es am Ende kaum noch sichtbar ist, daß der Leser nur noch den reinen Lektüregenuß hat, ohne das Gerüst des Romans ständig vor Augen zu haben. Dieser Einblick in das Literaturarchiv Sulzbach-Rosenberg war für mich das erste einschneidende Erlebnis, das jetzt auf eine neue Art vertieft wurde. Damals, in Paris, war Walter Höllerer einer der Leute, denen Herr Grass aus seinen Manuskripten vorgelesen hat. Nun habe auch ich zumindest eine Ahnung davon, was es bedeuten kann, wenn man so in den Produktionsprozeß eines Romans involviert ist und dann auch noch eines Romans aus der Feder von Günter Grass. Ja, das war eine sehr wichtige Erfahrung. Zumal ich die Romaninhalte, die verarbeitet wurden, oft bereits kannte, da ich sie zum Teil zuvor selber bearbeitet hatte. Mir fiel auf, daß ich, schon während dieser Lesungen, immer verstärkt auf die Formaspekte geachtet habe. Mich hat also – vor dem Hintergrund der Recherchen – weniger das »Was« überrascht, so wie andere, denen Herr Grass auch vorgelesen hat: Volker Neuhaus, der bekannte Grass-Forscher aus Köln, erzählte davon, daß ihn insbesondere die inhaltliche Ebene von Anfang an sehr beeindruckt habe. Ich kannte nun diese Ebene teilweise schon, und so richtete ich mein Augenmerk sofort auf das »Wie«, also auf die Fragen nach der Form: Was macht der Autor aus dem Rohmaterial? Und das ist natürlich gerade für Seminare, die man jetzt im Rahmen der Universität über dieses Buch macht, ein zentraler Aspekt.

C.-U. B.: Aber Ihre Arbeit als Literaturwissenschaftler hat sich ja dadurch verändert, um jetzt bei der Goethe-Parallele zu bleiben, werden Sie nicht irgendwann eher zum »Eckermann« als zum Literaturwissenschaftler, der kritisch sein kann, der sagt, dieses Buch ist besser oder es ist schlechter? Diese Freiheit haben Sie dann vielleicht weniger als vorher?

D. S.: Ja, die Gefahr liegt auf der Hand. Ich hatte einleitend bereits gesagt, daß ich Herrn Grass ganz bewußt erst nach dem Abschluß meiner Doktorarbeit kennengelernt habe, um solche Kollisionen zu vermeiden. Ich habe momentan sicher noch zu wenig Distanz zu diesem Buch und darum auch Probleme, über das ›Weite Feld‹ zu schreiben. Das ist keine Frage, da geht für mich noch zuviel durcheinander. Ich werde bei Gelegenheit sicher den einen oder anderen Vortrag über den Roman halten, und schon jetzt macht dieses Grass-Seminar mit den Studenten riesigen Spaß. Denn in diesem Rahmen kann man Erfahrungen vermitteln, und es kommt nicht darauf an, sofort eigene Texte daraus zu machen. Da kann man im besten Fall als Anreger wirken. Aber es stimmt schon, ich kann mir zur Zeit nicht vorstellen, größere Arbeiten über das ›Weite Feld‹ zu schreiben.

G. G.: Mir geht es im Grunde genauso. Ich habe auch nicht genügend Abstand zu ›Ein weites Feld‹. Ich versuche mich mit Hilfe des Aquarellpinsels davon zu entfernen, und vielleicht werde ich das eines Tages – in einem Jahrzehnt – wieder mit der Distanz lesen können, wie ich nach zwanzig Jahren wieder ›Die Blechtrommel‹ in die Hand genommen habe oder ›Hundejahre‹. Aber, bei der Gelegenheit noch, da wir ja einen gemeinsamen Freund haben, Walter Höllerer, ich glaube, ein junger Autor kann sich heute gar nicht vorstellen, was das für mich als junger Autor bedeutet hat, in Paris zu sitzen, ohne Geld. Und da kam doch so alle acht Wochen dieser Walter Höllerer mit seiner violetten Tinte, mit einem Stapel Postkarten, und schrieb erstmal seine Postkarten überall in die Welt und die Grüße überall hin. Und dann war der interessiert an dem, was entstand! Was aufs Papier kam – und das ging bis ins Detail, bis ins handwerkliche Detail, und natürlich, was für mich nicht unwichtig war, bis in die Förderung, so daß er mir dann, wenn das Geld ausging, einen kleinen Auftrag für ›Akzente‹ erteilt hat. So ist, zum Beispiel, ein Aufsatz wie ›Die Ballerina‹ entstanden und manche Dinge dieser Art. Das war sehr hilfreich.

C.-U. B.: Und hatten Sie einen solchen Begleiter bei jedem Buch? In dieser idealen Form – wie Höllerer bei der ›Blechtrommel‹?

G. G.: Nein, nein. Meine Pariser Jahre waren, mitten in einer Großstadt, *splendid isolation,* so ging es vielen Ausländern. Der Kontakt mit Franzosen war nicht sehr groß; man traf sich vor allem mit Ausländern, die auch in Paris lebten und eine ähnliche Erfahrung machten. Den stärksten Kontakt hatte ich mit Paul Celan, wobei wir beide so unterschiedlich waren, wie Menschen nur unterschiedlich sein können, und dennoch ging es; es ging auf eine manchmal anstrengende, aber doch wunderbare Weise.

C.-U. B.: Man liest und hört, daß Paul Celan schwer zugänglich und sehr kompliziert war. Aber vielleicht auch erst in den letzten Jahren seines Lebens oder dann besonders?

G. G.: Er hatte anfangs eine Art, die auf einige Autoren vielleicht einschüchternd wirkte, so etwas Stefan-George-Haftes. Er sprach dennoch wohlwollend mit den jüngeren Kollegen, und ich war damals viel frecher als heute. Ich habe ihm gleich zu Anfang gesagt, ich bin nicht die Wand, zu der du sprichst. Und dann hatten wir richtige Streitgespräche. Ich habe allerdings auch deutlich gemacht, daß ich von ihm viel lernen konnte, viel gelernt habe, und ihm dafür sehr dankbar war. Ich war wild belesen, mit großen Löchern dazwischen, während dieser Mann ein Wissen ungeheuerlicher Art hatte. Der hat mich zum Beispiel nicht nur auf Rabelais aufmerksam gemacht, sondern auch auf die Regissche Übersetzung. Es war wirklich alles mit Kennerschaft gepaart. Durch ihn habe ich französische Symbolisten und ›Là-bas‹ gelesen, natürlich in deutscher Übersetzung. Das war für mich eine wichtige Einführung in Dinge, die es im neunzehnten Jahrhundert gegeben hat und die verstellt waren, weil wir immer davon ausgehen, das neunzehnte Jahrhundert, besonders die zweite Hälfte, ist der Beginn der realistischen Literatur. Was da alles parallel oder dazwischen lief...

D. S.: ...ich sage nur: Büchner, Büchner, immer wieder Büchner.

G. G.: Ja, da war Celan ein großer, ein selbstloser Anreger.

C.-U. B.: Hat er auch die ›Blechtrommel‹ gelesen oder Passagen daraus?

G. G.: Er hat mit großem Vergnügen und Interesse und mit offen zugegebenem Neid gesehen, wie ich da Kapitel nach Kapitel schrieb. Er hatte den Wunsch und regelrecht das Bedürfnis – neben seiner wahnsinnigen, existentiellen Anstrengung des Gedichteschreibens –, auch Prosa schreiben zu können, sich quasi zu entlasten, leichtfertiger – im doppelten Sinn des Wortes – zu werden. Und es gibt von ihm auch einige kurze, wunderbare Prosapassagen, die sind aber, glaube ich, nicht mehr als fünf Seiten lang. Darüber ist es bei ihm nicht hinausgegangen. Und deswegen hat er mir, ermunternd und stützend, ähnlich wie Höllerer, mit anderen Worten, aus einer ganz anderen Ecke heraus, bei meinem ersten Roman geholfen. Und diese Art von Hilfe, auch wenn ich sie bei späteren Büchern nicht mehr so präsent hatte, ist mir immer erinnerlich geblieben.

D.S.: Es gibt vor diesem Hintergrund aber vielleicht auch Einflüsse, von denen Sie behaupten würden, daß sie nicht da sind. Also, mir ging es jedenfalls so, als ich das letzte Kapitel des ersten Teils der ›Blechtrommel‹ wiederholt gelesen habe, ›Glaube Hoffnung Liebe‹ – ein Text, der auf geniale Art Märchen- und Fugenform miteinander kombiniert –, daß es mir durchaus möglich war, dort Einflüsse der ›Todesfuge‹ von Paul Celan zu erkennen. Wenn ständig Gespräche über literarische Themen stattgefunden haben, drängt sich ein solcher Vergleich doch auf. Insbesondere dann, wenn man das Kapitel der sogenannten ›Urtrommel‹ aus Sulzbach-Rosenberg kennt, wo diese Fugenform noch gänzlich fehlt, und zudem berücksichtigt, daß dann in recht kurzer Zeit dieser dichte, hochkomplexe und ästhetisch wertvolle Romantext entstand. Es liegt vor diesem Hintergrund doch nahe, Einflüsse – ob mehr oder weniger bewußt, weiß ich nicht – zu konstatieren. Zumindest im nachhinein kann man, jedenfalls als Germanist, auf solche Dinge kommen...

G.G.: ...sicher, vom Tonfall her und einigen anderen Dingen. Wobei es gar nicht mal in erster Linie die ›Todesfuge‹ gewesen ist. Ich halte es, obgleich es das bekannteste Gedicht von Celan ist, nicht für das beste. Damals in der Zeit schrieb er an ›Engführung‹ oder solchen Gedichten; also eigentlich späte Gedichte von ihm, die fand ich revolutionär. Während die früheren Gedichte oder die der mittleren Periode, zu denen auch die ›Todesfuge‹ gehört, in einer gewissen Abhängigkeit geschrieben sind. Er ist nie ein Epigone gewesen, was man ihm im Zusammenhang mit Goll vorgeworfen hat – insbesondere die Witwe, Claire Goll. Das hat ihn zu der Zeit, in der auch ich in Paris war, am meisten geschmerzt. Zumal dann in deutschen Zeitungen, ›Die Zeit‹ voran, regelrechte Kampagnen gegen ihn geführt wurden. Sie haben ihm Deutschland zusätzlich verhaßt gemacht. Er kam immer völlig erledigt aus der Bundesrepublik zurück, wenn er sich überhaupt heraus traute, aber dann war es jedes Mal eine Katastrophe.

D. S.: Es gibt ja ein Gedicht eines Kollegen mit dem Titel ›Er‹, ein Jahr vor der ›Todesfuge‹ entstanden, in dem im Grunde alle Motive gebündelt sind, die in der ›Todesfuge‹ vorkommen.

G. G.: Ja. Es ist sicher ein Fehler von ihm gewesen, daß er bei der ›Todesfuge‹ den Ursprung, sei es nur in einem Nachsatz, nicht genannt hat.

D. S.: Zumal seine Form etwas ganz anderes bietet...

G. G.: ...etwas ganz anderes. Er hat das Gedicht erst zu einem bleibenden Gedicht gemacht. Dennoch würde ich sagen, es ist nicht sein stärkstes.

C.-U. B.: Aber ein Stichwort fällt mir jetzt ein, das Sie, Herr Stolz, gegeben haben: bewußt und unbewußt. Herr Grass, Sie haben gesagt, daß Sie ein sehr handwerklich, also auch ein sehr bewußt arbeitender Autor sind. Hat es Momente gegeben, in denen das Unbewußte Sie überwältigt hat beziehungsweise in den Text eingegangen ist? Oft bemerkt man es selbst vielleicht gar nicht, aber gab's solche Momente, wo etwas geschehen ist, was gegen den Plan lief, gegen das handwerklich Vorgearbeitete?

G. G.: Wenn fiktive Figuren auf dem Papier entworfen sind und sich vom Papier zu lösen beginnen, lebendig werden, fordern sie ihr eigenes Recht heraus. Sie gehen dann Wege, die der Autor vielleicht mit List steuern kann, damit sie ihm nicht entlaufen, aber ein regelrechter Widerspruch gegen die dann frei handelnde, fiktive

Figur würde gewiß beim Autor zum Schreibstopp führen. Ich habe das mehrmals in Büchern erlebt. Eine der schon komischen Erfahrungen eines Anfängers, in dem Fall bei der Niederschrift der ›Blechtrommel‹: Damals hatte ich die Idee, Oskar Matzerath in der vorhandenen Personenkonstellation eine Schwester anzudichten. Sofort stieß ich auf Empörung seinerseits. Er empfand diesen Plan als eine Zumutung. Ich kam nicht weiter, habe kapitulieren müssen. Oskars Schwester stand mir vor Augen, ich habe sie dann in ein anderes Buch, Tulla Pokriefke aus den ›Hundejahren‹ war es natürlich, integriert. Die Figur paßte auch im gewissen Sinne zu ihm, aber er hätte es nie geduldet, sie als Schwester zur Seite zu haben. Seine Egozentrik war viel zu stark.

D. S.: Er duldete eben keine Götter beziehungsweise Halbgötter neben sich.

G. G.: Auch beim ›Weiten Feld‹ ist es natürlich so, daß sich bestimmte Dinge aus dem einmal entworfenen Geflecht ergeben. Zum Beispiel taucht bei der Besichtigung des Denkmals in Neuruppin – der sitzende Wanderer –, auf einmal, ohne daß der Name fällt, der Autor mit Ehefrau auf. Aber seine beiden Romanfiguren, Fonty und Hoftaller, die schon dort sind, nimmt er nicht wahr. Da – die vom Erzähler beschriebene, von Fonty mit gemischten Gefühlen ausgefüllte Lücke des Denkmals macht es möglich – kann plötzlich so etwas wie die Erweiterung der Fiktion geschehen; der Autor bringt sich ins Spiel, so daß auch er zur fiktiven Figur wird. Das sind Dinge, die man sich nicht vornehmen kann, die sich aus dem Erzählgeflecht ergeben, von denen der Autor oft noch gar nicht weiß, ob sie stehenbleiben können. Dieser Text hat sich, mal in dieser, mal in jener Form, behauptet. War nicht mehr wegzudenken, gehörte dazu und brachte auch eine gewisse Steigerung hinein, weil sie zum Schluß noch einmal wiederkommen, ganz kurz nur angeschnitten.

C.-U. B.: Sie haben soeben davon gesprochen, was sich in den verschiedenen Arbeitsgängen neu entwickelt, was sich ändert. Sind denn bestimmte Figuren wieder verschwunden? Konnten Sie, Herr Stolz, solche einschneidenden Veränderungen bei den Lesungen wahrnehmen?

D. S.: Nein, dazu reichte mein Einblick nicht aus. Wie gesagt, das waren zwei, drei Lesungen aus vereinzelten Kapiteln, und da bekommt man natürlich keinen Überblick über das Ganze. Man weiß nicht, welche Figuren vielleicht später weggefallen sind. Was ich weiß, und das ist auch ein Beispiel dafür, daß der Autor sich im besten Fall wirklich beim Schreiben von der Entwicklung des Romans überraschen läßt: Die letzten drei Kapitel, wenn ich es richtig in Erinnerung habe, wurden erst sehr spät geschrieben. Herr Grass hat die letzten von insgesamt siebenunddreißig Kapiteln lange offen gelassen, zunächst also nicht endgültig zu Papier gebracht. Ich habe natürlich gerätselt: »Warum müssen es denn unbedingt siebenunddreißig werden?« – und bin dann irgendwann auf diese Bibelgeschichte im Buch ›Hesekiel‹ gekommen, genauer, auf das 37. Kapitel. Er leugnet ja hartnäckig, daß diese Geschichte etwas mit der Romankonstruktion zu tun hat; dennoch spricht vieles dafür, zumal einige Hesekiel-Figuren im Text vorkommen und auch ein Hund gleichen Namens. Wie auch immer, im 37. Hesekiel-Kapitel wird ein weites Feld beim Namen genannt, außerdem geht es dort um die Wiedervereinigung Israels, also, zumindest den Germanisten...

C.-U. B.: Sie scheinen da ja detektivisch schon sehr weit gekommen zu sein. – Leugnen hilft da nicht mehr...

G. G.: ... er arbeitet schon dran.

D. S.: In diesem Kontext fällt mir dann auch noch ein schönes Heine-Gedicht ein, und auch da werde ich wohl weitermachen. Denn das »weite Feld« ist eines der am fleißigsten beackerten Wortfelder des Romans. Das kann man auch hier ruhig mal einfließen lassen. Alle Welt denkt, Fontane, ›Effi Briest‹, klar, jetzt haben wir es, und man weiß alles. Aber man sollte nicht nur in diese Quellen, von denen ich jetzt zwei weitere genannt habe – das Heine-Gedicht, es heißt ›Anno 1829‹, und das Hesekiel-Kapitel aus der Luther-Bibel –, sondern vor allem in den Text selbst hineingucken, um zu erkennen, wie dort das weite Feld behandelt wird. Denn es bedeutet dann auf einmal sehr viel mehr als nur die Fontane-Anspielung: Da ist vom Schußfeld an der Mauer die Rede, da ist vom weiten Feld, das die Wahrheit umschreiben kann, die Rede, denn jeder erzählt ja andere Geschichten, jeder seine Wahrheiten und, das ist auch ein Perspektivproblem ...

G. G.: ... der Priester redet ja auch vom wüsten Feld...

D. S.: ... und damit ist man schon fast wieder bei einer Bibelstelle. Dann ist das weite Feld die Einheit, das weite Feld ist zudem explizit die Schuld ...

G. G.: ... von der Wahrheit gar nicht zu reden.

C.-U. B.: Ich sehe schon, daß Sie doch literaturwissenschaftlich daran weiterarbeiten.

D. S.: Sicher, zumindest an diesem Detail werde ich weiterarbeiten, denn das ist interessant, auch in bezug auf die deutsche Geschichte. Da ist die Feldherrnhalle, da sind Feldzüge, Feldpostbriefe, und wir reden ja immer vom Novemberland ...

G. G.: ... und auf dem Feld der Ehre gefallen.

C.-U. B.: Ja, da kommt einiges zusammen. Jetzt haben wir die ganze Zeit über die Produktionsgeschichte des

Romans gesprochen. Es gibt schließlich auch den Moment, wo der Roman, das Kind des Autors, an die Öffentlichkeit tritt. Das waren für Sie ja keine guten Erfahrungen, die Sie gemacht haben...

G. G.: ...gemischte Erfahrungen.

C.-U. B.: Gemischte. Wie haben Sie das dieses Mal ganz konkret erlebt, oder was hatten Sie erwartet? Es gab monatelang im voraus Leseexemplare, ich glaube fünftausend, das ist ja eine Auflagenhöhe, die höher ist als bei jungen Autoren...

G. G.: Der Luchterhand Verlag hat auch beim ›Butt‹ fünftausend Leseexemplare verschickt. Das entspricht dem Bedürfnis unserer Zeitungen und Magazine, der Rundfunk- und Fernsehanstalten. Die Bestellungen kommen ins Haus, und die Besteller sind böse, wenn sie kein Exemplar bekommen. Ich glaube, der ›Spiegel‹ hat allein über zwanzig Exemplare angefordert und ist dann gleichzeitig das Organ, das dem Steidl Verlag vorwirft, so viele Besprechungsexemplare verschickt zu haben. Das ist eine ziemliche Heuchelei in der Sache. Mit der war zu rechnen. Das kenne ich seit der Auseinandersetzung um die ›Blechtrommel‹, und von Buch zu Buch ist das mehr oder weniger stark der Fall gewesen. Bei der ›Rättin‹ dann wieder ganz stark. Der Unterschied ist die wachsende Substanzlosigkeit der Auseinandersetzung. ›Die Blechtrommel‹ ist in der FAZ verrissen worden, so heftig, wie man es sich nur vorstellen kann, aber der Mann hatte das Buch gelesen. Und es hat ihn regelrecht verletzt, Günter Blöcker. Sicher kein Kritiker, der mir hold war, aber der sich dennoch auf das Buch eingelassen hat. Das ist auf weit höherem Niveau angesiedelt, auch wenn man es heute nachliest, als diese vernichtenden, auch vernichtend gemeinten Verrisse, bis ins Titelblatt des ›Spiegel‹ hinein, also bis zum »Zerriß«. Diesen

Produkten ist sehr rasch abzulesen, daß ihnen nicht einmal Lektüre vorausgegangen ist. Geschweige denn, der Versuch einer Auseinandersetzung mit dem, was der Autor wollte. Allenfalls wird das Buch an dem gemessen, was sich der Kritiker gewünscht hat.

C.-U. B.: Es gab die Vorstellung beziehungsweise viele Kritiker haben verlangt, daß nun endlich der große Nachwenderoman erscheinen muß. Und unter dieser Rubrik ist dann auch Ihr ›Weites Feld‹ verhandelt worden.

G. G.: Aber nicht vom Verlag.

C.-U. B.: Nein, nein, das meine ich nicht, aber von der Kritik.

G. G.: Das ist eine dpa-Meldung, die von einem »Jahrhundertwerk« sprach, die hinterher dem Autor und dem Verleger in den Mund gelegt wurde. Was einfach nicht der Fall ist. Ich käme nie auf die Idee. Ich halte diese Forderung nach dem Wenderoman für eine ganz absurde und außerliterarische Forderung. Was wir in Ansätzen jetzt schon haben – dazu hat mein Buch beigetragen, aber dazu gehört auch das Buch von Erich Loest, dazu gehört das Buch eines jungen Autors wie Brussig, ›Helden wie wir‹ –, eine vielseitige Literatur, mit den kräftigen Ansätzen des letzten Herbstes, die sich mit diesem Thema auseinandersetzen wird, mit den Veränderungen in der Gesellschaft, mit den Einbrüchen. An diesen Themen werden sich viele Talente mit mehr oder weniger Erfolg reiben, Gott sei Dank. Gott sei Dank, wir haben wieder eine Literatur, die den Inhalt als Widerstand wahrnimmt, die wegführt von der bloßen Ich-Bespiegelung, von einer Bauchnabelliteratur, die sich selbstverständlich vor allem dem Bauchnabel des Autors widmet. Das führte zu schön geschriebenen Nichtigkeiten. Davon haben wir bereits eine Menge gehabt. Nun auf einmal ist dieser Widerstand da. Es ist auch, wenn ich es rückblickend sagen soll, unter anderem ein Versäumnis der 68er-Generation gewesen, daß sie ihr literarisches Thema nicht wahrgenommen hat. Sie hat ungeheuer viel gesellschaftlich verändert, aber das literarische Ergebnis ist, von Delius und einem Buch von Peter Schneider abgesehen, einige andere vielleicht noch dazugenommen, äußerst dürftig.

C.-U. B.: Ja, nun muß man aber sehen, daß die 68er ja a priori antiliterarisch waren. Literatur galt damals eben nicht mehr als Waffe im Klassenkampf.

G. G.: Ja, ja, gut. Der Enzensberger hat das behauptet und hat weiterhin Gedichte geschrieben.

C.-U. B.: Aber viele andere haben es geglaubt...

D. S.: ...die glauben's immer; die wandern sogar nach Kuba aus, wenn Enzensberger es vorschlägt...

G. G.: Also gut, ich stelle das nur fest und bin froh darüber, daß sich offenbar, und hoffentlich bleibt es dabei, diese Verwerfungen, die wir in unserer Gesellschaft haben, die ja weit größer sind und sein werden, als ich sie in meinen kühnsten Schwarzträumen vorausgesagt habe, heute wieder in der Literatur niederschlagen. Ich bin da übrigens von der Wirklichkeit wirklich übertroffen worden, als sogenannter Schwarzseher der Nation. Das führt ja zu Dingen, die die Gesellschaft durcheinanderbringen und umwerfen. Das ist übrigens Fontanes Stärke gewesen, daß dieser Mann im hohen Alter in der Lage war, diese Veränderungen, diese Einschnitte in den schon genannten Werken ›Frau Jenny Treibel‹ und im ›Stechlin‹ wahrzunehmen, sich ihnen zu stellen, auf seine Art und Weise.

C.-U. B.: Das war also durchaus Ihr Ehrgeiz, ein großes Zeitenpanorama zu zeichnen...

G. G.: Ja, aber erweitert, eben nicht die Nase mir plattdrückend an der unmittelbaren Realität, sondern um auch zu dieser Realität Distanz zu gewinnen durch einen Kunstkniff oder durch mehrere Kunstkniffe. Der eine Kunstkniff ist, daß ich als Erzähler das Archiv vorschalte. Dadurch habe ich auch schon wieder eine zeitliche Distanz. Und das andere ist, was sich aus dem Werk Fontanes ergibt, aber auch aus unserer deutschen Geschichte, daß es mein Ehrgeiz war, neben diesem – aus meiner Sicht – mißglückten Einheitsvorgang von 89/90, den Prozeß der drei Einheitskriege, die Bismarcksche Einheit, die Gründerzeit, den Wilhelminismus, den Nationalismus, den aufkommenden Antisemitismus, all diese Dinge mit ins Feld, ins erzählerische Spielfeld zu bringen.

C.-U. B.: Nun gab es nach den größeren Büchern immer vom Umfang her kleinere Bücher, die im Anschluß daran entstanden, oder Sie haben dann sehr viel gezeichnet oder modelliert. Was kann man diesmal erwarten?

G. G.: Diesmal habe ich das kürzere Werk schon geschrieben. Wenn ich, was mich betrifft, Bilanz ziehe, muß ich sagen, daß ich erschöpft bin. Ich habe seit 89/90 sehr viel Zeit damit verbracht, an den vielen nutzlosen, aber notwendigerweise zu haltenden Reden und zu schreibenden Aufsätzen über den Prozeß der deutschen Einheit zu arbeiten; dann habe ich damit aufgehört und unmittelbar darauf die Erzählung ›Unkenrufe‹ abgeschlossen; sofort danach dann das umgesetzt, was ich schon lange im Kopf hatte: ›Ein weites Feld‹. Das sind fünf Jahre Prosaarbeit, die mich leergefegt haben, so daß ich jetzt anderen Disziplinen nachgehe, Distanz suche. Und vielleicht entsteht eine gewisse Stille, die mir, dem Gelegenheitsdichter, bei Gelegenheit wieder zu Gedichten verhilft.

D. S.: Wir wollen es hoffen. Ich würde aber gerne abschließend noch etwas zum Roman sagen. Als es um die Reaktionen auf das ›Weite Feld‹ ging, fiel mir noch eine Episode ein, die anknüpft an eines unserer Werkstattgespräche, wenn ich es mal so nennen darf. Auch ich fragte damals, ob Herr Grass sich schon vorstellen könne, wie der Roman seines Erachtens von der Öffentlichkeit aufgenommen werden würde. Er sagte damals, daß jeder genau lesende Rezipient Schwierigkeiten haben wird, zu einem gnadenlosen Verriß zu kommen. Denn wenn man die Erzählkonstruktion und all das, was damit zusammenhängt, ernst nimmt, dann kann man nicht zu den Platitüden kommen, die vielen Feuilletonlesern dann dennoch nicht erspart blieben. Natürlich, klar war, daß dieses Buch eine politische und zugleich eine ästhetische Zumutung darstellen würde, auch aus der Perspektive des Autors. Werner Frizen aus Köln hat das in seiner Rezension in den ›Deutschen Büchern‹ auf den Punkt gebracht. Er hat beispielhaft herausgearbeitet, daß viele Feuilletonisten noch nicht einmal die einfachsten Dinge zu beherrschen scheinen, wenn es sich um die Rezeption von Literatur handelt oder wenn es sich um die Unterschiede zwischen Figurenrede, Erzählerrede und Autorenrede dreht. Dann geht oft alles kunterbunt durcheinander. Ich glaube, wir sind uns darüber einig, daß es offenbar unter anderem deswegen, weil nicht genau gelesen wird, zu vielen Verrissen kam, die insofern auch den betroffenen Autor überraschen mußten.

G. G.: Das tiefe Niveau, was die Kritiken angeht, die aus dem Westen Deutschlands kamen, vor allem von einigen Großkritikern, hat mich entsetzt. Ich muß Schütte ausnehmen und Busche, was die ›Süddeutsche‹ betrifft, oder auch Ignée von der ›Stuttgarter‹; es gab ja auch da

Gegenstimmen. Und dann die Überraschung für mich, auch damit habe ich nicht gerechnet, nicht rechnen können, wie das Buch eines Wessis im Osten aufgenommen wurde, als eines, aus ihrer Sicht, als etwas, was sie annahmen. Sie fühlten sich offenbar erkannt, respektiert, auch in ihrem beschädigten Zustand respektiert, und das hat sich in einer Vielzahl von durchaus positiv bestimmten Rezensionen von Mecklenburg bis zur ›Leipziger Volkszeitung‹ bestätigt, nur wurde das im Westen nicht wahrgenommen. Hinzu kam eine Flut von Leserbriefen, wie ich sie noch nie erlebt habe, und zwar Leserbriefe von fünf, sechs Seiten Länge, richtig auf das Buch eingehend; auch von Fontane-Lesern, die zumeist aus den neuen Bundesländern kamen.

D. S.: In so kurzer Zeit mehr als 250 000 verkaufter Exemplare, das spricht für sich; obwohl natürlich Käufer nicht immer gleich Leser sind.

G. G.: Natürlich nicht.

C.-U. B.: Selbst wenn es nur zehn Prozent sind, wäre das doch schon eine ganze Menge.

G. G.: Man sollte bei der Gelegenheit aber auch nicht unterschlagen, daß ein einmal gekauftes Buch unter Umständen sogar von vielen Leuten gelesen wird. Also, daß die Nicht-Leser unter den Käufern durch den Verleih wettgemacht werden: »Wenn du das ausgelesen hast, möchte ich...«

D. S.: Dann hat also die Selbstfeier des Sekundären doch nicht dazu geführt, daß das Primäre in den Hintergrund rückt?

G. G.: Nein, es ist eigentlich ein Triumph des Buches und der Leser. Die Leser haben dafür gesorgt, daß das Buch sich durchsetzen konnte und mit dem Buch eine differenzierte Sicht eines politischen und gesellschaftlichen Vorganges, den wir alle erlebt haben. Man muß darüber hinaus eines sagen: Noch nie ist ein Buch von mir so unmittelbar von den Germanisten und auch von Lehrern aufgenommen worden. Ich glaube, bei vielen spielt – neben ihrem eigenen Interesse an dem Buch – der Gedanke oder Hintergedanke eine Rolle, einige haben es mir auch so erklärt, daß ihnen das ›Weite Feld‹ hilft, Schüler oder Studenten an Fontane heranzuführen.

C.-U. B.: Das glaube ich. Es ist ja auch wirklich ein Genuß, ihm auf die Spur zu kommen, sich zu sagen, das weiß ich nicht genau, nachher: stimmt, und das war so. Es ist zudem ein großer Spaß.

D. S.: Das habe ich auch von meinen Studenten gehört. Einige fangen an, Fontane zu lesen und sich mit der deutschen Geschichte zu beschäftigen, was ja längst nicht mehr selbstverständlich ist.

C.-U. B.: Ja, gut, ich finde, das ist ein guter Schluß. Vielen Dank.

G. G.: Haben wir also noch ein Schlußwort.

C.-U. B.: Zwischen zwei Schlußworten kann ich schon auswählen.

D. S.: Aber Herr Grass, Sie bieten Ihren Lesern in der Regel doch mindestens drei mögliche Schlußpunkte an...

G. G.: ...und immer offene Schlüsse, fast immer. Ich bin gespannt, ob jemand auf die Idee kommt, vielleicht ein französischer Autor, diese Geschichte aus seiner Perspektive fortzusetzen, ›Fonty und Madeleine in den Cevennen‹, das würde mich interessieren...

Die Disziplin wechseln, beim Gegenstand bleiben

BERNHILD BOIE: Ich möchte beim rein Handschriftlichen ansetzen. Haben Anordnung der Schrift auf dem Blatt, unterschiedliche Schreibgeräte, unterschiedliche Schriftformen eine Bedeutung für Sie?

GÜNTER GRASS: Das kann gelten für Schriftgröße, Blattformat, Wahl des Schreibinstruments. Es hängt allerdings gleich wieder mit dem Zeichnen zusammen. Ich benutze in Gedichtniederschriften Instrumente, die ich auch beim Zeichnen gebrauche, zum Beispiel Möwenfedern, Gänsekiele.

B. B.: Und warum?

G. G.: Es sind die grafischen Möglichkeiten des Kiels, die mich interessieren und die ich gerne aufnehme, beim Zeichnen wie auch beim Schreiben. Alle ersten Werkfassungen sind außerdem immer handschriftlich. Die erste Niederschrift der ›Rättin‹ zum Beispiel habe ich in einen festeingebundenen Blindband notiert.

B. B.: Es gehört zu Ihren Arbeitsgewohnheiten, bei größeren Prosaarbeiten, auch bei Theaterstücken, Pläne zu entwerfen. Was hier als erstes auffällt, ist der fast dramatisch unterstrichene Bildcharakter dieser Arbeitspläne.

G. G.: Ich glaube, man muß unterscheiden zwischen bloßen Schemata, die am Anfang stehen, wo eigentlich nur die Stoffmasse insgesamt für mich optisch erkennbar gegliedert wird, und Arbeitsplänen zum Beispiel zur ›Rättin‹, wo ich dann einen regelrechten Rattenbau angelegt habe mit Gängen und Nebengängen und wo sich das Handlungsgefälle in der Zeichnung widerspiegelt.

B. B.: Andere Aufrisse fallen durch die perspektivische Zeichnung, ihre Dreidimensionalität oder ihre geometrischen Formen auf. Sind es Gewohnheiten des Grafikers oder Zeichners, die sich hier wiederfinden?

G. G.: Es ist auch etwas Spielerisches dabei. Es macht ja auch Spaß. Da ich sonst nicht abstrakt zeichne, erlaube ich mir bei Schemata abstrakte Chiffren und Muster.

B. B.: Alle diese Arbeitspläne sind nicht nur genau datiert, sie enthalten auch sehr präzise Angaben zu Kapitelzahl, Seitenzahl der Kapitel und Umfang des zu schreibenden Werkes. Ich bin versucht, dies in Beziehung zu setzen mit den Werkplänen für Skulpturen, die gleichfalls genaue Angaben enthalten zu Material und Größe der entworfenen Skulptur. Hat hier in diesem engen Verhältnis von thematischem Konzept und Volumen die Praxis des Bildhauers Einfluß genommen auf die des Schriftstellers?

G. G.: Ich glaube, daß sich meine Arbeitsdisziplin insgesamt an der bildhauerischen Arbeit entwickelt hat – bis hin zur Gewohnheit, im Stehen zu schreiben. Ich kenne Schriftstellerkollegen, die arbeiten solange an einer Seite, bis sie fertig ist, und dann kommt die nächste Seite. Das ist bei mir nie der Fall gewesen. Ich schreibe in mehreren Fassungen, das heißt, immer ist der ganze Komplex in Fluß und in der Arbeit. Dazu brauche ich diese Schemata und immer wieder neue Entwürfe, die jeweils nach einer gewissen Zeit, und manchmal sofort schon, wieder hinfällig sind, weil sich das ganz insgesamt verändert, verschoben hat.

B. B.: Aber Sie entwerfen einen Roman als eine Masse, ein Volumen.

G. G.: Ja, als einen ethischen Körper.

B. B.: Und die genaue Datierung, die Präzision in der Projektierung der zukünftigen Arbeit?

G. G.: Das liegt sicherlich auch daran, daß jemand wie ich, im freien Beruf, sich seine Termine und Aufgaben selber stellt. Ich bin das von Jugend an, von meinen frühesten Anfängen an gewohnt, und ich lege auch Wert darauf, diese Arbeitspläne, was das Arbeitsvolumen betrifft, zu erfüllen. Man muß sich ja im freien Beruf, wenn man keine von außen vorgegebene, geregelte Arbeitszeit hat, selbst motivieren, man muß sich wie Münchhausen, der in den Sumpf fällt mit seinem Pferd, an den eigenen Haaren aus dem Sumpf herausziehen und das Pferd mitherausziehen dabei. Dafür sind mir im Verlaufe der Arbeitspraxis einige Hilfsmittel eingefallen, und zu diesen Hilfsmitteln gehören auch die Schemata, die Pläne, die selbstgestellten Aufgaben.

B. B.: Bedeutet die Zählung von Kapiteln und Seiten auf diesen Plänen, daß der Umfang des Werkes von vornherein bestimmbar ist?

G. G.: Es ist eine auf Seiten bezogene Gliederung des Stoffes und hat mit dem Gleichgewicht der Kapitel zu tun. Bevor ich mit der eigentlichen Niederschrift beginne, muß es zu den entsprechenden Vorentscheidungen kommen – wer erzählt wem was, die Klärung der Erzählposition also und das Finden der Tonlage. Damit ist dann bei mir schon die Entscheidung gefallen: Es wird eine Erzählung, oder es wird ein Roman von epischem Ausmaß. Und ich weiß dann auch schon bei der groben Gliederung der Stoffmasse, des Gerölls von Stoff, welchen Umfang in etwa das Ganze verlangt.

B. B.: Auch für ›Die Rättin‹ gibt es eine Reihe von Arbeitsplänen. Einen dieser Pläne haben Sie direkt als Lithographie entworfen. Warum dieser Sprung von einer Kunst in die andere?

G. G.: Das hängt zunächst mit dem Material zusammen. Ich hatte ein Umbruchpapier, also ein für die Lithographie geeignetes Material, auf das ich nicht spiegelverkehrt schreiben mußte, was der Fall gewesen wäre, hätte ich den Text direkt auf den Stein zeichnen wollen. Die mit Lithokreide gemachte Zeichnung wird feucht auf den Stein geklatscht und haftet dort. Es hat mich dann gereizt, so etwas in meine grafische Produktion aufzunehmen und eventuell in einer kleinen Auflage herauszugeben.

B.B.: Die Verwandlung des Plans in eine Grafik hat Sie als künstlerische Variante gereizt. Sie hat jedoch, wenn ich recht verstehe, keine Funktion im schriftstellerischen Prozeß des Erfindens und Planens.

G.G.: Nein, absolut nicht. Es ist eine grafische Möglichkeit, die sich ergibt; und dieser ›Plan II‹ bei der ›Rättin‹ ist ja auch noch unvollständig. Es fehlt ihm eine weitere Erzählebene, die ich danach hineingezogen habe: ›Grimms Wälder‹. Das habe ich auf einem gesonderten Plan festgelegt. Und auch daraus eine Lithographie gemacht. Und beides ineinander verschränkt, gäbe dann die dritte Fassung.

B.B.: In diesem Plan treffen zwei Phasen des Arbeitsprozesses – Projektieren und Formulieren – aufeinander. Die Aufteilung in Rubriken, Kapitelüberschriften, Stichwörter, dies alles verbleibt noch im Bereich des Gliederns und Programmierens, aber die angefangenen Sätze, die Textbruchstücke gehören schon zur eigentlichen Schreibstufe.

G.G.: Ja. An einigen Stellen sind es nur Stichworte, und an anderen sind es schon anzitierte Sätze.

B.B.: Hat diese Lithographie den Schreibprozeß in Gang gesetzt?

G.G.: Ich habe nach diesem Plan weitergeschrieben, aber eigentlich ohne groß auf ihn zu kucken. Dieses Erarbeiten eines Plans ist ein Arbeitsvorgang, der mir selbst vieles vergegenwärtigt und deutlich macht und mich freisetzt dann wieder, entweder bei Hand oder bei Maschine weiterzuarbeiten.

B.B.: Sie schreiben die erste Fassung Ihrer Romane mit der Hand, spätere dann direkt in die Maschine. Ist dieser Wechsel nur das Signal dafür, daß der Roman nun seine Form gefunden hat und Gestalt annimmt, oder verändert sich mit dem Werkzeug auch etwas in der Haltung zu ihm?

G.G.: Die erste handschriftliche Niederschrift hat wenig Korrekturen. Ich schreibe durch, und dort, wo mir nichts einfällt, laß ich ein Loch, um den Erzählfluß zu halten. Die zweite Fassung hingegen, die nun auch schon bestimmte Änderungen und Umstellungen bei mir im Kopf voraussetzt, verändert sich, während sie entsteht. Nach jedem Arbeitstag nehme ich die Seiten, die ich geschrieben habe, und korrigiere darin herum. Die sind in zunehmendem Maße von Korrekturen besetzt, von Ergänzungen, Streichungen und allem möglichen, und es entsteht eine zweite Fassung, die erheblich länger ist als die erste.

B.B.: Und die ist getippt?

G.G.: Getippt mit handschriftlichen Korrekturen. Eine Fassung, die insgesamt genauer und vollständiger ist; auch keine Lücken mehr hat, aber streckenweise die Spontaneität der ersten Fassung verloren hat. Und die dritte Fassung, die ich dann schreibe auf Grund der getippten zweiten, korrigierten Fassung, ist der Versuch, zwischen der spontanen ersten Fassung und der genauen zweiten Fassung zu vermitteln, also die Genauigkeit und die Vollständigkeit zu wahren, aber gleichzeitig den Duktus der ersten Fassung wiederherzustellen.

B.B.: Kann es vorkommen, daß Sie diesen Schreibprozeß unterbrechen und von der Maschine zurückkehren zur Handschrift? Also eine neue Fassung mit der Hand beginnen?

G.G.: Nein.

B.B.: In der ersten Phase eines Werkes, im Stadium des Sammelns von Motiven, noch vor der Skizzierung erster Pläne, trifft man bei Ihnen häufig auf Gedichte und Zeichnungen, die eine ähnliche Rolle zu spielen scheinen im Erfindungsprozeß.

G.G.: Ja. Das sind Epiphanien, Epiphanien in verschiedener Technik.

B.B.: »Gedichte und Zeichnungen kreisen das Thema ein«, notieren Sie im ›Werkstattbericht‹. Haben also Gedichtentwürfe und zeichnerische Skizzen auf dieser Stufe des Entstehungsprozesses die gleiche Funktion?

G.G.: Ich muß dies zunächst einschränken. Es trifft auf bestimmte Bücher zu, auf den ›Butt‹ und ›Die Rättin‹; weil das die beiden epischen Romane sind, in die ich Gedichte nicht nur einfach aufgenommen habe, sondern in denen sie auch die Struktur selbst ausmachen. Manchmal haben sie die Funktion von Vorwegnahme des Kapitels, manchmal die der Zusammenfassung, manchmal sind sie Zwangspausen, angeordnet zwischen den Kapiteln oder innerhalb der Kapitel. Sie sind als Nebengedanke natürlich auch der Versuch, das Gedicht aus diesem »Gedichtbändchen« herauszulösen, es gleichwertig neben die Prosa zu setzen. Im Grunde ein romantisches Konzept. Die Romantik knüpft hier mit einem Gebrauch der Barockzeit wieder an: Auch bei Grimmelshausen stehen einzelne Gedichte im Text. Angefangen hat das bei mir mit dem ›Tagebuch einer Schnecke‹. Aber schon in der ›Blechtrommel‹ und in den ›Hundejahren‹ gibt es Prosapassagen, die man ohne weiteres wie ein Gedicht herauslesen könnte.

Beim ›Butt‹ und der ›Rättin‹ gehört das dann mit zum Konzept.

B.B.: Können wir die Beziehung zwischen Gedicht und Zeichnung noch etwas näher erörtern? In welchem Verhältnis stehen Text und Zeichnung auf den Entwurfblättern, auf denen Gedicht und Skizze unmittelbar ineinandergreifen? Ergibt sich der Textansatz aus der Zeichnung, oder ist es die Zeichnung, die den Anstoß für das Gedicht gibt?

G.G.: Manchmal ist es eine Bleistiftzeichnung, aus der heraus sich erste Zeilen für ein Gedicht, einen ersten Vers entwickeln, oder umgekehrt in einen Gedichtentwurf hinein entsteht eine Zeichnung. Oft aber entstehen beide gleichzeitig. Es fängt zeichnerisch an, dann kommt ein Text, und dann setzt sich die Zeichnung an einigen Stellen wieder fort. Es wird auf jeden Fall zu einem grafischen Blatt.

B.B.: Und welche Rolle spielt die Zeichnung nun im Entwurf des Romans?

G.G.: Es sind locker losgelöste Zeichnungen, die thematisch an den Roman gebunden sind. So habe ich zum Beispiel, als ich den ›Butt‹ schrieb, schon in der Anfangsphase, bevor ich noch an den Schemata arbeitete und noch gar kein Anfangston gefunden war, sehr viele Fische und anderes, was mit dieser Thematik zu tun hat, gezeichnet. Dann sind bestimmte Konstellationen hinzugekommen, auch Radierungen sind entstanden wie die Frau, die den Butt küßt. Der Kuß taucht im ›Butt‹ in verschiedenen Kapiteln auf, wobei ich jetzt schon gar nicht mehr genau weiß, war dieser Einfall zuerst ein zeichnerischer, oder stand die schriftliche Idee am Anfang und gab es darauf eine zeichnerische Reaktion. Die Chronologie ist mir nicht mehr in Erinnerung, muß ich auch nicht wissen.

B.B.: Aber es ist jedenfalls so, daß die zeichnerische Skizze durchaus eine Funktion hat innerhalb des Schreibens.

G.G.: Ja, sicherlich. Im Manuskript meines letzten Romans zum Beispiel, ›Ein weites Feld‹, ist diese Figurenkonstellation zwischen Fonty und seinem Spitzel in einer Vielzahl von Zeichnungen schon in der ersten Niederschrift skizziert. Es ist eine Vergegenwärtigung dieser Konstellation in bestimmten Lebenslagen: nebeneinander, voneinander abgewendet, gehend, stehend, kuckend, auf einem Sofa sitzend. Die Verdoppelung, die Vervielfachung und Multiplizierung dieses Paares, Objekt und Spitzel im Verhältnis zueinander, entsprach auch der Situation der DDR, ein Thema landesweit.

B.B.: Und warum halten Sie es zeichnerisch fest und nicht in Worten?

G.G.: Das tue ich ja gleichzeitig oder danach. Das Zeichnen hilft mir, mir eine bestimmte Situation zu vergegenwärtigen, so daß ich sie dann schriftlich niederlegen kann. Ein häufiger Vorgang.

B.B.: Damit sind wir auch schon bei der wechselseitigen Beeinflussung von Schreiben und Zeichnen während der Entstehung eines Werkes. Sie haben sich darüber im ›Werkstattbericht‹, aber auch in Gesprächen wiederholt geäußert. Sind die Zeichnungen Illustrationen dessen, was Sie schreiben?

G.G.: Entstehungsstufen eigentlich.

B.B.: Können sie auch aktiv in den Schreibprozeß eingreifen, indem sie zum Beispiel eine Stauung, eine Blockierung aufheben, eine Erfindungspause überbrücken?

G.G.: Am deutlichsten wird so etwas im Wechsel vom Stehpult zum Zeichentisch, das heißt also bei den Zeichnungen, die neben dem Schreibprozeß, parallel zu ihm entstehen, losgelöst von ihm auf anderen Blättern, die dann drüben an der Staffelei sind. Mitten im Schreiben, wenn etwas stockt, gehe ich dann aus dem einen Raum in den anderen, wechsele die Disziplin, bleibe aber bei meinem Gegenstand.

B.B.: Was ändert sich in diesem Dialog zwischen Schreiben und Zeichnen, je nachdem ob er in der Handschrift selbst stattfindet oder in der Distanz in anderen »Arbeitsräumen«?

G.G.: In dem Augenblick, in dem ich mich vom Manuskript entferne und die bloße Zeichnung aufs Blatt kommt, regieren ganz andere ästhetische Maßstäbe. Die Zeichnung folgt dann einem ganz anderen Gesetz auch der Komposition, das bei den Skizzen innerhalb des geschriebenen Manuskripts kaum eine Rolle spielt.

B.B.: Weil die Skizze im wesentlichen ein Teil des Schreibprozesses ist?

G.G.: Sie ist mir dienlich, veranschaulicht mir Sachen, die ich auch möglichst anschaulich geschrieben sehen will. Das ist sicherlich einer der Gründe für die Anschaulichkeit meiner Texte, die Lesern immer wieder auffällt. Daran ist das Zeichnen sicher mit dran schuld.

B.B.: Ein Wissenschaftler, der versuchen wollte, den Arbeitsprozeß mit Hilfe Ihrer Handschriften nachzuvollziehen, der sollte also die Zeichnungen in der Handschrift ebenso als Entstehungsphasen betrachten wie den Text.

G.G.: Ja, bei der ›Rättin‹ auf jeden Fall und auch bei dem Manuskript für ›Ein weites Feld‹.

B.B.: Kann eine Zeichnung in den Verlauf eines Romans eingreifen, seine Richtung ändern?

G.G.: Die nächste getippte Fassung wird zeigen, ob und wieweit das zeichnerische Motiv aufgenommen worden ist oder variiert wurde. Außerdem ist das Zeichnen selbst ja auch weitergegangen, auf anderen Blättern, neben dem Schreibvorgang, so daß Zeichnen und Schreiben gemeinsam den Roman vorantreiben.

B. B.: Man kann also sagen, daß für Sie das Zeichnen zu einem Motor des Schreibens wird.

G. G.: Ja, es ist in den Arbeitsprozeß eingebunden.

B. B.: Es muß doch schön sein, wenn die Tätigkeiten sich so miteinander verbinden.

G. G.: Ich finde es wunderbar. Und es gibt auch Nebeneffekte. So höre ich von Schriftstellerkollegen, wie sie nach Abschluß eines Buches in ein abgrundtiefes Loch fallen und dann oft den Fehler machen, um da wieder herauszukommen, zu früh ein neues Buch zu beginnen. Dagegen bin ich gewappnet. Sowie ich fertig bin, gehe ich zu etwas ganz anderem über. So habe ich jetzt zum Beispiel nach Beendigung von ›Ein weites Feld‹ meinen Aquarellkasten, den ich seit den sechziger Jahren nicht mehr benutzt habe, entstaubt, mit Farben aufgefüllt. Das Buch war raus, die letzten Korrekturen gelesen, da sind wir nach Dänemark gefahren, wo ich angefangen habe, wieder zu aquarellieren. Das hält bis gegenwärtig bei mir an, und ich weiß nicht, wohin sich das noch entwickelt. Wiederentdecktes Neuland.

B. B.: Und hat der Wechsel von Material und Technik im grafischen Bereich – mal Terracotta, mal Lithographie, mal Radierung etc. – einen Einfluß auf das Schreiben?

G. G.: Ich bin da sehr vorsichtig in der Formulierung. Die Vorgänge ändern sich auch von einem Buch zum anderen. Es gibt für ›Die Rättin‹ zum Beispiel außer den Zeichnungen, Radierungen, Kohlezeichnungen, großformatige Tuschzeichnungen und auch ein paar Rötelzeichnungen. Und bei ›Ein weites Feld‹ sind außer den Zeichnungen, die im Manuskript entstanden sind und mit dem Füllfederhalter gemacht sind, dann zuerst einmal großformatige Kohlezeichnungen entstanden,

Massierungen dieses Paares. Was sich dann später in einem Kapitel ›Am Abgrund‹ bis ins Erzählerische fortsetzt. In einer späteren Phase habe ich dann angefangen zu lithographieren. Mit dem Radieren hatte ich damals aufgehört, weil die Radierung, besonders die Ätzradierung, zu einer gewissen Perfektion verführen kann. Insgesamt wechsle ich dauernd die Technik. Ein Grund hierfür: Perfektion vermeiden. Wenn es mir zu gut von der Hand geht, wechsle ich die Disziplin.

B. B.: Gibt es einen ähnlichen Wechsel in Ihrer schriftstellerischen Arbeit.

G. G.: Es ist schwierig, hier eine Parallele zu setzen. Aber ich habe zum Beispiel nie zwei epische Romane nacheinander geschrieben. Ich habe es einmal versucht, gleich nach der ›Blechtrommel‹, das zu schreiben, was dann später ›Hundejahre‹ wurde. Das ging nicht, und dann habe ich die Novelle ›Katz und Maus‹ dazwischengeschoben.

B. B.: Und wie verhindern Sie, daß es Perfektion gibt im Schreiben?

G. G.: Allein schon dadurch, daß ich mich nach dem Abschluß einer Manuskriptarbeit auf das andere Standbein stelle, zeichne, radiere oder aber zur Lyrik überwechsle. Doch mir ist die Gefahr bewußt, und ich versuche auch, ihr bewußt auszuweichen und nicht gleich ein neues Werk zu beginnen. Dann entstehen diese perfekt geschriebenen, aber leeren Bücher. Die Schreibhaltung, daß es einem von der Hand geht, ist noch da, aber es ist kein Stoff mehr vorhanden, der Autor ist leergeschrieben, und diesen Zustand sollte er respektieren.

B. B.: Der Bezug zwischen Schreiben und Zeichnen ist also der einer gegenseitigen Befruchtung, Bereicherung, niemals aber der einer Wiederholung mit anderen Mitteln?

G. G.: Ja. Die beiden Ausdrucksmöglichkeiten können sich ergänzen, abstoßen, auch gegenseitig korrigieren. So zum Beispiel, wenn Metaphern, die ich zeichnerisch überprüfe, ins Wackeln geraten.

B. B.: Und wie kann die Zeichnung das bewerkstelligen?

G. G.: Wörter haben vom zusätzlichen Klang her, wenn man sie spricht, einen Verführungsreiz. Die Zeichnung hat das nicht. Sie verlangt selbst in der Skizze eine Genauigkeit, die im Schreibprozeß erst erarbeitet werden muß.

B. B.: Im Jahre 1980 erscheint Ihr Buch ›Kopfgeburten‹. Danach haben Sie mehrere Jahre hindurch nicht mehr geschrieben, dafür angefangen, in Ton zu modellieren. Schließlich haben Sie aufs neue an einem Roman zu arbeiten begonnen – ›Die Rättin‹. Geschrieben haben Sie diesmal aber nicht auf Papier, sondern auf feuchten Tonblättern. Hat hier das Material den Übergang zum neuen Schreiben erlaubt?

G. G.: Ich hatte mir eine Schreibpause auferlegt und habe drei Jahre lang, vielleicht sogar etwas länger, bildhauerisch gearbeitet. Und in zunehmendem Maße besetzte mich ein Thema, das zur ›Rättin‹ geführt hat. Ich hatte schon erste Formulierungen, auch Erzählformen im Kopf und habe dann das Angebot des Materials, mit dem ich zu der Zeit arbeitete, nämlich Töpferton, benutzt. Es hat mich gereizt, mit Tonfarbe auf weißbrennenden Ton die dunklen Schriftzüge zu setzen. Oder aber ich habe in die weißen Platten hinein die Schrift geritzt. Und ich habe die Blätter gewellt, zerknautscht und gerollt, wie Blätter aus Papier.

B. B.: War das im Grunde eine Art, zu schreiben, ohne zu schreiben?

G. G.: Es war ein Einfall. Ein Einfall, der dazu geführt hat zum Beispiel, daß mich mein damaliger Verleger, der beunruhigt war, weil ich eine Schreibpause eingelegt hatte, besuchte. Und er kam in mein Atelier, und er sah, wie auf Böcken und auf einem Holzgitter etwa fünfundzwanzig solche Tonblätter lagen zum Trocknen. Und er wollte nun wissen, was das ist. Und ich sagte ihm: »Das wird mein neues Buch. Ich schreibe nicht mehr auf Papier. Sie können sich ja mal inzwischen überlegen, wie Sie so etwas vervielfältigen.« – »Wie stark wird denn das Buch«, fragte er etwas beunruhigt. »Ja, ich denke, etwa fünfhundert Seiten dieser Art.« Dem brach der Schweiß aus. Ich habe ihn dann beruhigt und ihm gesagt: »Na ja, ich werde schon nach einiger Zeit, wenn ich diese Phase abgeschlossen habe, wohl oder übel wieder zum Papier kommen und zu einer normalen Niederschrift.« Und so war's dann auch.

B. B.: Bleibt die Frage, was dieses Verfahren für das Schreiben bedeutete.

G. G.: Gereizt hat mich zunächst einmal die Behandlung der Blätter. Die Möglichkeit, indem ich sie unterlegte mit Seidenpapier zum Beispiel, ihnen einen gestauchten, zerknüllten Charakter zu geben: Plastische Gegenstände, dreidimensionale Gegenstände entstanden.

B. B.: Und auch die Tatsache, daß das Schreiben sozusagen nun selbst zum Gegenstand wurde?

G. G.: Ja sicherlich. Das Schreiben steht nicht mehr im absoluten Gegensatz zur Bildhauerei. Zwischen dem Zeichnen und dem Schreiben gibt es Annäherungswerte. Das Grafische in seinem linearen Charakter hat eine gewisse Verwandtschaft zur Schrift, wie ja auch viele frühe Schriften zeichnerische Schriften waren. Die Nähe zwischen Zeichnen und Schreiben ist viel größer als zwischen dem bildhauerischen, dreidimensionalen Gegenstand und dem Schreiben. Und hier war es mir gelungen, eine Verbindung herzustellen.

B. B.: Ist das grundsätzlich etwas, was Sie anstreben, daß die verschiedenen Tätigkeiten einander so nahe wie möglich kommen?

G. G.: Beides. Annäherungen und wieder Entfernungen. Es ist ein dauernder Wechsel. Es spielt sicherlich auch mit eine Rolle, daß ich natürlich weiß, daß anfangs Schriftzeichen in Tontafeln gesetzt wurden.

B. B.: Schreiben und Zeichnen sind also im privaten Schaffensbereich miteinander verkettet. Wie ist es nun mit Buch und Bild, die der Öffentlichkeit übergeben werden?

G. G.: Der Leser kann das Buch durchaus lesen, ohne die Zeichnungen zu kennen. Wie auch umgekehrt die Zeichnungen, die ich ja gelegentlich ausstelle, Blatt für Blatt vom Beschauer wahrgenommen werden können als Grafiken. Wenn dieser Betrachter nun auch jemand ist, der sich für Literatur interessiert, dann wird er einen bestimmten Dunstkreis des Buches in den Grafiken wiedererkennen.

B. B.: Aber Prosatextausgaben mit Zeichnungen aus der Handschrift oder ihrem Umkreis sind bei Ihnen selten.

G. G.: Es gibt einige. In ›Unkenrufe‹ habe ich die Unken aus dem Manuskript, an denen ich dann in Radierungen weitergearbeitet habe, vor die einzelnen Kapitel gesetzt. Und jetzt ist ›Der Butt‹ in einer Sonderausgabe herausgekommen mit etwa dreißig Radierungen, die in den Jahren vor und nach dem Roman entstanden sind.

B. B.: Häufiger aber finden sich im Druck Schrift und Zeichnung zusammen, wenn es sich um Lyrikbände handelt. Gibt es hierfür einen besonderen Grund?

G. G.: Ich glaube, daß Zeichnung und Gedicht, bei aller Verschiedenheit und Grundverschiedenheit, etwas Gemeinsames haben: das Weglassen. Und so fügen sie sich am besten zueinander.

B. B.: Ist für Sie ein Manuskript letztlich immer gleichzeitig Arbeitshandschrift und Skizzenbuch, aus dem sich dann allmählich der endgültige Text und die vollendete Zeichnung entwickeln, am Ende voneinander gelöst, aber aus dem gleichen schöpferischen Vorgang entstanden? Ich denke hier an das Beispiel ›Zunge zeigen‹. Das Buch ist entstanden als handschriftliches Tagebuch, durchsetzt mit Zeichnungen. Sie haben dieses Tagebuch dann veröffentlicht in einer Form, die Zeichnung und Text wieder voneinander trennt. Aus dem Handschriftlichen ist der gedruckte Text geworden, den Sie im Buch den Zeichnungen vorausschicken. Warum diese Absonderung von Schrift und Bild?

G. G.: Die Niederschrift des Tagebuchs in Indien – und das ist auch zum Teil sein Inhalt – war bestimmt davon, daß ich angesichts der Situation, die ich vorfand in Calcutta, am Anfang gar keine Worte hatte. Ich konnte gerade Tagebuchnotizen machen. Aber was ich konnte, war, das, was ich nicht in Worte zu fassen vermochte, zeichnen: Augenblicksnotate, Straßenszenen, von Dingen, die ich gesehen habe, denen ich mich genähert habe, bis in das Land hinein. Und dann kam der Entschluß, daraus ein Buch zu machen. Und schon in Calcutta sind neben den Zeichnungen, die sich aus dem Tagebuchalltag ergeben haben, andere entstanden, losgelöst. Nach meiner Rückkehr ging der Zeichnungsprozeß weiter. Ich begann dann auch dieses Tagebuch zu raffen und zu einem Prosatext zu finden. Es wurde zu einem in sich geschlossenen Block. Und dann kam das Gedicht noch hinzu, das dem Buch seinen Titel gab. Es war langsam stückweise im Fortlauf des Tagebuchs entstanden. Auch dieses Stadtgedicht war etwas, was in seiner Endfassung dann für sich stehen mußte. So daß das Buch schließlich dreiteilig ist.

B. B.: Aber in den Zeichnungen, die Sie nun in das Buch aufgenommen haben, taucht die Schrift wieder auf.

G. G.: Ja, und zwar in einem Duktus, der dem Zeichnerischen entspricht. Das Hineinnehmen der Schrift in die Zeichnung heißt, daß sich die Schrift auch im Vergleich zur Tagebuchniederschrift verändert. Mal in die Struktur der Zeichnung hineingeschrieben, mal darunter, mal draufgesetzt, mal in einen leeren Raum, mal auseinandergerissen und an anderer Stelle weitergeschrieben; aber jeweils so, daß der Schriftzug sich dem zeichnerischen Duktus anpaßt.

B. B.: Und welche Rolle spielt das Wort? Das heißt, erwarten Sie von dem Betrachter, daß er versucht, die Schrift zu entziffern?

G. G.: Er kann es versuchen. Es wird ihm nicht immer gelingen. Doch sind die Zitate ja auch häufig in ihrer Kürze wie Bildtitel, und das ist für den Betrachter schon zu erkennen.

B. B.: Und der Text spielt für Sie auch in seinem Wortlaut eine Rolle? Die vollkommene Betrachtung würde Bild und Sinn verbinden?

G. G.: Ja. Der Text steht in Beziehung zu dem, was ich gezeichnet habe. Es sind Zitate aus dem Prosatext, die hier neu auftauchen, und der Leser kann von ihnen zum Text zurückkehren. Sie präzisieren auch den Zusammenhang zwischen Zeichnung und Textstelle. Tagebuch, Zeichnung, Gedicht sind in ihrer Entstehung miteinander verzahnt, und dies wird durch das Wort in der Zeichnung noch einmal unterstrichen.

B. B.: Aller Text in der Zeichnung ist also Zitat, Übernahme aus dem fertigen Prosatext. Und in welcher Abfolge verbinden sich Wort und Bild beim Zeichnen?

G. G.: Das ist unterschiedlich von Blatt zu Blatt. Aber in der Regel habe ich beim Zeichnen Platz gelassen oder bin flacher im Strich geworden oder larvierender und habe dadurch Räume geschaffen für das, was ich vorhatte: die Verzahnung von Schrift und Zeichnung.

B.B.: Eine Verbindung, in der das Wort immer seinen Sinn behält. Oder kann für Sie die Schrift auch zur reinen Form, zur rein rhythmischen Bewegung werden?

G.G.: Nein. Schrift ist für mich immer mit einer direkt ablesbaren, sinnvollen Aussage verbunden. Alles andere wäre für mich zu dekorativ. Sprache und Zeichnung sind bei mir in einer Wechselbewegung miteinander verbunden. Und in dieser Beziehung sind sie auch, jeweils, autark.

Nachdruck und Gegendruck

Lübeck, den 26. November 1996

Lieber Gerhard Steidl,

mir liegt ein Brief vor, den der Verlag Ferdinand Schöningh mit einem Mustervertrag der Verwertungsgesellschaft Wort geschickt hat. Es geht um ein Gedicht (›Der Ball‹), das in einem Schulbuch unter dem Titel ›Blickfeld Deutsch‹, Jahrgangsstufe 6, abgedruckt werden soll. Der Vertrag ist mit Schreibmaschine um einen Zusatz verlängert worden: »Der Text wird vor Druck der neuen Rechtschreibung angepaßt.«

Hierzu möchte ich Dir als meinem Verleger, der das Copyright meiner gesamten literarischen Produktion betreut, folgendes sagen: Ich lehne den widersprüchlichen und zum Teil widersinnigen Eingriff in die deutsche Sprache, der sich »Rechtschreibreform« nennt, grundsätzlich ab. Schon jetzt wird deutlich, daß meine Romane, Erzählungen und Gedichte, sollten sie weiterhin für den Schulgebrauch benutzt werden, erheblichen Eingriffen und Entstellungen ausgesetzt wären. Gleiches trifft natürlich auf eine Vielzahl deutscher Autoren zu, die, wie ich, unsere Sprache als etwas Lebendiges, das heißt auch kreativ Veränderbares begriffen haben – und das aus bester Tradition. Von Luthers Bibelübersetzung über die Autoren der Barockperiode, der Klassik (Herder) und Nachklassik (Jean Paul) bis hin zu Arno Holz, den Autoren des Expressionismus und, ihnen folgend, Arno Schmidt, Wolfgang Koeppen, haben deutsche Schriftsteller unsere Sprache geprägt, sie vor Verkrustung und bürokratischer Reglementierung bewahrt. Hinzu kommt, daß die deutschsprachige Literatur bereichert ist durch regionale Vielgestalt, die weitaus differenzierter ist, als unser föderalistisches System zu erkennen gibt. Diese Vielgestalt hat durchaus eigensinnigen Ausdruck gefunden, und zwar bis in die Rechtschreibung hinein.

Ich bin in diesen Tagen dabei, gemeinsam mit Peter Rühmkorf eine Lesung vorzubereiten. Wir wollen in Hamburg vor Publikum für deutschsprachige Barocklyrik werben. Natürlich stellt sich auch uns die Frage: Sollen wir die später überarbeiteten, das heißt geglätteten, »leicht verständlich« gemachten Texte lesen, oder sollen die Urfassungen vorgetragen werden?

Ich bin dafür, meinen Andreas Gryphius, Hoffmannswaldau, Quirinus Kuhlmann und Simon Dach so vorzutragen, wie ich sie alle in jener wunderschönen Barockanthologie vorfinde, mit der uns der Germanist Albrecht Schöne beschenkt hat. Das ist nicht ohne Anstrengung für den Vortragenden und mag dem Hörer anfangs wie eine Zumutung vorkommen. Doch da der Verzicht auf barocken Klang Verlust bedeuten würde, bin ich für Anstrengung und Zumutung. Natürlich sahen sich auch die Barockautoren zu ihrer Zeit gezwungen oder versucht, sich dem einen oder anderen Regelwerk oder Reformversuch zu beugen. Gewiß hat Martin Opitz mit seinem ›Buch von der Deutschen Poeterey‹ dem Wildwuchs der noch jungen Barockliteratur Möglichkeiten zu klassischen Versformen (bis hin zum Sonett) eröffnet, und doch haben sich seine begabtesten Schüler, Gryphius voran, nicht allzeit an sein Regelwerk gehalten.

Die deutsche Sprache ist weich, formbar und gewiß auch verführbar. Sie sucht sich immer wieder neuen Ausdruck und greift dabei auch auf ältere Sprachmuster zurück. Nicht ohne Grund haben deshalb Umgangssprache und Dialekte Einlaß in die Literatur gefunden. Anders als in Frankreich ist uns keine staatskonforme und sprachregelnd wirkende Institution übergeordnet. Grimmelshausen bietet uns in seiner Urfassung mehr als die im Schulgebrauch übliche Simplifizierung.

Aus all diesen Gründen (und ohne ein Wort über unsinnige Kosten, sich jetzt schon widersprechende Regelbücher und den Starrsinn der Kulturbürokratie zu verlieren) sage ich nein zu dem gegenwärtigen Versuch, unsere Sprache zu verflachen. Gleichzeitig gebe ich Dir die Vollmacht, dieses Nein auf alle Nachdrucke aus meinem literarischen Werk, so auch in Schulbüchern, anzuwenden.

Freundlich grüßt Dich Dein
Günter Grass

Das konstante Gefühl, zufällig überlebt zu haben

VOLKER NEUHAUS: Im Oskarschen Sinne würde Ihre Geschichte bei den Großeltern anfangen. Wo kam Ihr Vater her?

GÜNTER GRASS: Das ist eine in Danzig ansässige Familie. Mein Großvater väterlicherseits war Tischlermeister, in der Familie gab's überhaupt eine ganze Reihe Tischler. Mein Vater, 1899 geboren, hat während des Krieges als Lehrling in Elbing auf der Torpedo-Werft gearbeitet, war aber dazu gesundheitlich nicht stark genug und ist deswegen im letzten Kriegsjahr auch nicht Soldat geworden. Er hat eine Ausbildung als Bürokaufmann gemacht und war Vertreter für Papierwaren, als er meine Mutter kennenlernte.

V. N.: Was für einen Hintergrund hatte Ihre Mutter?

G. G.: Auch da Handwerker. Die Großeltern habe ich überhaupt nicht kennengelernt, die sind im Ersten Weltkrieg oder kurz danach gestorben. Der Vater meiner Mutter war Gewehrschmied – in Danzig gab es eine Waffenfabrik. Aber da er nach Aussagen meiner Mutter ein ziemlicher Säufer gewesen ist, hat meine Großmutter sehr früh nebenbei in ihrer Parterrewohnung im Brunshöfer Weg ein Geschäft aufgemacht. Dieses Geschäft hat meine Mutter, die Verkäuferin bei »Kaiser's Kaffee« gelernt hat, übernommen und wohl auch in den ersten Jahren der Ehe von dort aus betrieben, als mein Vater noch Vertreter war. Dann haben sie sich entschlossen, ein eigenes Geschäft aufzumachen – im Labesweg, wo ich geboren und aufgewachsen bin. Ich weiß nicht, inwieweit mein Vater in den ersten Jahren noch die Vertretertätigkeit gemacht hat; das Geschäft wurde eigentlich von meiner Mutter betrieben, und mein Vater war für Einkäufe und Schaufensterdekoration, auch für den Haushalt zuständig. Er war ein sehr guter Koch.

V. N.: Ungeachtet aller Brechungen, ist diese Arbeitsteilung in die ›Blechtrommel‹ eingegangen. Was ist nach dem Krieg aus dem Laden geworden?

G. G.: Der Laden wurde eingestellt. Den hatte jemand übernommen, der das Konzentrationslager überlebt hatte und dort reingesetzt wurde. Meine Eltern mußten die Wohnung, das Haus, den Laden verlassen und zogen in die Elsenstraße, wo die Tischlerei meines Großvaters war. In deren Wohnung, die auch noch mit anderen Familienmitgliedern überfüllt war, sind sie bis zum Juli 1945 gewesen. Dann bekamen sie die Ausweisung zugestellt, mußten weg und sind gemeinsam mit meinen Großeltern mit einem Güterwagentransport in Richtung Deutschland gebracht worden.

V. N.: Hatte der Laden einen Eingang zur Straße, und war dort ein Schaufenster? Man kann ja heute keinen Laden mehr erkennen.

G. G.: Als ich 1958 zum ersten Mal wieder nach Danzig kam, war das Geschäft schon weg, zugemauert. Aber dort, wo früher der Eingang zum Geschäft war und wo jetzt ein Fenster ist, war noch der Name »Helene Grass« zu lesen. Der war zwar mit Farbe übertüncht, schlug aber durch. Während der letzten Kriegsjahre mußten die Namen der Geschäftsbesitzer immer irgendwo in die Türfüllung geschrieben sein.

V. N.: Zur üblichen bescheidenen Existenz, die Kolonialwarenhändler damals hatten, gehörte vermutlich, daß Ihre Eltern zweiundfünfzig Wochen im Jahr den Laden offen hatten und keinen Urlaub machten.

G. G.: Ja. Die Geschäfte waren nur während der Mittagszeit geschlossen. Ich weiß nicht, wie lange, ich glaube zwei Stunden. Und im Sommer fuhr meine Mutter dann an die Ostsee, in einer Viertelstunde war man mit der Straßenbahn da. Ich kann mich erinnern, daß sie einmal mit den Großeltern nach Berchtesgaden und ins Salzkammergut gefahren ist – die einzige Reise, die sie je gemacht hat. Davon hat sie noch lange geschwärmt.

V. N.: Ihre Mutter, eine geborene Knoff, hatte drei im Ersten Weltkrieg gefallene Brüder, die alle musische Neigungen hatten?

G. G.: Zwei von ihnen. Der eine wollte Maler werden, der andere Schriftsteller, der dritte Koch.

V. N.: Das ist für Sie doch auch eine musische Neigung.

G. G.: Sicher. Der älteste Bruder, Artur Knoff, von dem habe ich beim Kramen auf dem Boden Gedichte in einem Koffer gefunden, in dem meine Mutter Überbleibsel aus der Familie gesammelt hatte. Einige der Gedichte, die, wenn ich mich recht erinnere, in Eichendorff-Art geschrieben waren, wurden in den ›Danziger Neuesten Nachrichten‹ abgedruckt. Daß der eine regelrechte Zielrichtung im Schreiben hatte, hat sich bei mir sehr festgesetzt.

V. N.: Einfach die Erkenntnis: Es gibt Leute wie du und ich, die können durchaus Knoff heißen, machen Gedichte und werden irgendwo gedruckt. Es ist ja nicht selbstverständlich, daß Dichter keine Übermenschen sind, die von einem anderen Stern kommen. Wie reagierten Ihre Eltern darauf, daß Sie in diese Richtung Berufswünsche hatten?

G. G.: Meine Obsessionen als Schüler, nur auf die Dinge zu setzen, die mir Spaß machten, schlugen sich natürlich auch in meinem Zeugnis nieder und fanden bei meiner Mutter milderen Widerspruch als bei meinem Vater. Von ihrer Natur her ging sie gerne ins Theater, hörte gerne Operetten und Opernmelodien.

V. N.: Gab es ein Klavier bei Ihnen zu Hause?

G. G.: Ja, sie hatte ein Klavier, hatte auch Klavierunterricht.

V. N.: Woher stammt die Familie Ihrer Mutter?

G. G.: Meine Mutter ist aus einer kaschubischen Familie. Ihre Verwandten lebten in der Kaschubei, ziemlich dicht an der Freistaatgrenze. Das erste Dorf nach der Grenze zu Polen war Ramkau, und dann kam schon Kokoschken. Außerhalb dieses Ortsteils hatten sie einen kleinen Hof, von dem sie recht und schlecht lebten. Als Nebenerwerb brachten sie von der dort liegenden Ziegelei aus Ziegelsteine in den Freistaat hinein, so daß ich die kaschubischen Verwandten als Kind öfters gesehen habe.

V. N.: War es von Ihren Begabungen her selbstverständlich, daß Sie aufs Gymnasium kamen?

G. G.: Überhaupt nicht. Von der Volksschule her haben meine Eltern sicher Empfehlungen bekommen für die Mittelschule oder Realschule, Realgymnasium, so hieß es damals. Aber sie haben sich fürs Gymnasium entschieden. Das war der Wunsch meiner Eltern, und im Nachhinein ist mir erst deutlich geworden, was das für sie bedeutet hat, denn in den ersten Jahren mußten sie für mich und für meine Schwester, die auch aufs Gymnasium ging, Schulgeld zahlen. Das war nicht leicht aufzutreiben. Und ich habe das mit miserablen Schulleistungen gelohnt.

V. N.: Aber Sie sind nie sitzengeblieben.

G. G.: Doch, ich bin in der Quarta sitzengeblieben.

V. N.: Auf dem Gymnasium sind Sie ein sehr munterer Schüler gewesen, mit zwei Schulverweisen, von denen

Sie mal erzählt haben. So daß Sie am Conradinum angefangen haben, zweite Schulstation war ...

G. G.: ... die Sankt-Petri-Oberschule.

V. N.: Ist das die Innenstadtschule, die in den ›Hundejahren‹ vorkommt?

G. G.: Das ist Sankt Johann, meine dritte Schule. Die Schulwechsel hatten für mein späteres Leben einen kaum zu wägenden Vorteil. Vorher bin ich ins Conradinum, das heißt in Langfuhr zur Schule gegangen. Ich kannte Danzig, die Altstadt, nur von Besuchen her oder von meinen Kinogängen. Erst durch meine beiden anderen Schulen bin ich mit der Stadt sehr vertraut geworden.

V. N.: An welcher Schule war Hochwürden Stachnik, der die Seligsprechung der Dorothea von Montau betrieben hat, Ihr Lateinlehrer?

G. G.: Der war auf Sankt Johann.

V. N.: Hat Stachnik seine Dorothea-Obsession vor seinen Schülern verheimlicht?

G. G.: Nein, wir haben ihn darauf gebracht, weil das vom Lateinunterricht ablenkte. Ich erinnere mich noch, wie er mich, einen miserablen Lateinschüler, als ich dann Luftwaffenhelfer wurde, sehr besorgt ermahnt hat, den Anfechtungen des Lebens draußen, in einer kriegerischen Zeit, zu widerstehen. Erst später habe ich erfahren, daß er einer der wenigen Standhaften in der Zentrumspartei war und deswegen auch zwei-, wenn nicht dreimal für kürzere Zeit nach Stutthof gekommen ist. Er sprach natürlich nie darüber.

V. N.: Hat es ein Vorbild für den Deutschlehrer Oswald Brunies in ›Katz und Maus‹ und ›Hundejahre‹ gegeben?

G. G.: Ja. Etwa ab 1940 wurden alte Lehrer reaktiviert. Da bekam ich als Deutschlehrer einen Professor Oswald, der einige Züge von meinem Brunies hat.

V. N.: Und Professor Oswald ist in Stutthof geendet?

G. G.: Ja, der verschwand, auf einmal war er weg. Es gab Gerüchte um ihn, aber es blieb im dunkeln. Das war ja unter anderem ein Zeichen dieser Zeit – und in dieser Mentalität war ich völlig eingemeindet –, daß nicht nachgefragt wurde. Die einzige, die es in ›Hundejahre‹ macht, ist Tulla.

V. N.: Ihre Begabungen – Schreiben, Zeichnen, Bildhauerei – haben sich sehr früh geäußert. Doch vor dem Schreiben kommt in der Regel Lektüre. Wann und womit hat für Sie das Lesen eingesetzt?

G. G.: Meine Geburtstagswünsche und Weihnachtswünsche zielten immer auch auf Bücher. Im Gegensatz zu meinen Mitschülern bin ich nie ein Karl-May-Leser gewesen. Ich habe zwar das eine oder andere von ihm gelesen, um mitreden zu können, aber es hat mich nie gefesselt. Dagegen sehr früh schon der Bücherschrank meiner Mutter, die Mitglied in einem Buchclub war. In dem verglasten Schrank stand alles mögliche drin, neben Dostojewskij unter anderem auch ›Rasputin und die Frauen‹. Später bin ich ein eifriger Besucher der Stadtbibliothek gewesen, die ganz in der Nähe meines zweiten Gymnasiums, der Petri-Oberschule, war. Von dem vielen, was ich da geholt habe, ist mir in Erinnerung geblieben, daß ich ganz wild war auf die Knackfuß-Künstlermonographien, das Leben von Künstlern.

Dann gab es noch einen Onkel von mir, einen Bruder meines Vaters, der hatte auch Bücher. Friedel Grass war Tischlereitechniker, lebte in einer Anschlußwohnung bei meinen Großeltern und war der einzige aus der Tischlerfamilie, der die Mittelschule besucht hatte. Als in der Petri-Oberschule ein Dr. Littschwager im Deutschunterricht mit uns ›In Stahlgewittern‹ las, habe ich zum Beispiel bei meinem Onkel parallel ›Im

Westen nichts Neues‹ gefunden, wobei er nicht wußte, und ich auch nicht, daß das Buch verboten war. Das ist für mich als gleichzeitiges Leseerlebnis und Wechselbad der Empfindungen sehr stark in Erinnerung geblieben.

Meine einzigartig gute Benotung im Deutschen – wenn nicht eine Eins, dann war's eine Zwei – rührte von den Aufsätzen her, die besondere Förderung bei diesem Professor Oswald fanden. Der schrieb nicht »Ausgezeichnet, aber Thema verfehlt« daneben, sondern zeigte sich einfach begeistert von dem, was ich von mir gab.

V.N.: Was bei Ihnen fehlt, im Gegensatz zu Heinrich Böll, ist die typische Katholizismus-Lektüre wie Renouveau Catholique oder Georges Bernanos, die in katholischen Kreisen gelesen wurden. Ihre Mutter war eine liberale Leserin und las das, was im Buchclub erschien.

G.G.: Alles, was schön und schaurig war und ans Herz ging.

V.N.: In der Luftwaffenhelfer-Zeit waren Sie bei Ihrer Flakbatterie kaserniert?

G.G.: Im schichtweisen Wechsel, manchmal mit Urlaub am Wochenende. Es gab auch eine Art Unterricht. Doch wenn die Lehrer kamen, kamen sie mit Verspätung; es waren weite Wege raus ins Hafengebiet.

V.N.: Die Situation ist in ›Hundejahre‹ eingegangen. Und Sie sind dann von der Flakhelfertätigkeit bruchlos, ohne Reichsarbeitsdienst...

G.G.: Arbeitsdienst auch. Ein Vierteljahr Arbeitsdienst in der Gegend von Berendt, zwischen Kaschubei und Tucheler Heide.

V.N.: Was mußten Sie im Arbeitsdienst machen?

G.G.: Holzfällen. Holz brauchten sie für ihren eigenen Barackenbau, fürs Heizen, auch als Lieferung für Betriebe usw. Aber sonst war das militärischer Drill, Ausbildung nicht nur mit Karabinern, sondern auch an leichten Maschinengewehren. Bald nach der Entlassung aus dem Arbeitsdienst lag schon der Einberufungsbefehl vor, das muß Anfang September 1944 gewesen sein.

V. N.: Sind Sie dann noch in ein Ausbildungslager gekommen?

G. G.: Ja, zur Ausbildung als Panzergrenadier und auch an Sturmgeschützen.

V. N.: Eingesetzt worden sind Sie praktisch erst bei der Schlacht um Berlin, also in etwa an der Oderfront.

G. G.: Zwischen der Ausbildung und dem Einsatz sind Wochen vergangen, ein Hin- und Hergeschiebe von sogenannten Marschkompanien. Das waren Sammelstellen, in denen frisch Ausgebildete zumeist in meinem Alter, also Sechzehn-, Siebzehnjährige, zusammengefaßt wurden mit Soldaten, die aus anderen Militärteilen kamen. Da gab's zum Beispiel Luftwaffensoldaten, die sogenannte Hermann-Göring-Spende. Die Luftwaffe existierte im Grunde gar nicht mehr, und dadurch wurde Personal frei, vom Bodenpersonal bis zu den Fliegenden. Aus diesen Marschkompanien wurden Einheiten zusammengestellt und an die Front gebracht. Budapest war gefallen, um Wien wurde gekämpft, und in Deutschland war die Front bei Lauban bis Stettin. Es war immer unsicher, wo wir hinkommen sollten. Wir sind dann in der Gegend von Lauban zum Einsatz gekommen, und von Lauban aus war es ein einziger Rückzug bis in die Spree-Lausitz-Gegend hinein. Da bin ich verwundet worden.

V. N.: Bei der ersten und einzigen Feindberührung?

G. G.: Nein, ich habe ein paar Feindberührungen gehabt, bei Rückzügen oder mit einem Spähtrupp, mit dem ich hinter die russische Linie geraten bin, aber das läuft auf das Erzählen von Kriegsanekdoten hinaus, die gehören eigentlich nicht hierher. Weil man meistens versprengt wurde, wechselte die Tätigkeit während dieser wahnwitzigen Wochen zwischen der Suche nach der verlorenen Einheit und dem Sich-Verstecken-müssen. Denn der Mittelabschnitt, in dem das alles geschah, wurde von einem Generalfeldmarschall namens Schörner befehligt, und der hatte die berühmten Schörner-Erlasse herausgegeben, nach denen jeder, der sich ohne Marschbefehl von seiner Truppe entfernt hat, sofort standrechtlich hinzurichten sei. Das Zeugnis für diesen Befehl sah man. In welche Orte wir auch kamen, kleine Nester, Städtchen, größere Dörfer, an der Hauptstraße, wo Bäume standen, da hingen auch welche dran. Immer mit den Schildern »Ich habe mich von der Truppe entfernt«, »Ich bin fahnenflüchtig«, »Ich bin ein Verräter« etc.

V. N.: Es wird immer gesagt, das war Schörner. Aber es muß doch unglaublich viele Fanatiker gegeben haben, die in dessen Namen noch 1945 Leute aufgehängt haben, die Zivilisten erschossen haben, weil sie ein weißes Bettuch rausgehängt haben, wenn amerikanische Panzertruppen sich näherten.

G. G.: Ich kann gar nicht sagen, daß sich das in Fanatismus äußerte, sondern das war sturer Gehorsam.

V. N.: Also doch Hitlers willige Vollstrecker.

G. G.: Ja, ganz gewiß. Es gab natürlich individuell, und sicher auch bei mir, den Überlebenswillen. Und auch eine gewisse Taktik, auszuweichen, Umwege zu machen. Da muß ich dann doch eine Geschichte erzählen, die mir sehr hilfreich gewesen ist. Bei einem Erkundungsvorstoß ist meine Gruppe abgeschnitten worden. Die Deutschen machten einen Rückzug, die Russen rückten vor, und am Abend – wir hatten keine Feindberührung, wie es so schön hieß – wollten wir zurück, und der Feldwebel, der die Gruppe befehligte, sah auf der Straße, auf der wir unseren Weg nahmen, von weitem her ein Fahrzeug mit hell erleuchteten Lichtern, was uns eigentlich hätte stutzig machen müssen. Aber wir waren zu müde. Er befahl mir, mich auf die Straße zu stellen und das Fahrzeug zu stoppen. Es war ein russischer Schützenpanzerwagen, voller Soldaten. Ich rief: »Der Iwan!« und sprang rechts in eine Kiefernschonung hinein, hörte noch Maschinenpistolenfeuer, und nach einer gewissen Zeit war Ruhe, die sind alle erledigt worden. Ich befand mich alleine in dem Wald, der nicht aufhören wollte. Die Nacht über, den ganzen Tag habe ich versucht, aus dem Wald rauszukommen, doch an den Waldrändern lagen überall russische Truppen. Es kam die zweite Nacht, ich tappte immer noch in dem Wald rum und hörte auf einmal Schritte oder glaubte, Schritte zu hören, ich war nicht sicher. Um zu erkunden: »Wer tappt da rum?«, habe ich ›Hänschen klein‹ gepfiffen, was wie ausgedacht klingt, aber es war so. Und der hat geantwortet.

V. N.: Gemeinsame deutsche Folklore, ja.

G. G.: Es stellte sich heraus, daß das ein Friseur aus Berlin war, ich habe den Namen leider nicht mehr im Gedächtnis, ein Obergefreiter, was immer schon ein Gütezeichen war. Er hatte den Krieg mitgemacht, ohne Unteroffizier zu werden, und war mit allen Wassern gewaschen. Der hat uns beide aus dem Wald rausgebracht. Wir sind raus auf eine Straße und kamen zu einer Brücke. In der Gegend waren viele Wasserläufe, die Brücken wurden alle bewacht, aber die Wachfeuer lagen immer ein Stück von der Brücke entfernt, man hörte auch die russischen Soldaten. Wir gingen über die Brücke rüber, und nach einer gewissen Zeit kam der Ruf »Stoj!«. »Ruhig bleiben, weitergehen, weitergehen, die schießen erst beim dritten Ruf.« Und beim dritten sind wir gelaufen, Äcker, sich wieder fallenlassen, weiterlaufen etc., und sind so auf Umwegen auf die deutsche Linie gestoßen. Natürlich hatten wir jetzt großen Schiß, der Feldgendarmerie, diesen Kettenhunden, in die Hände zu fallen. Wir kamen in ein Dorf, wo sie gerade eine Panzersperre aufgebaut hatten, und der alte Mann, der das befehligte, ein österreichischer Oberst von der Kavallerie, sah, daß unsere Papiere nicht in Ordnung waren. Wir haben unser Sprüchlein runtergeklopft – waren abgeschnitten, kommen von dort etc. – und wurden unter Bewachung in ein Bauernhaus am Ortseingang gebracht, wo die Panzersperre war. Dort haben wir uns erst mal an den Konserven gütlich getan, die im Keller waren. Dann wurde es ruhig. Der Obergefreite schickte mich: »Mal gucken, was da oben los ist.« Die Panzersperre war zwar noch da, aber keine Soldaten mehr, und ich guckte links an der Panzersperre vorbei und sah, wie die Russen kamen. Also wieder weg.

Wir haben uns dann in diesem Rückzugwirrwarr bewegt, und ich kann nicht sagen, ob es an diesem Tag oder einen Tag später war. Jedenfalls kamen wir an einer Straße zwischen Spremberg und Senftenberg, wo es links abschüssig in eine Braunkohlenschlucht runterging, rechts ein leichter Hang anfing, zu einer Feldküche. Da standen wir beide und ließen uns im Kochgeschirr einen Schlag Erbsen geben. Die Straße war voller Betrieb: Auf der einen Seite gingen Panzereinheiten der Division Großdeutschland mit Sturmgeschützen nach vorne, und im Gegenverkehr zogen Flüchtlingstrecks. Dann brachen auf der anderen Seite der Braunkohlenschlucht russische Panzer durch und beschossen die Straße. Es war ein grauenhaftes Schauspiel: Die Panzer der Division Großdeutschland mußten wenden, um in Schußrichtung zu kommen, da Sturmgeschütze keine drehbare Kuppel haben. Sie forderten die Leute auf, die Wagen zu verlassen, um sie wegschieben zu können. Doch die gingen nicht runter, und einige Wagen sind mit Mann und Maus runtergeschoben worden. Die Sturmgeschütze schossen zurück, es kamen die ersten Einschläge, genau dort, wo die Feldküche und die Panzer waren, und das hatte für mich das fröhliche Ergebnis, daß ich, was sich erst später herausstellte, leicht verwundet wurde. Ich hörte nur ein Klirren, flog in die Luft, hatte Schmerzen, weil es mir den Stahlhelm abgerissen hatte, die Erbsensuppe war natürlich verschüttet. Aber den Friseur hatte es schwer getroffen, beide Beine waren Mus.

Wir wurden beide in einen Sanitätskraftwagen geladen, und der Friseur – das ist keine schöne Episode, aber als Anekdote bezeichnend –, der Friseur war also grün im Gesicht, war jedoch bei Bewußtsein und sagte zu mir: »Mach mir mal die Hose auf, und faß mal an, ob mein Sack noch dran ist.« Das machte ich und faßte an: »Ja, ist noch da.« Dann grinste er, sagte: »Jetzt hol mir 'ne Zigarette hier oben raus« und hat eine Zigarette geraucht.

V.N.: Eine Episode, die in das ›Blechtrommel‹-Kapitel ›Polnische Post‹ eingegangen ist.

G.G.: Hausmeister Kobyella, ja. Als wir auf den Hauptverbandsplatz kamen und ich beim Ausladen behilflich war, merkte ich, daß ich die linke Hand nicht mehr bewegen konnte. Am Bein hatte ich Blut von einer Splitterstreifwunde, während in der Schulter der Splitter immer noch drin ist, hat sich verkapselt. Gelächter habe ich erregt, weil meine Gasmaskenbüchse, dieses lange Ding, der Länge nach aufgeschlitzt worden war, das muß auch ein Splitter gewesen sein. Die Büchse hatte ich in dem Keller mit Preiselbeermarmelade aus Einmachgläsern gefüllt, und die ganze Marmelade war mir über die Hose gelaufen. Das Problem mit dieser bekleckerten Hose hat mir noch wochenlang zu schaffen gemacht, weil ich nicht dazu kam, die Hose zu wechseln.

Wir sind dann alle in einen Güterzug verladen worden, dreißig Verwundete in einem Wagen. Fünf waren am nächsten Morgen tot, weil sie kein Wasser reingestellt hatten, Bauchschüsse dabei, Verbände abgerissen. Als wir im unzerstörten Meißen ankamen, wurden die Schwerverwundeten mit Wagen hochtransportiert, und der Elendszug ging zu Fuß zur Burg hoch. Dort war ein Notlazarett eingerichtet. Bei meiner leichten Verwundung wurde ich nicht aufgenommen und bekam einen Marschbefehl nach Marienbad und etwas Marschverpflegung. Aber kein Mensch sagte mir, wie dahinzukommen war. Ich habe dann noch den Friseur auf der Trage gesehen, beide Beine amputiert, und ich glaube nicht, daß er durchgekommen ist, habe nie mehr was von ihm gehört.

V. N.: Haben Sie sich damals als verratener Jugendlicher oder haben Sie sich sehr erwachsen gefühlt?

G. G.: Es war eine Mischung aus jugendlich-verwirrt und schon fast vergreist. Weil in immer kürzeren Abständen schockartige Eindrücke auf mich zukamen. Bevor es zu alldem kam, habe ich zum Beispiel mit der gemischten Abteilung, in der ich war – Sturmgeschütze, Panzerschützenwagen und Panzergrenadiere, fast alle in meinem Alter, bis auf die Alten, die sie auch noch eingezogen hatten –, einen starken Stalinorgelangriff erlebt. Nach wenigen Minuten war ein Drittel tot oder schwer verwundet. Alles Gleichaltrige. Ich bin unter einen Panzer gekrochen und habe da überlebt. Jedenfalls habe

ich seitdem – nicht sofort, aber durch häufiges Nachdenken, Sich-selbst-Erinnern oder Erinnert-werden an Situationen wie diese – das konstante Gefühl, zufällig überlebt zu haben. Es hätte genauso gut mich erwischen können.
Nein. Merkwürdigerweise brach kein ideologisches Gebäude zusammen, wozu bei vielen, sicher auch bei mir, zwei Legenden beigetragen haben. Die eine war das Versprechen der Wunderwaffen: Das kann nicht sein, daß das so endet, irgendwas kommt jetzt noch. Und die andere war die noch bis in die Gefangenschaft hinein sich haltende Legende, daß es demnächst wieder gemeinsam mit den Amerikanern gegen die Russen losginge: Das können die doch nicht zulassen, die müssen doch gegen die Bolschewiken sein. Dieser Glaube war so naheliegend, weil er auch in gewissem Sinne in der Nachkriegszeit seine Bestätigung gefunden hat, durch den Kalten Krieg. Aber die Illusion ging so weit, zu erwarten und zu hoffen: Jetzt machen wir gemeinsame Sache; die brauchen uns noch, die werden mit denen doch nicht fertig. Das waren die unterschwelligen, ausgesprochenen wie unausgesprochenen letzten Hoffnungen. Und im übrigen war jeder mit sich selbst beschäftigt, mit dem Überleben, mit etwas zu essen, wie komme ich in die nächste Runde.
Die Beschäftigung mit dem eigentlich Entsetzlichen und der Zusammenbruch letzter Reste von ideologischer Bindung und Verbindung kamen erst in der Gefangenschaft, und auch erst nach und nach. Den ersten Anstoß gaben dazu Berichte vom Nürnberger Prozeß, die ich, glaube ich, im Lazarett noch gehört habe oder in irgendeinem Kriegsgefangenenlager, wo es eine Rundfunkübertragung gab. Da kam nun all das zur Sprache, was ich nicht glauben wollte, bis mein ehema-

liger Reichsjugendführer Baldur von Schirach, um die Organisation zu entlasten, alles sozusagen auf seine Kappe genommen hat, er wußte davon, hat es also bejaht. Und dem glaubte ich natürlich. Die ersten Wochen hatte ich das alles für Propaganda gehalten. Dann, nach und nach, brach ein Rüstbrett nach dem anderen ein. Im Grunde ist das ein Prozeß, der bis heute anhält, weil das Unfaßliche, daß so etwas geschehen konnte, das Ausmaß – geschützt durch Nichtwissenwollen und dementsprechend auch Nichtwissen, was Einzelheiten betraf –, in den letzten Konsequenzen immer größere Kreise zieht, wenn jetzt zum Beispiel, was man geahnt hatte, die Schweiz mit hineingezogen wird. Auf einmal fing jetzt auch die Debatte in Frankreich an, in Holland gibt's einen Streit zwischen Rotterdam und Amsterdam, weil in Rotterdam die meisten Juden gerettet worden sind und in Amsterdam nicht, da stellt sich holländisch die Frage: Wieso? Wo ist unser Versagen? Was die deutsche Schuld weiß Gott nicht mindert! Aber es ist ein Prozeß, der nicht aufhören kann, selbst wenn er wollte. Die Anfänge waren jedoch so zögerlich bei mir, wie ich sie geschildert habe.

V. N.: Sie sind damals irgendwie von Meißen nach Marienbad ins Lazarett gelangt und dort von den Amerikanern gefangengenommen worden.

G. G.: Der Einmarsch der Amerikaner war mit einer ziemlichen Tragödie verbunden, weil die Amerikaner bis Karlsbad gekommen waren, und Karlsbad war genauso Lazarettstadt wie Marienbad. Aufgrund irgendwelcher Abkommen, Jalta, Potsdam, räumten die Amerikaner Karlsbad und hielten das vierzig Kilometer entfernte Marienbad. Daraufhin setzte eine Flucht von Verwundeten von Karlsbad in das völlig überfüllte Marienbad ein, am Besenstiel als Krücke kamen sie an.

V. N.: Von dort wurden Sie in Ihr erstes Kriegsgefangenenlager gebracht?

G. G.: Vom Lazarett in einen Lazarettzug, weil das auch alles überfüllt war, und von dort aus in die Oberpfalz, in riesige ehemalige Wehrmachtskasernen. Das müssen Stallungen der Kavallerie gewesen sein, Riesenanlagen, in denen an die Hunderttausend Leute zusammen waren, ohne Strom. Ein Teil davon wurde dann weiterverlegt nach Bad Aibling, dort lagerten an die hundertfünfzigtausend Gefangene unter freiem Himmel. Gelegentlich wurden wir zu Arbeitskommandos eingeteilt in amerikanischen Kasernen oder beim Schuttaufräumen.

V. N.: Von Bad Aibling aus wurde Ihnen das KZ Dachau gezeigt?

G. G.: Ja. Im Lager gab es Education-Lehrgänge, dazu gehörte der Besuch im KZ.

V. N.: Hat die Geschichte von Ben und Dieter in der ›Rede von der Gewöhnung‹ irgendwelche biographischen Wurzeln, oder ist sie aus diesem Milieu heraus erfunden?

G. G.: Ich habe in einem Küchenkommando gearbeitet, und in der amerikanischen Feldküche wurde ungeheuer mit Lebensmitteln geaast, man kann sich das nicht vorstellen, wahnsinnig. Wir waren genauso entsetzt wie eine Gruppe von gleichaltrigen Jungs, die das KZ überlebt hatten. Dieses Entsetzen war das Gemeinsame außer dem Alter, das Erstaunen über den Umgang mit Lebensmitteln, was da alles weggeworfen wurde. Zum Teil gab es auch eine gewisse Zusammenarbeit. Wenn es einigermaßen gutging, wurde abgesahnt, und irgendwelche Fettöpfe, die sie mitnahmen, verschwanden im Gefangenenlager. Aber es gab natürlich auch Konflikte und dazwischen einen Education-Offizier mit scheiternden Bemühungen in beiden Richtungen.

Stimmt, das ist eine eigene Erfahrung, die ich in die Rede aufgenommen habe.
Dann ging es auf die Entlassung zu, und ich sollte angeben, wohin ich entlassen werden wollte. Ich hatte natürlich in Süddeutschland und Westdeutschland überhaupt keine Adresse. Doch ein gleichaltriger Kumpel von mir, der aus Köln-Mülheim kam, sagte: »Du kannst meine Adresse angeben.« Wir wurden beide mit anderen zu den Engländern überwiesen, ins Munsterlager in die Lüneburger Heide. Und dort haben die Engländer nochmal alle jüngeren Soldaten oder Kriegsgefangenen, bevor sie entlassen wurden, gemustert. Einen beträchtlichen Teil von ihnen haben sie nicht entlassen, sondern nach England in die Bergwerke geschickt. So auch meinen Kumpel. Aber ich hatte meinen Splitter in der Schulter, konnte den nachweisen und bin dann nach Köln-Mülheim.

V. N.: Wissen Sie die Adresse in Köln-Mülheim noch?

G. G.: Neustraße hieß das. Ich weiß noch, wie ich durch das völlig zerbombte Köln-Mülheim ging und an einer Straße vorbeikam, da war ein Kino. Das halbe Haus war weg, aber das Kino stand noch, und sie spielten ›Romanze in Moll‹. Berühmter Ufa-Film der letzten Kriegsjahre.

In Köln war ich sofort im Schwarzhandel drin. Die Mutter meines Kumpels hat Vierfruchtmarmelade abgefüllt, in Halbpfundpackungen, ich mußte dabei helfen. Zudem hatte ich aus Marienbad mit dem Instinkt des Überlebenden Schwarzmarktkapital mitgebracht. Neben dem Lazarett in Marienbad war eine verlassene NSDAP-Parteizentrale, aus der haben wir Sachen rausgeholt, was noch da war. Ich habe unter anderem Westwallabzeichen, eine Handvoll Bunker aus Neusilber, in meinen Brotbeutel gesteckt, und dann habe ich in einer

Schublade Feuersteine gefunden. Als Nichtraucher habe ich zwei, drei Tütchen Feuersteine mitgehen lassen; das war ein Vermögen, wie sich herausstellte. Mit den Westwallabzeichen konnte man mit den amerikanischen Soldaten handeln, die alle frustriert waren, daß der Krieg zu Ende war, und die ganz wild waren nach Souvenirs. Dafür gab's ein halbes Weißbrot oder so etwas.

V. N.: Und jetzt müssen wir Sie aus Köln-Mülheim wieder wegbekommen, nach Niedersachsen als Koppeljunge.

G. G.: Das war ein langer Weg. Ich war überall, Rheinland erst, im Bergischen bei einem Bauern habe ich jemanden kennengelernt, der aus dem Saarland kam. Dann war ich im Saarland, da gab's aber absolut nichts zu essen, das war die Hölle. Mein Kapital, die mitgenommenen Dinge – Tee hatte ich auch noch, englischen Tee –, ging natürlich langsam zur Neige, das eine oder andere wurde getauscht. Ich bin durch Deutschland getrampt, und dann, das muß im Frühjahr gewesen sein ...

V. N.: Frühjahr 1946 reden wir jetzt von?

G. G.: Ja, im Frühjahr 46 bin ich in Göttingen auf dem Bahnhofsvorplatz einem ehemaligen Mitschüler der letzten Schule begegnet. Der machte dort sein Abitur nach und forderte mich auf, doch zu sich nach Hause zu kommen; seine Mutter war da, sein Vater, glaube ich, war noch nicht aus der Gefangenschaft zurück. Ich war froh, ein Dach über dem Kopf zu haben, was zu essen zu bekommen, und bin mit ihm gegangen. Ich habe dann eine Lateinstunde mitgemacht, wie so Latein ist, und die nächste Stunde war eine Geschichtsstunde. Ein kleiner, drahtiger Geschichtslehrer kam rein, marschierte zweimal die Klasse auf und ab, wobei man sagen muß, daß diese Klasse aus uns mittlerweile Achtzehnjährigen, aber auch aus Dreißigjährigen bestand, also aus allen möglichen Altersstufen. Und der sagte: »Wo waren wir stehengeblieben? Bei der Emser Depesche.« Das war für mich das Stichwort, aufzustehen, meinen Brotbeutel zu nehmen und fluchtartig diesen Unterricht zu verlassen.

V. N.: Weil Ihre letzte Geschichtsstunde vor dem Krieg auch die Emser Depesche behandelte?

G. G.: Ja, diese Depesche – und ich war da nicht stehengeblieben. Im Wartesaal auf dem Bahnhof in Göttingen habe ich wieder einen Kumpel getroffen, einen ehemaligen Obergefreiten, die haben bei mir offenbar eine ziemliche Rolle gespielt. Der hörte sich das an und gab mir den Rat, mich bei der Burbach Kali AG einschreiben zu lassen, da würde ich Schwerstarbeitermarken bekommen und Sonderzulage. Das erschien mir vernünftig. Ich bin nach Hannover gefahren, kam dann zur Burbach Kali AG, Werk Siegfried I, neben dem Dorf Groß-Giesen, das liegt bei Sarstedt, in der Gegend von Hildesheim. Dort war ich ein Dreivierteljahr Koppeljunge. Viele Jahre später machte ich in der Nähe von Hildesheim Wahlkampf und habe das dem SPD-Abgeordneten erzählt. Der wollte es nicht glauben. Er hat mir dann ein paar Wochen später geschrieben, daß er nach Hannover gefahren ist, sich die Stammrollen angeguckt hat und eingetragen fand: von dann bis dann meinen Namen, als Koppeljunge, Werk Siegfried I, verließ das Werk am Soundsovielten, unter Mitnahme werkeigener Holzschuhe. Das sind so die Dokumente!

V. N.: Was hat ein Koppeljunge zu tun?

G. G.: Der Koppeljunge mußte die Loren mit dem Steinsalz zusammenkoppeln und mit dem Zug auf den zwanzig Kilometer langen Förderstrecken mitfahren. Auf der 850-m-Sohle gab es alle zwei Kilometer Wettertüren, lederne Türen, die aufgeschlagen werden mußten, damit der Zug durch konnte, und wieder zugemacht wurden, damit keine Zugluft entstand. Der Koppeljunge mußte also abspringen, die Tür aufmachen, zumachen, dann wieder aufspringen und möglichst aufpassen, daß er mit dem Brecheisen nicht die Oberleitung berührte, weil er sonst einen Schlag bekam.

V. N.: Wie lange haben Sie das gemacht?

G. G.: Ich bin nicht sicher, ob ich vor Weihnachten oder nach Weihnachten gekündigt habe. In diesem schrecklichen Winter 46/47 fand ich in Groß-Giesen, wo ich jede Woche war, auf den Anschlaglisten vom Roten Kreuz am Bürgermeisteramt – jeder suchte jeden – die Adresse von entfernten Verwandten. Die schrieben zurück und wußten weiter, bis ich herausfand, wo meine Großeltern in Lüneburg waren. Von dort bekam ich Nachricht, daß meine Eltern kürzlich mit meiner Schwester aus der sowjetisch besetzten Zone in den Westen gekommen seien und als Flüchtlinge im Kreis Bergheim/Erft eingewiesen worden waren, mit genauer Adressenangabe. Ich habe sofort gekündigt. Mit zwei großen Bromflaschen voller Sirup – dort gibt's große Rübenäcker, und wir haben bei einem Steiger in der Waschküche Rübenzucker und Sirup gemacht – und mit drei Kilo Butter machte ich mich auf den Weg, kam also nicht mit leeren Händen an und traf zum ersten Mal meine Eltern wieder. Meine Schwester war ein junges Fräulein geworden, mittlerweile sechzehn Jahre alt. Aber meine Mutter war gesundheitlich gebrochen.

Ich bin vierzehn Tage zu Hause gewesen, dann ging es nicht mehr. Mein Vater hatte mir schon eine Lehrstelle als Bürolehrling besorgt, bei dem Braunkohlenwerk, wo er in der Pförtnerloge beschäftigt war. Ich habe abgelehnt, weil ich Bildhauer werden wollte, unbedingt.

V. N.: Er hatte also schon Arbeit gefunden in diesen wirren Zeiten? Wie hieß der Ort?

G. G.: Die Zeche war Fortuna Nord, und der Ort hieß, glaube ich, Niederaußem.

V. N.: Wie wohnten Ihre Eltern?

G. G.: Die waren erst ganz schlimm untergebracht, in einer früheren Futterküche bei einem Bauern. Vier Personen, im Winter, Betonboden, irgend so ein Petroleumofen, erfrorene Kartoffeln, jedenfalls war es eiskalt. Das Ausschlaggebende war, es ging mit meinem Vater zusammen auf dem engen Raum nicht.

V. N.: Ihre Differenzen hatten also den Krieg überlebt, Ihr Vater war nach wie vor dagegen, daß Sie etwas Unsolides werden wollten?

G. G.: Er hatte ja aus seiner Sicht völlig recht – in der Situation, völlig hirnverbrannt. Gut, ich ging dann weg und fuhr nach Düsseldorf zur Kunstakademie. Da traf ich einen alten Mann mit Künstlerschlapphut, der sagte: »Wir haben keine Kohlen. Machen Sie ein Praktikum als Steinmetz und Steinbildhauer. Wenn Sie fertig sind als Praktikant, dann haben wir auch wieder Kohlen.« Das war zwar kein Obergefreiter, aber es war Professor Enseling, wie sich später herausstellte, der mir den Rat gab. Ich habe die zweijährige Steinmetzlehre gemacht, und im Wintersemester 48/49 war ich schon auf der Kunstakademie.

Eine Verführung für Nichtleser

Ruth Meyering: In einem Ihrer neuen Gedichte heißt es, Fundsachen seien »alles, was abseits der Buchstaben wie von Sinnen ins Auge fällt«?
Günter Grass: ›Fundsachen‹ hängen mit dem Zufall zusammen, setzen allerdings jemanden voraus, der etwas sucht und dem an Straßenrändern, an Stränden Dinge auffallen, die die Natur abwirft: von Kastanien bis zu Fallobst, am Strand Muscheln, ausgeschliffene Hölzer oder Versteinerungen. Aber es sind auch Dinge aus dem eigenen Bereich, Dinge, die man wiederentdeckt: altes Handwerkszeug, ein Bildhauerschlegel, den ich gar nicht mehr benutze, der aber dasteht und mir auf einmal wieder ins Auge fällt. Und diese Dinge haben ein auslösendes Moment in sich.
Als nach einer langen epischen Arbeitsphase, in der nur die Prosa und Zeichnungen zählten, ›Ein weites Feld‹ erschien – nichts mehr konnte daran geändert werden –, habe ich meinen alten Aquarellkasten entstaubt und angefangen, in der Natur zu aquarellieren. Nach einer gewissen Zeit meldeten sich Wörter. Es wurde dinglich. Zu den Bildern von Bäumen kamen auf einmal Gegenstände, die sich zu Stilleben arrangierten, deren Komposition von dem gerade zufällig Gefundenen mitbestimmt war. Und aus den Wörtern wurden kurze, wenig Zeilen zählende Gedichte. Die erste Niederschrift fand im Aquarell statt, direkt in das Stilleben, in ein Landschaftsbild hineinkomponiert. Erst in einer

späteren Phase bin ich dazu gekommen, an diesen Gedichten oder Aquadichten, die im Aquarell entstanden sind, weiterzuarbeiten. Das war dann schon wieder ein schriftlicher Vorgang, die Schreibmaschine kam ins Spiel für eine zweite, dritte oder vierte Fassung, so daß die Aquadichte, die Aquarelle mit dem Gedichttext, die Erstfassung darstellen, und auf der anderen Buchseite dieses Gedicht in meiner Schlußfassung steht.

R. M.: Damit erlauben Sie einen Blick in Ihre Werkstatt.

G. G.: Das bezieht sich auf die verwandelten Textstrukturen, allerdings auch auf viele Gegenstände aus meiner Werkstatt. Die Motive des Buches sind in meinen Arbeitsbereichen zu finden: Behlendorf, wo ich wohne, und zwei Orte außerhalb Deutschlands, die ich seit Jahren regelmäßig aufsuche, um dort zu arbeiten – die dänische Insel Møn und mein Haus und Atelier in Portugal. Die Blätter, die in Behlendorf, in Dänemark oder in der portugiesischen Landschaft entstanden, sind jeweils als Block in sich geordnet. Da ich ein Jahr lang an dem Buch gearbeitet habe, brachte dieser Prozeß mit sich, daß sich die vier Jahreszeiten in dem Buch spiegeln, obgleich das anfangs gar nicht in meiner Absicht lag.

R. M.: Wie würden Sie die Grundstimmung Ihres Buches beschreiben? Die beiden Gedichte ›Heiter bleiben‹ und ›Heiterer Morgen‹ lassen an das Etikett »heitermelancholisch« denken. Stehen Sie mit Fontane nun »heiter darüber«?

G. G.: Ich glaube, das hat mit Fontane überhaupt nichts zu tun. Es ist sicher eine Befindlichkeit kurz vor Abschluß meines siebzigsten Lebensjahres, auch in Kenntnis einiger Warnschüsse gesundheitlicher Art. So wurde zum Beispiel mein Herz nach einer Katheterbehandlung der Herzkranzgefäße zum Motiv oder meine beweglichen Zähne. Oder der Garten in einem trockenen

Sommer: Er hing an Schläuchen, wie auch ich in diesem Sommer mehrere Male an Schläuchen hing. So ergeben sich sarkastische Feststellungen. Was als Naturgedicht anfängt, schlägt in eine ganz andere Befindlichkeit um und damit in eine gesellschaftliche Beobachtung: einige Oberärzte, die gerne Chef und Professor wären. Das ist die eine Seite. Dann sind in dem Buch für meine Verhältnisse relativ viele Liebesgedichte, die sich auf meine Frau beziehen und die auch von mir einiges preisgeben: von der Nähe und von der Distanz. Aber diese Liebesgedichte sind nie losgelöst von Gegenständen: sei es Werkzeug, eine Zeckenzange, sei es ihr Garten oder die Insel Hiddensee, wo sie herkommt.
Der einzige indirekte Hinweis auf Fontane ist ›Auf dem Weg nach Neuruppin‹, wo ich eine der typischen, noch erhaltenen Chausseen der ehemaligen DDR beschreibe: daß dieses Land schon wieder vergessen ist, aber literarisch belebt bleibt. Und dann gibt es natürlich einige Reminiszenen an Bücher, die ich geschrieben habe: mehrmals die Unke oder der Butt, der nicht mehr zu mir spricht, und auch Ilsebill ist wunschlos mittlerweile. Ein weiteres Gedicht beschreibt eine ganze Ansammlung von Büchern, die mir fremd geworden sind, dankenswerterweise enteignet durch Leser.
Ein Bereich hat auch mich überrascht. Es gibt eine ganze Reihe von Gedichten, deren Entstehungsprozeß zwar die Gegenwart auslöst – ob es das Blaubeersammeln ist oder das Johannisbrot in Portugal –, doch auf einmal befinde ich mich in meiner Kindheit. Zum Beispiel wenn ich sehe, daß eine meiner Enkeltöchter ein Kochgeschirr auf eine Pfadfinderreise mitnimmt, das sich in nichts unterscheidet vom Kochgeschirr der Deutschen Wehrmacht, das ich als Siebzehnjähriger unter Lebensgefahr mit mir herumgeschleppt habe, bis zur

Verwundung. Und in der ›Kurzen Geschichte‹, so heißt das Gedicht, spiegelt sich diese Spannweite. Ich weiß nicht, ob ich jetzt alle Komponenten aufgezählt habe. Manche entstehen ganz aus dem Augenblick heraus, andere tragen mich zurück in die Kindheit, und dritte nehmen ein Thema auf, das einmal in einem Buch angeschlagen wurde und jetzt noch einmal ein Echo findet. Und es gibt als letztes auch ganz wenige Gedichte mit mehr oder weniger direkten politischen Anspielungen.

R. M.: Diese politischen Gedichte sind zugleich immer mit etwas Persönlichem verbunden.

G. G.: Ja, es ist mein Land, auf dem eine Last liegt, »versteinerter Brei, klebfest, nicht abzuwählen«. Das ist sicher der Fall. – Oder das Gedicht über ›Meine beweglichen Freunde‹, die ihre Wendungen gemacht haben, und ich frage, ob sie mir demnächst frei schwebend entgegenkommen. Einige tun es schon.

R. M.: So liebevoll distanziert viele Gedichte wirken, mischt sich darunter nicht zuweilen ein zynischer Blick?

G. G.: Zynisch nicht, nein, aber sarkastisch schon. Manche sind es natürlich auf eine ganz versteckte Art und Weise, zum Beispiel ›Unter Verrätern‹, wo ich in Portugal den Petersfisch Gästen auftische, die schwerhörig sind, denen schon dreimal der Hahn krähte. Da sind einige Anspielungen dieser Art drin.

R. M.: Wenn das Buch heißt: ›Fundsachen für Nichtleser‹ – wer sind die Nichtleser?

G. G.: Das ist natürlich eine ironische Bemerkung zu einer entweder tatsächlichen oder nur herbeigeredeten Abwendung vom Buch, weil niemand mehr Zeit hat und weil die anderen Medien vom Lesen ablenken. Niemand kann gleichzeitig Fernsehen gucken und lesen, das sind Dinge, die sich ausschließen. Die ›Fundsachen‹ sind eine Verführung der Nichtleser, über das Hinsehen – was sie gerne tun – doch auch noch einen Blick auf die gegenüberliegende Textseite zu werfen, also wieder zum Lesen zu finden. Es gibt ja auch ein Gedicht, das von den bedrohten Kindern spricht: Wenn sie nicht aufhören mit dem Glotzen, werden sie von keinem Dichter mehr erwähnt, werden wegkümmern wie die Kinder, die ihre Suppe nicht löffeln wollen.

R. M.: In der Themenbreite, die das Buch hat, geben Sie Ihren Lesern ein Werkzeug zum Verständnis Ihrer selbst und Ihres Lebens, aber auch Ihres Werkes an die Hand. War das von vornherein beabsichtigt?

G. G.: Nein, das hat sich so aus dem Arbeitsprozeß ergeben. Diese drei Arbeitsorte, Lebensorte waren mir während Jahren in einem Maße selbstverständlich gewesen, daß ich manches gar nicht mehr gesehen habe. Und erst durch die neuerliche Disziplin fiel mir vieles wieder ins Auge, wurde neu entdeckt, war wie eine Fundsache, rückt damit in den Mittelpunkt und gibt natürlich – da das alles Dinge sind, die mit mir zu tun haben – auch jeweils etwas von mir preis. Ich kann nicht sagen, daß dieses Buch mit einem vorgefaßten Programm entstanden ist, es hat sich so gefunden.

R. M.: Der Mehrzahl der Aquarelle ist jeweils ein Gedicht zugeordnet. Doch einzelnen Aquarellen stehen zwei, drei oder sogar vier Gedichte gegenüber. Ich denke beispielsweise an die Kombination der Gedichte ›Auf Papier‹, ›Sieben Sachen‹ und ›Seitdem die Mauer weg ist‹. Diese Kombination wirkt ja auch verstörend.

G. G.: Ja, das soll sie auch ruhig. ›Seitdem die Mauer weg ist‹ hat mit dem zugeordneten Aquarell nichts zu tun. Aber Berlin ist ein Ort, in dem ich sehr lange gelebt habe, und in dem Gedicht habe ich auf drei Zeilen gebracht, was mit der Stadt los ist.

R. M.: In den Aquarellen tauchen viele bekannte Embleme Ihres bildkünstlerischen Werkes wieder auf. Wir finden die Pilze und Schuhe, Bäume, Fische, alles, was auf dem Tisch liegt. Was ist neu hinzugekommen?

G. G.: Die Farbe. Das ist ein Prozeß, der für mich weit mehr Veränderungen gebracht hat, als das Buch zu erkennen geben kann. Denn ich war gewohnt, alles, was sich neben dem Schreibprozeß grafisch niederschlug, in der Skala zwischen Schwarz und Weiß zu sehen, mit vielen, vielen Grautönen dazwischen. Vor allem mit der Farbe habe ich die Orte, an denen ich lebe, und die Gegenstände, die mich umgeben, neu entdeckt.

R. M.: Sind nicht auch Landschaften neu hinzugekommen?

G. G.: In gewisser Weise. Landschaften haben bei mir beim Schreiben immer eine Rolle gespielt – im Zusammenhang mit Menschen. Und hier gibt es Landschaften, ohne daß der Mensch darin vorkommt. Nur die Jahreszeit spiegelt sich wider, das Wetter oder die Beleuchtung. Es sei denn, ich setze eine meiner Enkeltöchter in ein Rapsfeld und warte, was sich verändert.

R. M.: Ich frage noch mal nach Fontane. Inwieweit haben Fontanes Lyrik und sein Blick auf die Landschaft Sie dabei mitgeprägt?

G. G.: Überhaupt nicht, soweit ich das beurteilen kann, allenfalls unbewußt. Ich habe mich mit Hilfe dieses Arbeitsprozesses, dessen Ergebnis dann ein Buch ist, von einem anderen Arbeitsprozeß gelöst und vom Gegenstand dieses Arbeitsprozesses. Es ist eher so, daß ein paar Gedichtformen meiner Frühzeit nach mehreren Jahrzehnten Distanz hier wiederkehren. In meinen ersten drei Gedichtbänden, ›Die Vorzüge der Windhühner‹, ›Gleisdreieck‹ und auch noch ›Ausgefragt‹, gibt es eine ganze Reihe von sehr kurzen Gedichten, Dreizeiler, Vierzeiler, Fünfzeiler.

R. M.: ›Die Fundsachen‹ wirken auf mich leicht und heiter, auch sehr gegenwärtig, kleinräumig, da Sie immer das direkte Umfeld aufnehmen, selbst wenn Sie dann in Erinnerungen bis in die Jugendzeit zurückgehen. Insgesamt haben die ›Fundsachen‹ den Anschein einer Gegenbewegung zum weiten historischen Ausholen im ›Weiten Feld‹. Waren sie eine Erholung vom ›Weiten Feld‹?

G. G.: Eine Erholung von der großen Anstrengung eines Arbeitsprozesses. Auch Erholung von der kurzen Phase nach Veröffentlichung des Buches, von Angriffen, die nichts mit dem Buch zu tun hatten und für mich zum Teil eine Last gewesen sind. Darauf gibt es eigentlich nur eine ganz kurze Antwort in einem einzigen Gedicht: »Meine Kritiker wissen nicht, wie man das macht: Zaubern auf weißem Papier. Meister, dürfen wir über die Schwelle treten? Doch selbst als Lehrlinge taugen sie wenig und bleiben traurig ohne Begriff.«

R. M.: Beim Durchblättern wirken die ›Fundsachen‹ wie eine bildhafte Selbstvergewisserung. Würden Sie sagen, daß es Ihr persönlichstes oder offenstes Buch ist?

G. G.: Ich könnte es eigentlich nur im Vergleich zum ›Tagebuch einer Schnecke‹ sehen, weil das auch sehr persönlich gehalten ist. Und da müßte ich mal – Sie bringen mich da auf eine Idee... Im ›Tagebuch einer Schnecke‹ tauchten zum ersten Mal bei mir regelrechte Gedichte auf, wie es später vor allem beim ›Butt‹ der Fall war und bei der ›Rättin‹. Aber die Lyrik ist natürlich ohnehin ichbezogener, egozentrischer, bis zum Narzißhaften, das auch auf ironische Weise in meinem Buch eine Rolle spielt: »Aber als er sich sattgesehen hatte, warf Narziß einen Stein in den Teich.« In der Beziehung sind die ›Fundsachen‹ noch persönlicher als ›Aus dem Tagebuch einer Schnecke‹. Die Geschichte der Danziger Juden und ihrer Vertreibung aus Danzig wie auch die Dokumentation des Wahlkampfes im ›Tagebuch einer Schnecke‹ sind als Prosathemen stark genug, um das Persönliche einzubetten, während es in den ›Fundsachen‹ viel deutlicher zutage tritt.

R. M.: Sie haben Lyrik zuweilen als Keimzelle für neue Werke bezeichnet. Sind unter den Gedichten Keimzellen, aus denen es sprießen wird?

G. G.: Das weiß ich noch nicht. Es gibt einige Sachen, die nachhallen. Aber wenn ich ein Buch abgeschlossen habe und so etwas anklopft, neige ich dazu, erstmal wegzuhören – immer im Vertrauen darauf, wenn die Sache dringlich ist, klopft die Zeile oder das Gedicht nochmal an. Und ein drittes Mal. Dann muß ich es mir notieren, und dann bleibt die Notiz liegen. Es ist gut möglich, daß in den ›Fundsachen‹ Themen angeschlagen sind, die auch zu anderen Sachen führen. – Die Feststellung, daß ich ausgeschrieben bin, überlasse ich gerne anderen.

Berliner Appell

*Begrüßungsrede anläßlich der Verleihung des
Alfred-Döblin-Preises in der Akademie der Künste Berlin*

In diesem Jahr erinnern wir uns an die Gründung der Gruppe 47. Den Zwängen der unmittelbaren Nachkriegszeit hat vor fünfzig Jahren Hans Werner Richter Schriftstellertreffen abgenötigt, die auch später, als die Zwänge nachließen, vielen Autoren unverzichtbar waren. Ich gehörte ab Mitte der fünfziger Jahre dazu, das heißt, ich war Jahr für Jahr dabei, sobald uns Richter in tiefster Provinz während drei Tagen ersatzweise die Illusion einer literarischen Hauptstadt spiegelte. Bei diesen Treffen erlebte ich mich wechselweise aufgehoben und abgestoßen. Allerbeste Freunde und Feinde waren in Wortgefechten zu gewinnen. Zu lernen waren Toleranz und deutlicher Vortrag des eigenen Textes. Und zu erfahren war in vielfältiger Form der Reichtum der deutschen Sprache, die Wärme ihres regionalen Zungenschlags, ihre jeder Übersetzung spottenden Abgründe, ihr Wildwuchs, der nach Regelwerk zu verlangen schien und sich dennoch widerständig jeglicher Reglementierung entzog. Meine literarische Entwicklung und mehr noch, mein kollegialer Umgang mit anderen Autoren lassen sich zum guten Teil aus der Praxis der Gruppe 47 herleiten. Und so ist denn auch der aus einem überschüssigen Teil meiner Buchhonorare 1978 gestiftete Alfred-Döblin-Preis einerseits eine Danksagung an diesen überragenden und noch immer zu entdeckenden Autor, an meinen Lehrer Alfred Döblin, aber andererseits auch Ausdruck dieser nachwirkenden Erfahrung mit einer literarischen Gruppe, die in unregelmäßigen Abständen entstehende Literatur prämiert hat.

Der Alfred-Döblin-Preis unterscheidet sich von anderen Preisen. Nicht bereits veröffentlichte Bücher, sondern Manuskripte, abgeschlossene oder noch fragmentarische, liegen der Jury vor. Ein Wettbewerb der Autoren, denen – in diesem Jahr Ingomar von Kieseritzky und Michael Wildenhain – die Möglichkeit geboten werden soll, eine Zeitlang ohne finanzielle Sorgen, das heißt auch geschützt vorm zu raschen Zugriff der Verleger, weiter am Manuskript zu arbeiten. Und Lesungen finden ab morgen früh im Literarischen Colloquium am Wannsee statt. Eine Reihe von Schriftstellern, die sich mit ihrer Arbeit um den Alfred-Döblin-Preis beworben hatten, werden sich der Kritik und am Zuspruch ihrer Kollegen erfreuen.

Ein Nachhall der Gruppe 47? Gewiß. Denn meiner Meinung nach fehlt der deutschsprachigen Literatur der Gegenwart diese meiner Generation so notwendige wie günstige Erfahrung. Nach wie vor leben wir Autoren in regionaler Zerstreuung. Kein Paris, kein London, kein Lissabon oder Warschau zieht uns an. Und Berlin ist weiter denn je davon entfernt, literarische Hauptstadt zu sein.

So nutze ich denn die Gelegenheit dieser Begrüßungsrede für eine zum Appell neigende Ermunterung, gerichtet an die anwesenden Autoren, ein eigenes, die Zerstreuung für einige Tage aufhebendes Forum zu schaffen.

Ein Forum für entstehende Literatur und gegen die sekundäre Übermacht. Ein Forum für handwerklich kollegialen Umgang und gegen Trendmacher und Zeitgeistlinge. Ein Forum für den Stoff, der sperrig und doch wie vergessen auf der Straße liegt, und gegen wohlfeile Angebote, sich der ästhetischen Abkapselung zu verschreiben. Ein Forum schließlich für eine Gruppe, wenn nicht 97, dann 99, damit der Sprung ins einundzwanzigste Jahrhundert zumindest literarisch gelingen möge.

In seinem zweiundsiebzigsten Lebensjahr hat Theodor Fontane unter dem Decknamen »Torquato« im ›Magazin für Litteratur‹ einen Aufsatz veröffentlicht, in dem er sich ›Die gesellschaftliche Stellung der Schriftsteller‹ zum Thema gemacht hatte. Darin beklagte er den miesen Ruf der Zunft: »Das ganze Metier hat einen Knacks weg...« und zählte auf, was alles zur Mißachtung der »catilinarischen Existenzen« und zur Geburt des Tintensklaven geführt habe. Er machte Vorschläge zur Verbesserung der Lage – staatlich fürsorgliches Wohlwollen –, die er sogleich widerrief, um schließlich den Schriftstellern den bis heute gültigen Rat zu erteilen: »Das bessere Mittel heißt: größere Achtung vor uns selber.«

Bibliographischer Nachweis

Abgesehen von den Interviews sind alle Texte in der neuen Grass-Werkausgabe von 1997 zu finden, zu der 1998 Kommentar- und Materialienbände erscheinen. Für die Interviews bis einschließlich ›Mir träumte, ich müßte Abschied nehmen‹ sei auf die Kommentierung in Band X der Werkausgabe von 1987 verwiesen.

Der Autor sagt zu seinem Gedicht. In: ›Frankfurter Neue Presse‹, 3.9.1955.
Die Vorzüge der Windhühner. In: ›Die Vorzüge der Windhühner‹, Berlin-Frohnau und Neuwied 1956, Umschlagklappe.
Die Ballerina. In: ›Akzente‹, 1956, S. 531–539.
Der Inhalt als Widerstand. In: ›Akzente‹, 1957, S. 229–235.
Über das Schreiben von Gedichten. In: Horst Wolff (Hg.), ›Lyrik unserer Zeit. Gedichte und Texte. Daten und Hinweise‹, Dortmund 1958, S. 42.
Es lebe die Erzählung. Brief an Hans Bender vom 13.7.1959. In: ›Akzente‹, 1979, S. 199f.
Wir schreiben in der Bundesrepublik. Umfrageantwort. In: ›konkret‹, November 1960, S. 13.
Das Gelegenheitsgedicht oder Es ist immer noch, frei nach Picasso, verboten, mit dem Piloten zu sprechen. Vortrag auf der Arbeitstagung ›Lyrik heute‹ in Berlin am 17.11.1960. In: ›Akzente‹, 1961, S. 8–11.
Ohrenbeichte. Lieber armer Freund Schlieker. In: ›Sprache im technischen Zeitalter‹, September 1962, S. 341–343.
Kleckerburg. In: ›Atlas. Zusammengestellt von deutschen Autoren‹, Berlin 1965, S. 27–30.
Auf losem Blatt. Teil der ersten Lieferung von ›Luchterhands Loseblatt Lyrik‹, hg. von Elisabeth Borchers, Günter Grass und Klaus Roehler, Neuwied und Berlin 1966.
Eine öffentliche Diskussion. Rede auf einer Veranstaltung der Reihe ›Dramatische Werkstatt‹ in Berlin am 9.2.1968. In: Günter Grass, ›Werkausgabe in 10 Bänden‹, Darmstadt und Neuwied 1987, Bd. IX, S. 275–277.

Fünfzig Feuersteine. Umfrageantwort unter dem Titel ›Mit vierzig Jahren begannen wir ein neues Leben‹. In: ›Der Spiegel‹, 17. 6. 1968, S. 60.
Die Wagner-Mentalität. Rede auf einer Germanistentagung in Berlin am 11. 10. 1968. In: Günter Grass, ›Werkausgabe‹, Göttingen 1997, Bd. 14, ›Essays und Reden I‹, S. 355 f.
Nicht nur in eigener Sache. Erklärung im Prozeß Grass–Ziesel vor dem Oberlandesgericht München am 23. 10. 1968. In: ›Publik‹, 1. 11. 1968.
Ein Tempus kann auch ein Stilmittel sein. Günter Grass im Gespräch mit Peter André Bloch. Unter dem Titel ›Der Schriftsteller und sein Verhältnis zur Sprache dargestellt am Problem der Tempuswahl. Günter Grass‹ in: Peter André Bloch (Hg.), ›Der Schriftsteller und sein Verhältnis zur Sprache dargestellt am Problem der Tempuswahl. Eine Dokumentation zu Sprache und Literatur der Gegenwart‹, Bern und München 1971, S. 165–169. Das Gespräch wurde im Mai 1969 in Bonn geführt.
Unser Grundübel ist der Idealismus. In: ›Der Spiegel‹, 11. 8. 1969, S. 94.
Die Zukunft der Stückeschreiber. Umfrageantwort. In: ›Theater heute‹, Sonderheft 1969, S. 14.
Zu ›örtlich betäubt‹. In: ›ad lectores‹, Hermann Luchterhand Verlag, H. 9, 1969, S. 6.
Literatur und Politik. In Absprache mit Grass auf März 1970 datiert. In: Günter Grass, ›Werkausgabe‹, Göttingen 1997, Bd. 15, ›Essays und Reden II‹, S. 5–8.
Über das scheintote Theater. Rede darüber, ob Schauspielbühnen eigentlich noch lebendig und Dramaturgen notwendig sind. Rede auf einer Arbeitstagung der Akademie der darstellenden Künste in Frankfurt am 6. 6. 1970. In: ›Süddeutsche Zeitung‹, 13. 6. 1970.
Politisches Tagebuch. In Kreuzberg fehlt ein Minarett. In: ›Süddeutsche Zeitung‹, 30. 1. 1971.
Also nochmal. Kurze Sätze zum Einprägen und Verlieren. Titelloses Gedicht. In: ›Aus dem Tagebuch einer Schnecke‹, Neuwied und Darmstadt 1972, S. 92 f.
Mariazuehren. München 1973.
Bilder können die Welt nicht verbessern. In: ›Zeit-Magazin‹, 12. 10. 1973, S. 16.
Ein Alptraum weniger. Umfrageantwort. In: ›Süddeutsche Zeitung‹, 17. 11. 1973.

Rückblick auf die Blechtrommel – oder Der Autor als fragwürdiger Zeuge. Ein Versuch in eigener Sache. Beitrag zur WDR-Sendereihe ›Wie ich anfing‹, gesendet am 16.12.1973. In: ›Süddeutsche Zeitung‹, 12.1.1974.
Unverbesserlich undemokratisch. Brief an Norbert Greinacher vom 12.6.1974. In: ›Publik‹, 12.7.1974.
Worüber ich schreibe. In: ›Der Butt‹, Darmstadt und Neuwied 1977, S. 14–16.
Bin ich nun Schreiber oder Zeichner? Beitrag zum Katalog einer Grass-Ausstellung im Stockholmer Nationalmuseum im April 1979 (in schwedischer Übersetzung). Deutsche Erstveröffentlichung unter dem Titel ›Über das Zeichnen und Schreiben‹ in: ›Nationalmuseum Bulletin‹, Jg. 3, Nr. 2, Stockholm 1979, S. 82–85.
Kein Schlußwort. In: ›Die Zeit‹, 23.11.1979.
Otto Pankok. Brief an Rainer Herrmann vom 27.10.1981. In: ›Blinklichter‹, Otto-Pankok-Schule, Mülheim/Ruhr 1981.
Einsicht ist nicht immer gerade eine christliche Tugend gewesen. Günter Grass im Gespräch mit Robert Stauffer. Unter dem Titel ›Robert Stauffer im Gespräch mit dem Schriftsteller Günter Grass‹ vom österreichen Rundfunk »Ö 1« in der Sendereihe ›Gläubige, Kritiker, Agnostiker und Atheisten. Persönlichkeiten nehmen Stellung‹ am 25.8.1982 ausgestrahlt. Abdruck in ›ORF Nachlese‹, Oktober 1982, S. 36–41. Das Gespräch wurde am 2.8.1982 in Wewelsfleth geführt.
Berlin – eine sich fortschreibende Fiktion. In: ›Bericht zur Situation der Literatur in Berlin‹, Berlin 1983.
Mir träumte, ich müßte Abschied nehmen. Günter Grass im Gespräch mit Beate Pinkerneil. Filmbeitrag, ausgestrahlt vom ZDF am 24.3.1986. Das Gespräch wurde am 3.3.1986 in Lübeck geführt.
Unter Hans Werner Richters Fuchtel. Laudatio zum 80. Geburtstag von Hans Werner Richter auf einem Empfang in der Villa Hammerschmidt in Bonn am 6.12.1988. In: Richard von Weizsäcker (Hg.), ›Geburtstagsfeiern‹, Zürich 1995, S. 35–37.
Artur Knoff. Brief an Leslie Willson vom 11.7.1989. In: ›Dimension‹, 1989, H. 2, S. 378–380.
Hinsehen und Aufzeichnen. In: ›Skizzenbuch‹, Göttingen, September 1989, S. 5–7.
Kein Kinderbuch. Brief an Steffen Peltsch vom 25.10.1989. In: ›Beiträge zur Kinder- und Jugendliteratur‹, Nr. 96, H. 1, 1992, S. 11f.

Schreiben nach Auschwitz. Frankfurter Poetik-Vorlesung, gehalten im Rahmen der Stiftungsdozentur Poetik an der Johann-Wolfgang-Goethe-Universität am 13.2.1990. Frankfurt am Main 1990. Auch in: ›Die Zeit‹, 23.2.1990.
Die Wolke als Faust überm Wald. Ein Nachruf. In: ›Totes Holz. Ein Nachruf‹, Göttingen 1990, S. 103–110.
Brief aus Altdöbern. Datiert »im Sommer 1990«. In: ›Brief aus Altdöbern‹, Remagen-Rolandseck 1991 (= ›Signatur: Zeit Schrift Bild Objekt Nr. 14‹).
Vom Überspringen der Grenzen. Rede zur Verleihung des Ehrendoktortitels der Universität Gdańsk am 26.5.1993. In: ›Wochenpost‹, 27.5.1993.
Orientierungsmarken. Brief an Walter Höllerer. In: ›Akzente‹, H. 1, Februar 1994, S. 46.
Blindstellen auf der Spur. Rückblick auf »Poet in Residence« an der Universität Essen, 4.–8.12.1989. Das Manuskript ist datiert auf den 15.2.1994. In: ›20 Jahre ‚poet in residence'. Essener Unikate. Berichte aus Forschung und Lehre. Geisteswissenschaft‹, Bd. 8, Essen 1996, S. 11–13.
Begegnung in Paris. Brief zum 80. Geburtstag von François Bondy am 1.1.1995. In: ›‚Wer Europa sagt'. Essays und Ehrungen von und für François Bondy‹, München 1995, S. 155 f.
Schwarzweiße Kinoträume. In: ›Frankfurter Rundschau‹, 24.1.1995.
Nach zwanzig Seiten waren alle Helden tot. In: ›Nach zwanzig Seiten waren alle Helden tot. Erste Schreibversuche deutscher Schriftsteller‹, hg. von Karl Corino und Elisabeth Albertsen, Düsseldorf, August 1995, S. 60 f.
Der Autor und sein verdeckter Ermittler. Günter Grass im Gespräch mit Dieter Stolz und Claus-Ulrich Bielefeld. Das Gespräch wurde am 17.1.1996 in Berlin aufgezeichnet und am 26.2.1996 im ›Studio Drei – ForumKultur‹ des SFB 3 ausgestrahlt. Abdruck in: ›Sprache im technischen Zeitalter‹, H. 139, 34. Jg., September 1996, S. 289–314.
Die Disziplin wechseln, beim Gegenstand bleiben. Günter Grass im Gespräch mit Bernhild Boie. In französischer Übersetzung abgedruckt in: ›Genesis‹, H. 10, 1996, S. 123–145. Das Gespräch wurde am 22.3.1996 in Behlendorf geführt. © Editions Jean Michel Place, Paris.
Nachdruck und Gegendruck. Brief an Gerhard Steidl vom 26.11.1996. In: ›Süddeutsche Zeitung‹, 2.6.1997.
Das konstante Gefühl, zufällig überlebt zu haben. Günter Grass im

Gespräch mit Volker Neuhaus. Das Gespräch wurde am 8.2.1997 in Behlendorf geführt.
Eine Verführung für Nichtleser. Günter Grass im Gespräch mit Ruth Meyering. Das Gespräch wurde am 10.3.1997 in Göttingen geführt.
Berliner Appell. Begrüßungsrede anläßlich der Verleihung des Alfred-Döblin-Preises am 24.4.1997 in der Akademie der Künste Berlin. In: Günter Grass, ›Werkausgabe‹, Göttingen 1997, Bd. 16, ›Essays und Reden III‹, S. 483 f.

Personenregister

Adenauer, Konrad 111, 124, 171 f., 199, 208
Adorno, Theodor W. 200 f., 203
Anacker, Heinrich 127
Andersch, Alfred 127
Apollinaire, Guillaume 106, 199
Arletty (d. i. Léonie Bathiat) 242
Augustinus 140

Bachmann, Ingeborg 203
Bahro, Rudolf 124
Baumann, Hans 128
Beckett, Samuel 55
Beckmann, Max 198
Beethoven, Ludwig van 129
Bellow, Saul 78
Bender, Hans 32
Benn, Gottfried 37, 203, 206
Bense, Max 37
Bernanos, Georges 314
Bernstein, Eduard 70
Bichsel, Peter 66
Bielefeld, Claus-Ulrich 247–287
Bismarck, Otto Fürst von 255, 284
Bloch, Peter André 59–67
Blöcker, Günter 281
Boccaccio, Giovanni 58
Boie, Bernhild 288–304
Böll, Heinrich 127, 151, 314
Bondy, François 239 f.
Brandt, Willy 68, 157
Brecht, Bertolt 89, 203, 206, 209, 211
Brückner, Peter 129
Brussig, Thomas 282

Büchner, Georg 275
Busche, Jürgen 285

Calvin, Johann 83
Camus, Albert 160 f., 204, 208
Carossa, Hans 128
Carstens, Karl 124, 130
Celan, Paul 111, 212, 240, 274–277
Chagall, Marc 199
Chodowiecki, Daniel 45, 233
Cocteau, Jean 16
Cromwell, Oliver 83

Dach, Simon 306
Delius, Friedrich Christian 283
Diderot, Denis 78
Diehl, Günter 71
Döblin, Alfred 109, 126, 180, 183, 337 f.
Dönhoff, Marion Gräfin 129
Dos Passos, John Roderigo 199
Dostojewskij, Fjodor Michailowitsch 193, 313
Dreher, Anselm 97, 100
Dürer, Albrecht 215

Eckermann, Johann Peter 272
Eich, Günter 126
Eichendorff, Joseph von 310
Eisenbarth, Johannes Andreas 87
Emrich, Wilhelm 55
Engels, Friedrich 213
Enseling, Prof. 328
Enzensberger, Hans Magnus 48, 203, 283

Fichte, Johann Gottlieb 55
Filbinger, Hans 124, 129
Fontane, Emilie 253
Fontane, Theodor 151 f., 247, 250–260, 262, 280, 283 f., 286 f., 330 f., 334, 339
Forster, Albert 44
Franz von Assisi 38, 144, 146
Freytag, Gustav 41
Friedrich, Caspar David 226
Frizen, Werner 285
Furtwängler, Wilhelm 129

Gabin, Jean 242
Gama, Vasco da 119
García Lorca, Federico 106
Gaulle, Charles de 113
Gehlen, Reinhard 199
Geldmacher, Horst 109
George, Stefan 274
Globke, Hans 124, 199
Goethe, Johann Wolfgang von 41, 54, 110, 215, 224, 271 f.
Goll, Claire 276
Goll, Yvan 276
Göring, Hermann 315
Grass, Anna 59, 69, 94, 104–108, 110, 187, 239
Grass, Bruno 94
Grass, Franz 94, 110, 141, 216, 239
Grass, Friedel 313 f.
Grass, Helene 103 f., 109, 111, 133 ff., 187, 198, 244, 285, 308–311, 314, 327 f.
Grass, Laura 94, 111
Grass, Raoul 94, 110, 141, 216, 239
Grass, Ute 193, 248, 265, 278, 331
Grass, Waltraud 53, 106, 311, 327

Grass, Wilhelm 111, 133, 198, 244, 308 f., 311, 327 f.
Greinacher, Norbert 115–118
Grimm, Jakob 167 ff., 224, 291
Grimm, Wilhelm 167 ff., 224, 291
Grimmelshausen, Hans Jacob Christoph von 180, 293, 307
Grohmann, Will 206
Gryphius, Andreas 233, 306

Habermas, Jürgen 55
Handke, Peter 227
Hartung, Karl 132, 148, 206
Hegel, Georg Wilhelm Friedrich 55, 183
Heine, Heinrich 215, 224, 280
Heinemann, Gustav 70
Heißenbüttel, Helmut 111
Herder, Johann Gottfried 305
Herrmann, Rainer 131 f.
Hitler, Adolf 46, 137, 316
Hofer, Carl 205
Hoffmannswaldau, Christian Hoffmann von 306
Hölderlin, Johann Christian Friedrich 41
Höllerer, Walter 111, 113, 187, 214, 235 f., 271–275
Holz, Arno 305
Hönisch, Eva 248
Horlitz, Manfred 250
Horváth, Ödon von 86
Huchel, Peter 126

Ignée, Wolfgang 285

Janssen, Horst 160 f.
Jean Paul (d. i. Johann Paul Friedrich Richter) 58, 179 f., 305
Jens, Walter 125

Jesus Christus 57, 118, 213
Johannes (auf Patmos) 150, 163
Johannes Paul II. 140, 144
Johnson, Uwe 269 f.
Jouvet, Louis 242

Kafka, Franz 106, 268
Kandinsky, Wassily 23
Kant, Immanuel 158
Kästner, Erich 126
Kesten, Hermann 41
Kieseritzky, Ingomar von 338
Kiesinger, Kurt Georg 71, 124, 193, 216
Kirchner, Ernst Ludwig 198
Klee, Paul 16
Kleist, Heinrich von 22
Knoff, Artur 187 f., 310
Koeppen, Wolfgang 126, 305
Kokoschka, Oskar 22
Krause, Franz 113
Kuhlmann, Quirinus 306

Lambsdorff, Otto Graf 224
Lehár, Franz 72
Lehmann, Wilhelm 128
Lehmbruck, Wilhelm 198
Leibniz, Gottfried Wilhelm von 166
Lepel, Bernhard von 253
Lessing, Gotthold Ephraim 78, 85
Littschwager, Prof. 313
Lloyd, Harold 241
Loest, Erich 282
Luther, Martin 136, 144, 280, 305
Luxemburg, Rosa 138

Mages, Sepp (Josef) 131 f.
Maillol, Aristide 23
Malskat, Lothar 171 f.

Mann, Thomas 38, 65, 78, 180
Mansholt, Sicco 80
Marcuse, Herbert 70
Marx, Karl 55, 145, 213, 257
Matzschenz 253
May, Karl 313
Mendès-France, Pierre 111, 239
Menzel, Herybert 128
Meyering, Ruth 329–336
Miłosz, Czesław 239
Montaigne, Michel de 158
Moore, Henry 199
Morandi, Giorgio 199
Morris, James 257
Münch, Richard 84
Münchhausen, Karl Friedrich Hieronymus Freiherr von 290
Münemann, Rudolf 38–41

Napoleon I. Bonaparte 234
Neckermann, Josef 38–41
Neuenfels, Hans 72
Neuhaus, Volker 272, 308–328
Nolde, Emil 198

Offenbach, Jacques 266
Opitz, Martin 233, 306
Orwell, George 219, 239
Oswald, Prof. 312 ff.

Pacelli, Eugenio (der spätere Pius XII.) 137
Pankok, Otto 131 f.
Peltsch, Steffen 192 ff.
Petronius, Arbiter 58
Picasso, Pablo 34, 100, 199
Pinkerneil, Beate 150–183

Rabelais, François 58, 109, 275
Raddatz, Fritz J. 124 f., 128 ff.

Raffael (d. i. Raffaello Santi) 25
Rama, Maria 96 ff.
Rasputin, Grigorij 110
Reagan, Ronald 144, 159
Regis, Gottlob 275
Reich-Ranicki, Marcel 113, 124 f.
Reifferscheid, Eduard 40, 299 f.
Richter, Hans Werner 127, 184 ff., 206, 337
Richter, Toni 184
Rilke, Rainer Maria 84, 106
Ringelnatz, Joachim 106
Robbe-Grillet, Alain 32
Rohwedder, Detlev Karsten 256, 264
Rühmkorf, Peter 203, 306
Rushdie, Salman 179

Sartre, Jean-Paul 204
Schacht, Hjalmar 39
Schallück, Paul 212
Schiller, Friedrich von 41
Schirach, Baldur von 128, 196, 322
Schlemmer, Oskar 22
Schlieker, Willy H. 38–42
Schmidt, Arno 127, 305
Schneider, Peter 283
Schneider, Reinhold 129
Schöne, Albrecht 306
Schopenhauer, Arthur 45, 233
Schörner, Ferdinand 316
Schütte, Wolfram 285
Shakespeare, William 209, 238
Sieburg, Friedrich 41
Signoret, Simone 242
Speer, Albert 38
Sperr, Martin 86
Stachnik, Richard 312
Stalin (Jossif Dschugaschwili) 208
Stauffer, Robert 133–147
Steidl, Gerhard 237, 282, 305 ff.
Stolz, Dieter 247–287
Stoppard, Tom 55
Strauß, Franz Josef 124, 129
Strauß, Johann 72

Tabori, George 85
Thierse, Wolfgang 266
Todenhöfer, Gerhard 71
Trakl, Georg 106, 199
Trotzki, Leo 79

Ulbricht, Walter 171 f., 209
Unseld, Siegfried 40

Voltaire (d. i. François-Marie Arouet) 166

Waldheim, Kurt 225
Weizsäcker, Richard von 185 f.
Weyrauch, Wolfgang 128
Wildenhain, Michael 338
Wilhelm II. 255
Willson, Leslie 187 f.
Wirth, Andrzej 111, 113
Witte, Franz 131

Zadek, Peter 72
Zahl, Peter-Paul 129
Ziesel, Kurt 56
Zimmermann, Hans Dieter 271
Zola, Émile 268
Zuckmayer, Carl 69

GÜNTER GRASS BEI STEIDL

Günter Grass
Fundsachen für
Nichtleser

»Fundsachen für Nichtleser« ist Grass' bislang persönlichstes Buch. Ein Jahr lang hat er mit federleichtem Pinselstrich in Gedichten und Aquarellen »Fundsachen« aufgezeichnet: Radieschen und Raps, Spargel, Kastanien und Fallobst, Kaninchenspuren im ersten Schnee. Sein Jahrbuch hält Stimmungen fest: den zärtlichen Neid auf das Kopfkissen der Geliebten, das nach Mückenöl riechende Sommerglück. Noch dem gnadenlosen Fortschreiten des Alters gewinnt er ein Lachen ab. Der »glückliche Steinewälzer« betreibt keine inwendige Schau, als dichtender Narziß wirft er einen Stein in den Teich. In der Vielfalt seiner Wasserkreise kommen sie alle vor: seine Geliebten, seine Feinde, seine gewendeten Freunde. Und auch sein versteinert wirkendes Land, auf das er mit alter Liebe, mit Spott und ausdauernder Skepsis blickt.

240 Seiten, Leinen, durchgehend farbig
Großformat, DM 78,00

Steidl Verlag · Düstere Str. 4 · D-37073 Göttingen

Editionsplan Günter Grass kostenlos anfordern!

Günter Grass im dtv

»Günter Grass ist der originellste und
vielseitigste lebende Autor.«
John Irving

Die Blechtrommel
Roman · dtv 11821

Katz und Maus
Eine Novelle · dtv 11822

Hundejahre
Roman · dtv 11823

Der Butt
Roman · dtv 11824

**Ein Schnäppchen
namens DDR**
Letzte Reden vorm
Glockengeläut
dtv 11825

Unkenrufe
Eine Erzählung
dtv 11846

**Angestiftet, Partei zu
ergreifen**
dtv 11938

Das Treffen in Telgte
Eine Erzählung und drei-
undvierzig Gedichte aus
dem Barock
dtv 11988

**Die Deutschen und
ihre Dichter**
dtv 12027

örtlich betäubt
Roman · dtv 12069

**Ach Butt, dein Märchen
geht böse aus**
Gedichte und
Radierungen
dtv 12148

**Der Schriftsteller als
Zeitgenosse**
dtv 12296

**Der Autor als
fragwürdiger Zeuge**
dtv 12446

Ein weites Feld
Roman
dtv 12447

**Mit Sophie in die Pilze
gegangen**
Gedichte und
Lithographien
dtv 19035

Volker Neuhaus
**Schreiben gegen die
verstreichende Zeit**
Zu Leben und Werk von
Günter Grass
dtv 12445